인류 문명의 진화를 이끈

독서의 힘

读书的力量

作者：〈读书的力量〉编辑出版委员会 著

중국관영방송
CCTV
다큐멘터리

인류 문명의 진화를 이끈

독서의 힘

THE POWER OF READING

〈독서의 힘〉 편집출판위원회 지음 · 김인지 옮김

다빈북

인류 문명의 진화를 이끈

독서의 힘

초판 인쇄 2018년 3월 20일
초판 발행 2018년 3월 28일

지은이 | 〈독서의 힘〉 편집출판위원회
옮긴이 | 김인지
펴낸이 | 하인숙

펴낸곳 | ㈜ 더블북코리아
출판등록 | 2009년 4월 13일 제2009-000020호

주소 | (우)07983 서울시 양천구 목동서로 77 현대월드타워 1713호
전화 | 02-2061-0765
팩스 | 02-2061-0766
이메일 | doublebook@naver.com

ⓒ〈读书的力量〉编辑出版委员会, 2018
ISBN 979-11-85853-37-6   (03900)

독서의 힘

　적지 않은 사람이 어떤 책이나 또는 책과의 인연으로 인생에 영향을 받거나 심지어 운명을 바꾼 기억을 가지고 있다. 이 기억은 세월이 흐를수록 잊히기보다는 오히려 깨달음과 인생의 가치를 높이는 불씨가 되기도 하고, 앞으로 나아가는 동력이 되기도 하며, 생명의 소중한 한 부분이 되기도 한다. 이 책은 책과 인류의 운명, 민족의 운명이 엮여 있는 묵직한 역사의 기억이다. 문자의 발명으로 인류 진보의 발걸음은 더욱 빨라졌고, 책의 출현으로 문명의 색채는 더욱 다채로워졌다. 책의 계승은 한 민족만의 독특한 문화 유전자를 만들어 냈으며, 인류를 더욱 단단한 운명 공동체로 묶어 주었다.

　중국인들은 예부터 문과 덕을 숭상하고 시와 서를 계승하는 전통에 익숙했다. 이는 민족의 영혼이자 화하華夏 문명의 근원이기도 하다. "책은 약과 같아서 좋은 책을 읽으면 우둔함을 치료할 수 있다."라는 말처럼 책은 우리에게 지혜를 더해 준다. "책은 다정하기가 옛 친구 같아서 매일 아침저녁으로 함께 근심과 즐거움을 나누네."라는 글귀처럼 우리에게 즐거움을 안겨 주기도 한다. 그뿐인가? "수백 년을 이어 온 명문 세가는 단지 덕을 쌓았을 뿐인데, 덕을 쌓는 최고의 길은 바로 책을 읽는 것이다."라는 말은 책이 심신의 수양은 물론 덕을 쌓는 데 얼마나 도움이 되는지를 잘 보여 준다. 이처럼 독서의 힘은 인류 문명이 생생하게 살아 숨 쉬고 영원히 지속될 수 있도록 해 주었다.

과학 기술과 문명이 크게 발전한 오늘날, 독서는 공기나 물처럼 더욱더 없어서는 안 될 존재가 되었다. 하지만 이미 우리의 물질생활과 정신 속에 깊이 자리 잡은 인터넷으로 인해 전통적인 독서 방식은 큰 충격을 받고 있다. 패스트푸드처럼 빠르고 조각 나 있으며 수동적인 인터넷상의 지식과 비교해 볼 때 전통적인 독서는 체계적인 지식과 풍부한 영양분을 우리에게 제공해 준다. 여전히 강한 힘으로 우리를 지탱해 주는 독서를 통해, 우리는 더욱 활력이 넘치는 사상과 지혜, 깨달음 그리고 강한 의지도 함께 가질 수 있다. 시진핑習近平 주석도 늘 독서할 것을 당부하며 독서를 건전한 취미 활동으로 삼고 배우기를 즐기라고 강조한다. 덕분에 중국 공산당의 18차 전인대(전국대표대회)에서는 '전 국민 독서 활동'을 문화 강국 건설을 위한 내용에 삽입하고, '국민 독서 선도'를 정부 작업 보고서에 추가하며, '전 국민 독서'를 '국가 135 문화 중대 공정' 속에 함께 넣기로 결정했다. 이처럼 중국 대륙에서는 '전 국민 독서' 운동이 대대적으로 전개되고 있다.

우리는 중국 전역에 책의 향기가 퍼지도록 해야 한다. 나는 전 국민 독서 활동을 통해 전 사회의 문명 수준이 한 단계 높아지리라고 확신한다. TV 시리즈로 기획된 〈독서의 힘〉이 CCTV에서 방영되고, 같은 제목의 책이 출판됨으로써 책의 매력을 더욱 심도 있게 이해하고 깨달을 수 있게 되었다. 이는 분명 매우 의미 있는 일일 것이다. 우리는 책이 부족하고 책을 살 수 없던 시대와는 이미 이별을 고했다. 지금 우리는 좋은 책을 골라 읽고 민족의 문화를 계승하며 위대한 시대를 만들고 위대한 꿈을 이룰 수 있는 많은 조건을 구비하고 있다.

량웨이녠梁偉年
〈중공 후베이 성 위원회 상임위원, 홍보부 부장〉

1
문명의 뿌리

인류 문명의 위대한 3대 성과로 꼽히는 문자, 제지술, 인쇄술.
이들이 같은 시공 속에서 우연히 만나면서 현대적 의미의 책이 탄생했다.
책은 문명의 축적과 상호 작용의 산물인 동시에
전통문화에 대한 무거운 사명을 짊어졌다.
그리하여 독서는 인류 생활의 중요한 구성 요소가 된 것이다.
문명, 그것은 졸졸 흐르던 개울이 점차 거대한 물줄기를 이루어
천 리를 세차게 굽이쳐 흐르는 강줄기가 되는 모습과 닮아 있다.

지금으로부터 3백만 년을 거슬러 올라가 보면,
당시 인류는 결코 이 지상의 지배자가 아니었다.
생존의 방식도 큰 변화 없이 비슷하게 유지되었다.
하지만 불을 사용하게 된 이후 인류는
대형 고양이과 동물의 포식 대상에서
다른 동물을 포식하는 만물의 영장이 되었다.
불은 인류의 보호자가 되었고 인류의 생활 공간을 넓혀 주었는데,
이를 인류 문명의 시작이라 볼 수 있다.

장쑤江蘇 성 우장吳江 시의 쑹링松陵 공원 안에는 한 유명한 학자의 묘가 있다. 특이하게도 묘지 앞에는 돌로 만든 책이 펼쳐져 있는데, 이는 그가 학술과 문화에 공헌했음을 상징한다. 무덤의 주인은 바로 중국 사회학과 인류학의 창시자인 페이샤오퉁費孝通으로, 그가 쓴 『강촌경제江村經濟』는 국제인류학계와 사회학계의 경전으로 꼽힌다.

　재미있게도 페이샤오퉁에게 처음 문화라는 것을 접하게 해 준 사람은 바로 까막눈인 그의 할머니였다. 그

는 어린 시절을 떠올릴 때면 늘 팔순의 할머니와 함께 집 앞 골목에서 글이 적힌 채 버려진 종이를 주워 아궁이에서 소중하게 태웠던 장면을 기억한다. 할머니는 늘 손주에게 "글을 쓴 종이를 귀하게 다뤄야 한다."고 가르쳤다.

페이샤오퉁

　오랫동안 중국의 많은 지역에는 글을

페이샤오퉁의 묘

쓴 후 버린 종이를 귀하게 다루는 전통이 있었
는데, 심지어 이런 종이들만 모아다 태우는 석
자탑惜字塔이 있는 도시도 있었다. 그곳 사람들
은 종이에 쓰인 글자를 경외했고, 최고의 보물
인 글자가 평범하고 어리석으며 가난하고 병
든 사람을 성인이나 지혜로운 자, 부자와 건강
한 자로 만들어 준다고 믿었다. 이렇게 글을 쓴
종이는 역사의 기록이자 문화 전파의 매개이며
인류 문명의 비밀번호로서 세상을 바꾸는 신기
한 힘을 가지고 있다고 여겨졌다.

『강촌경제』

석자탑

1

문자의 탄생

지금으로부터 3백만 년을 거슬러 올라가 보면, 당시 인류는 결코 이 지상의 지배자가 아니었다. 생존의 방식도 큰 변화 없이 비슷하게 유지되었다. 하지만 불을 사용하게 된 이후 인류는 대형 고양이과 동물의 포식 대상에서 다른 동물을 포식하는 만물의 영장이 되었다. 불은 인류의 보호자가 되었고 인류의 생활 공간을 넓혀 주었는데, 이를 인류 문명의 시작이라 볼 수 있다.

만약 이 우연한 발견이 아니었다면, 인류는 어쩌면 지금까지도 강가에서 단단한 돌도끼를 갈고 있을지도 모른다. 물이 빠지고 드러난 부드러운 진흙 위에 '잘 놀고 간다.'라는 듯 남겨 놓은 새들의 발자국을 보고 한참 생각에 잠겼다가 덩실덩실 춤을 추고 있을지도 모를 일이다. 인류가 직립보행을 시작한 이후로 협력과 단체 생활에서 조화를 이루는 것의 중요성이 더욱 커졌다. 그러니 당시로서는 모방이 가장 중요한 교육일 수밖에 없었다.

하지만 문명을 창조한 초기 지식인들에게는 공통적인 고민거리가 있었다. 선대가 쌓은 지식은 단지 그 세대에서만 사용 가능했기 때문에 다음 세대는 모든 것을 처음부터 다시 시작해야 한다는 점이었다. 조상들의 지혜도 그 시신과 함께 영원히 봉인되었던 것이다.

시간의 축을 펼쳐 보면, 660만 년 전 침팬지의 조상에서 갈라져 나온 인류는 3백만 년 전 직립보행을 시작하며 대뇌 용량이 폭발적으로 증가했다. 그리고 142만 년 전, 인류는 불을 사용하기 시작했다.

중국 북부를 가로지르는 인산陰山 산맥에는 모래자갈에 새겨진 암벽화가 수천 년 역사를 견디고 남아 있다. 이 벽화는 중국 북방 유목민족의 수렵, 방목, 전쟁 등의 사건을 기록한 것이다.

인산 암벽화처럼 초기 인류의 생활상을 기록한 벽화는 전 세계에 두루 퍼져 있다. 프랑스의 베제르 계곡Vezere Valley 동굴 벽화, 스페인의 알타미라Altamira 동굴 벽화, 노르웨이 알타Alta의 암각화, 남아프리카공화국의 드라켄스버그 공원Drakensberg Park, 아르헨티나 리오 핀투라스Río Pinturas 암각화, 오스트레일리아의 카카두 국립공원Kakadu National Park, 카자흐스탄 탐갈리Tamgaly 암각화 등이 지구 곳곳의 다양한 면면을 보여 준다. 학자들은 이들 암각화가 초기 인류의 생활상을 시각적으로 표현한 것으로서, 문자 발명 이전의 가장 중요한 역사의 기록이며 귀중한 역사 연구 자료라 평가한다. 아쉽게도 우리는 아직까지 그 내용을 완벽하게 해독하지 못하고 있다. 더욱 안타까운 점은 당시 효과적인 문자가 부재했기에 인류의 지혜가 시간의 강 속으로 영영 사라져 버린 것이다.

암각화 말고도 초기 인류의 문명은 매듭 글자와 구술로도 전해진다. 하지만 이러한 형식의 정보 전달은 요행히 남아 있더라도 효과

인산 암벽화

오스트레일리아 카카두 국립공원 내 암각화

매듭 글자

적으로 해독하기 어려운 실정이다.

놀랍게도 옆의 그림은 독특한 디자인의 목걸이가 아니라 문명 초기에 나타난 일종의 책이다. 인류는 객관적인 경제 활동에서 매듭을 엮어 사실을 기록하는 방법을 사용했다. 꽤 괜찮은 기록 방식이긴 하지만, 매듭이 복잡해질수록 일이 더 복잡해지는 한계가 있었다.

구두 전달은 일회성과 현장성 때문에 일단 당시의 현장을 벗어나면 사라진다. 이런 이유로 인류 문화 발전은 매우 더딜 수밖에 없었다.

_푸젠福建사범대학 쑨샤오전孫紹振 교수

원고시대遠古時代(아주 먼 고대시대)에는 지금의 녹음처럼 음성을 수집하고 보관할 수 있는 수단이 없었다. 그래서 시간이 지나면 인류의 감정 체험을 비롯한 이성적 사고와 경험이 사라진다. 지금 중국 고대 하夏, 상商, 주周의 시대상을 정확히 아는 것이 그토록 어려운 이유 역시 문자의 부재 때문이다. 마야 문명을 해독하기 힘든 이유도 마찬가지이다.

_문화학자 샤오윈루蕭雲儒

길고 긴 시간을 거쳐 인류 문명의 위대한 창조물인 문자가 드디어 그 빛을 발하기 시작했다. 사람과 동물을 구분하는 기준이 체계적인 언어의 유무라면, 인류는 문자 덕분에 역사 기록이 가능한 문명사회에 진입할 수 있었다.

중국의 『설문해자說文解字』*는 이 중대한 사건의 전 과정을 상세하게 기록하고 있다. "黃帝之史倉頡, 見鳥獸蹄之迹, 知分理之可相別異也, 初造書契.(황제의 사관인 창힐이 새와 짐승의 발자국을 보고 각자 나뉜 무늬가 서로 구별될 수 있음을 알고 처음으로 서계를 만들었다.-역주)" 문자가 만들어지자 이런 반응이 나타

천서우즈

났다. "造化不能藏其秘, 故天雨粟, 靈怪不能遯其形, 故鬼夜哭.(천지조화의 비밀을 더 이상 숨길 수 없으니 하늘이 감동하여 좁쌀 비를 내리고, 신령과 요괴가 그 모습을 감출 수 없으니 귀신이 밤중에 곡을 하는구나. - 역주)"

매일 오후, 한 소박한 서점 주인은 화판 앞에 단정히 앉아 온 정신을 집중해 그림을 그린다. 적막한 산속의 고요함 속에 사각사각 붓 소리만 들릴 뿐이다. 노인의 이름은 바로 천서우즈陳守智이다. 산시陝西 성 바이수이白水 현 출신인 그의 붓놀림 속에 탄생한 것은 네 개의 눈썹과 네 개의 눈을 가진, 이 지역에서 가장 유명한 인물 창힐이다.

전설 속 창힐은 황제의 사관史官이었는데, 매듭 기록의 한계를 느낀 황제의 명령으로 글자를 만들었다. 황명을 받고 매일 고심하던 그는 우연히 강가의 진흙 위에 남겨진 새의 발자국을 본 뒤 이를 본뜬 최초의 문자를 발명했다. 『회남자准南子 · 본경훈本經訓』은 이를 이

---

* 중국 동한東漢 시대 허신許愼이 저술한 책으로 1만 여 자에 달하는 한자의 본래 글자 모양과 뜻, 발음을 종합적으로 해설한 최초의 자전字典이라 할 수 있다. (출처-네이버 지식백과)

렇게 기록한다. "昔者倉頡作書, 而天雨粟, 鬼夜哭.(옛날 창힐이 글자를 만들자, 하늘이 좁쌀 비를 내리고, 밤이 되자 귀신이 곡을 했다.−역주)"

새 발자국에서 영감을 얻은 창힐은 선대가 남긴 다양한 형태의 기록을 상형화할 수 있을 것이라 생각했다. 이렇듯 처음에는 기하학적 부호였던 것이 상형 문자가 되고, 다시 그 모양에서 의미를 해석해 내는 형성形聲, 전주轉注, 가차假借, 회의會意를 거쳐 마지막에 이들을 모두 모아 일종의 문자가 만들어진 것이다. 글자는 하루아침에 만들어진 것이 아니라, 그간 사람들이 써 왔던 다양한 방식의 문자가 창힐의 손에서 완성된 것이라 볼 수 있다. 즉, 긴 시간을 거쳐 옛사람들이 만든 글자를 창힐이 더욱 완벽하게 다듬어 좀 더 단단한 형태의 문자가 탄생한 것이다. _산시陝西 사범대학 역사문화학원 왕상화이王雙懷 교수

창힐이 문자를 만들었는데 왜 하늘은 좁쌀 비를 내리고 밤에 귀신이 목 놓아 울었을까? 문자가 생기면 문화를 전달할 수 있고 생산량도 대폭 늘어난다. 자연의 이치와 신비로움을 더 이상 숨길 수 없고, 그동안 운명이라 여겼던 것도 해독이 가능해진다. 귀신 또한 실체를 감출 수

『회남자 · 본경훈』

서한西漢의 유안劉安이 쓴 『회남자』는 선진先秦에서 서한에 이르기까지 민간에서 떠도는 신화와 성현들의 전설을 기록한 책이다. 작가는 이야기를 통해 나라를 다스리고 백성을 위로하는 이치를 설파하고자 했다. 책 속에 등장하는 "善生乎君子, 誘然与日月爭光, 天下弗能遏奪.(선은 군자가 행하는 것이니 일월과 그 빛을 다투며 천하도 이를 막거나 빼앗을 수 없다.−역주)"의 대목은 유가 사상을 반영한다. 책에는 현군이었던 요순堯舜의 정치, 창힐의 글자 발명, 황제黃帝의 전쟁, 해를 쏜 후예后羿의 전설 등이 기록되어 있는데, 이들 모두 후대에 풍부한 문화유산이 되었음에 틀림없다.

없어 음험하고 더러운 것들, 신통력으로 위장해 인류의 생활을 파괴했던 모든 것들이 더는 비밀스럽지 않게 되었다. 문자 덕분에 이 모든 것을 기록할 수 있게 된 것이다. 그들에게는 치욕스러운 일이었다. 『회남자』에 등장했던 "하늘이 좁쌀 비를 내리고, 밤이 되자 귀신이 곡을 했다."라는 대목은 문자가 토템이나 신처럼 신비함과 권위를 가졌음을 의미한다. _문화학자 샤오원루

1914년, 장쑤 우장의 어느 골목길에서 노부인이 길바닥에 버려진 낡은 책과 찢어진 낱장을 소중히 줍고 있었다. 그 뒤를 따르는 네 살배기 손자는 영문도 모른 채 할머니처럼 종이를 주웠다.

그날은 페이샤오퉁이 몽양원蒙養院(청나라 말엽 세워진, 3세에서 7세까지의 아이들을 가르치던 교육 기관－역주)에서 처음으로 정식 교육을 받는 날이었다. 왜 글자를 쓰고 버린 종이를 함부로 버리거나 밟거나 창문에 바르면 안 된다는 걸까? 할머니는 왜 종이를 함께 모아 태우는 걸까? 왜 정기적으로 제단을 만들고 종이를 태운 재를 강이나 바다로 흘려보내는 걸까? 이런 의문은 점차 '책은 과연 어디서 오는 걸까? 세상에서 가장 오래된 책은 무엇일까?'로 바뀌어 갔다.

훗날 할머니만큼 나이가 든 페이샤오퉁은 세계적으로 유명한 대학자가 되었는데, 그제야 글 쓴 종이를 소중히 여기는 전통을 온전히 이해할 수 있었다. 종이에 쓴 글자는 사람들에게 화와 복을 가져

창힐

『설문해자』에는 황제 시기 문자를 만든 사관을 '조자성인造字聖人'으로 추앙했는데, 도교에서는 문자의 신인 창힐선사라고도 한다. 음력 3월 28일에 태어난 전설 속 창힐은 눈이 네 개에 눈동자가 두 개씩이었다고 전해진다

창성조적서비|倉聖鳥迹書碑

다주기 때문에 절대 가볍게 보면 안 된다는 것이었다. 중국의 역대 왕조 모두 문자를 최고의 보물로 여겼으며, 왕이나 귀족 그리고 평민들조차도 글자를 소중히 여겼다.

세상을 떠난 창힐의 시신은 그의 고향인 오늘날의 산시 성 바이수이 현의 스관史官 진鎭에 묻혔다고 전해진다. 그의 무덤과 사당은 지금까지 잘 보존되어 있는데, 이곳에 남아 있는 문자는 무려 1,800년 전 것이라고 밝혀졌다. 측백나무가 늘어선 창힐의 사당으로 들어가면 괴상한 문자가 새겨진 돌비석이 눈길을 끈다. '창성조적서비倉聖鳥迹書碑'라 불리는 이 비석은 청나라 건륭제乾隆帝 19년, 즉 1754년에 만들어진 것으로, 건륭제 시기 이 현의 수장이었던 양선장梁善

長이 창힐이 만든 28개의 문자를 본떠 글을 새긴 것이라고 한다. 일부 학자들은 비문의 내용이 황제가 염제炎帝를 정벌하고 치우蚩尤를 물리친 뒤 화하華夏를 통일했다는 것이라고 주장한다.

창힐을 숭상하는 이 지역 사람들은 입학이나 시험을 앞둔 아이를 데리고 사당에 들러 제를 올린다. 이곳 현지인들의 일상 속에는 창힐과 글자를 소중히 여기는 풍속이 고스란히 남아 있다.

이 지역 사람들은 입학을 앞둔 아이들을 창힐 사당으로 데리고 가 한자의 유래를 설명해 준다. 한자를 만든 창힐에 대한 존경의 의미를 표하고 열심히 공부할 것을 당부하기 위해서이다. _중화창힐문화연구회 회원 왕샤오원王孝文

이곳 사람들이 책을 베개로 삼거나 베갯잇에 글귀를 새기는 것을 종종 볼 수 있다. 글이 악한 것을 물리친다고 생각하기 때문이다. 청소년이나 학교에 갓 들어간 아이들이 책이나 두껍게 쌓은 종이를 베개 대신 쓰는 모습도 심심찮게 볼 수 있다. _문화학자 샤오원루

글자 쓴 종이를 모아 누각에서 태운 후 그 재를 그냥 버리지 않고 땅속에 묻거나 강물에 흘려보낸다. 글자 한 자 한 자를 소중히 여긴다는 것을 보여 주기 위해서이다. _중화창힐문화연구회 우진머우吳金謀 회장

사용한 종이를 처리하는 것을 수장水葬 혹은 토장土葬이라고 한다. 사람들은 종이를 휴지통에 함부로 던지지 않고 한데 모아 두었는데, 농촌 여인들은 이 종이를 곱게 펴서 돗자리 밑에 넣어 두었다가 어느 정

2012년 바이수이에서 열린 창힐제倉頡祭

도 모이면 같이 처리했다. 심지어 종이를 버린 후 머리를 조아리며 절
을 올리거나 조심스럽게 찢어 강물에 흘려보내기도 한다. 하늘과 땅에
서 온 문자와 그 속에 담긴 의미까지도 처음으로 돌려보낸다는 의미에
서이다. _문화학자 사오원루

이처럼 글자를 소중히 여기는 환경에서 자란 천서우즈는 어릴 적
부터 자신의 특기인 미술을 이용해 창힐의 고사를 그림책으로 엮을
계획을 세웠다. 그래서 오랫동안 자료를 모으고 그림을 구상하며
준비 작업에 몰두했다. 하지만 2005년, 오랜 준비 작업을 거쳐 막
계획을 실현하려던 그때 그는 갑자기 뇌출혈로 쓰러졌다.

꼬박 일주일간 혼수상태였던 나는 얼마 후 자리에서 일어났지만 붓을

들 수도, 걸을 수조차도 없었다. _중화창힐연구회 회원 천서우즈

갑자기 앓게 된 병으로 천서우즈는 반신불수가 되었다. 다행히 가족들의 도움으로 조금씩 걷기 시작한 그는 모든 동작과 기능을 처음부터 다시 익혀야 했다. 그중 가장 급한 것은 붓을 잡는 일이었다.

어떤 때는 붓을 들기조차 힘들었다. 몸의 오른쪽이 마비되었으니 왼손을 써야 했는데, 처음엔 도저히 불가능해 보였던 것이 시간이 지나자 조금씩 가능해졌다. _중화창힐연구회 회원 천서우즈

붓을 잡는 것부터 시작해 다시 그림을 그리기까지 자그마치 3년의 시간이 걸렸다. 3년 후, 그는 서툴게나마 자신의 오랜 꿈을 이뤄 나가기 시작했다. 지금까지 천서우즈가 그린 창힐의 그림집은 총 8권으로, 모두 265점의 그림과 21,560자의 글자가 수록되어 있다.

여전히 거동이 불편했지만, 가족들의 부축을 받으며 창힐의 사당을 둘러보던 천서우즈는 이런 생각을 했다. '이곳이야말로 내 힘의

창힐의 전설

고서는 창힐의 모습을, "제왕의 얼굴에 눈은 네 개이며, 날 때부터 총명함과 덕을 겸비하였다."라고 기록한다. 창힐도 처음에는 매듭으로 사건을 기록했는데, 시간이 지날수록 매듭의 모양을 식별하기가 힘들어졌다. 이 때문에 황제가 염제와 담판을 지을 때 큰 손해를 보게 되자 면목이 없어진 창힐은 관직에서 물러났다. 그 후 창힐은 전국 방방곡곡의 지식인들을 찾아다니며 새로운 기록 방법을 구하기 위해 애썼다. 몇 년 후 고향으로 돌아온 그는 마을에서도 따로 떨어진 골짜기에 혼자 머무르며, 별자리를 살피고 거북의 껍질 무늬와 새와 짐승의 발자국, 산천의 형세와 지문을 공부하다가 마침내 깨달음을 얻어 사물의 모습을 본뜬 상형 문자를 만들었다. 인류 문명의 새로운 길을 개척한 것이다.

창힐의 사당

원천이구나!'

　전설 속 인물에게 그토록 강한 자부심을 느끼는 것 역시 인류 저
변에 깔린 문명의 힘과 무관하지 않다. 창힐의 문자 창제 전설에 비
해 메소포타미아 수메르인의 발명은 더욱 현실적인 의미가 있다.
점토판에 새긴 선들을 '설형 문자(쐐기문자)'라 부르는데, 이는 현존하
는 가장 오래된 문자이다.

　계속해서 시간의 축을 펼쳐 보자. 660만 년 전, 300만 년 전, 142만
년 전, 그리고 1만 년 전 드디어 문자가 출현하면서 인류는 놀라운
발전을 경험한다. 1만 년 후, 페르시아에 도착한 몇몇 이탈리아인이
고대 유적을 둘러보다 절벽에 새겨진 괴상한 그림을 발견했다. 메
소포타미아의 가장 주요한 문화 성과로 꼽히는 설형 문자가 세상에

설형 문자

처음 모습을 드러낸 순간이었다. 수백만 년 동안 인류는 이 위대한 발명을 숨죽여 기다리고 있었다.

기원전 2000년경, 메소포타미아인들이 설형 문자를 발명했다. 점토 위에 금속이나 갈대로 글자를 새긴 다음 구웠는데, 글자의 모양이 쐐기 같아 설형 문자라고 부른다. 우리가 잘 알고 있는 함무라비 법전도

설형문자

3,200년 전 수메르인이 발명한 설형 문자는 티그리스 강과 유프라테스 강 유역에서 기원했는데, 지금까지 세계에서 가장 오래된 문자 중 하나로 꼽힌다. 3천 년 역사를 가진 설형 문자는 초기에는 1,000자의 상형 문자로 시작되었다가 점차 자형의 구조가 간단해지고 추상화되어 청동기 시대 후기에 이르자 글자 수가 400자로 줄었다. 지금까지 발견된 설형 문자 대부분은 점토에 쓴 것이지만, 드물게 돌이나 금속, 밀랍에 새긴 것도 있다. 당시 역사를 기록하는 사관들은 부드러운 점토 위에 끝이 뾰족한 갈대나 나뭇가지로 글을 새긴 후 이를 햇볕에 말리거나 구워 잘 변형되지 않게 만들었다.

설형 문자로 쓴 것이다. _산시 사범대학 역사문화학원 왕샹화이 교수

중국에서 가장 오래된 체계적인 문자는 바로 거북의 등껍질과 짐 승의 뼈에 새긴 갑골문이다.

우리가 알고 있는 갑甲은 거북이의 등이 아니라 배딱지를 말한다. 배 딱지는 평편하고 색이 옅은 데다 단단한 편이기 때문에 글자를 쓰거나 보존하기 쉽다. 골骨은 주로 소나 말과 같은 대형 포유동물의 뼈를 가 리키는데, 보통은 어깨뼈처럼 넓은 부분이 글자를 새기기에 좋다. 이 처럼 갑골문은 자연에서 얻은 재료로 만들어졌다. _우한武漢 대학 역사학원 펑 텐위馬天瑜 교수

갑골문

갑골문은 은상殷商 시대의 통치자들이 거북의 등껍질과 짐승의 뼈로 점을 친 결과를 기 록한 것이다. 무려 3,000년의 긴 역사가 있지만, 19세기 마지막 해가 되어서야 발견되었다. 이 갑골문이 세상에 모습 을 드러낸 과정 역시 평범하지 않았다. 1899년 가을 어느 날, 국자감國子監의 제주祭酒(지금의 대학 총장-역주)였던 왕의영王懿榮 의 집. 학질에 걸렸던 왕의영은 하인이 약방에서 사온 '용골龍骨'이라는 약재에서 눈을 뗄 수가 없었 다. 호기심이 발동한 그는 약재를 손에 들고 이리저리 살피다가 겉에 희미하게 새겨진 글씨 같은 것을 발견

갑골문

했다. 직업적인 예민함 때문이었을까? 왕의영은 곧장 약방으로 사람을 보내 비싼 값을 주고 '용골'을 모두 사들였다. 그때부터 연구에 몰두한 그는 이 '용골'이 평범한 약재가 아니라 수천 년 전 조상들이 만든 상고 시대의 상형 문자라는 사실을 알게 되었다. 『사기史記』의 "聞古五帝三王發動擧事必先決蓍龜(듣자 하니 옛 삼왕오제는 큰 일을 치르기 전 반드시 가새풀과 거북으로 점을 쳤다고 하니-역주)"의 내용이 사실로 드러나는 순간이었다.

　그 후, 하나둘 갑골문의 기원을 쫓는 사람들이 생기기 시작했다. 그리고 허난河南 안양安陽 지역에 남아 있는 은상 시대 유적에서 약 15만 개의 갑골이 발견되었다. 학자들은 모두 4,500여 자의 갑골문을 연구하기 시작했고, 지금까지 2,500자 정도를 해독했다. 갑골문

갑골문 전시장

의 내용 대부분은 상나라의 정치, 군사, 문화, 사회 풍속 등 당시의
생활상이었지만, 천문, 역법, 의약 등 과학 기술의 내용도 있다. 갑
골문은 은상 시대 연구를 위한 풍부한 기초 자료로 이용되었다.

갑골문은 북경의 유명한 금석金石 학자 왕의영의 병 때문에 극적
으로 세상에 모습을 드러냈다. 그동안 사료에도 구체적으로 기록
되지 않았던 은상 왕조가 그 신비한 베일을 벗게 된 것이다. 덕분에
중국의 역사 시대도 1천 년이나 앞당겨졌다.

갑골문의 내용은 크게 두 가지로 나눌 수 있다. 첫째는 상왕의 족보인
데, 이를 통해 왕조 전체의 역사를 알 수 있다. 상 왕조는 중국 역사에
서도 매우 중요한 위치에 있다. 두 번째는 당시 성행한 제사 정보이다.

제사는 원시 시대의 종교와 신앙을 반영한 것으로, 당시 사람들의 가치관과 삶의 방향을 보여 준다. _후베이湖北 성 사회과학원 부원장, 류위탕柳玉堂 연구원

갑골문의 발견으로 사마천司馬遷이 쓴 『사기』의 내용이 사실이었음이 증명되었다. 이렇듯 우리는 갑골문을 통해 상나라의 역사를 전체적으로 분명하게 알 수 있다. 그간 상나라 역사를 가리고 있던 베일을 들춰 그 찬란한 면을 마주하게 된 것이다. _산시 이공대학 역사문화학원 량중샤오梁中效 원장

역사 문화의 재건과 중국 상고 시대의 체계적인 재구성의 관점에서 보면 갑골문의 공은 아무리 말해도 지나치지 않다. _문화학자 주옌민朱彦民

왕의영을 시작으로 갑골문에 대한 연구는 단 한 번도 중단된 적이 없었다. 왕의영의 벗이자 청나라 말기 유명한 작가로서 『노잔유기老殘遊記』를 썼던 유악柳鶚은 자신이 수집한 1,058점의 갑골문 잔여 조각을 연구해 중국 역사상 처음으로 갑골문 연구 서적 『철운장귀鐵雲藏龜』를 편찬했다. 『노잔유기』와 같은 해인 1903년 발표된 『철

갑골4당

갑골4당은 중국 근대, 갑골문 연구에 매진한 네 명의 학자를 가리킨다. 그 학자들은 바로 곽말약(자 정당鼎堂), 동작빈(자 언당彦堂), 나진옥(자 설당雪堂) 그리고 왕국유(호 관당觀堂)이다. 중국의 유명한 학자 천즈잔陳子展은 갑골문 연구 학자들 중 특히 이들 네 명을 꼽으며 이렇게 말했다. "갑골4당은 바로 곽, 동, 나, 왕이다." 이는 학계의 전반적인 평가이기도 하다. 문자학자 탕란唐蘭은 이들의 연구를 "설당이 그 길을 먼저 열었고, 관당이 이어서 검증했으며, 언당은 그 시대를 구별했고, 정당은 이에 대한 사례를 만들었는데 이로써 (갑골문 연구가) 성황을 이루었다."라고 평가했다.

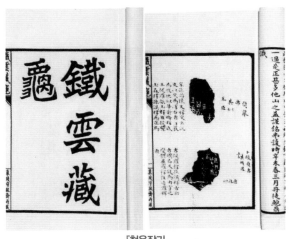

『철운장귀』

운장귀』덕에 갑골문은 학계의 공식적인 문물 자료가 되었다. 이후부터 유명한 학자들도 저마다 갑골문 연구에 뛰어들었는데, 그중 곽말약郭沫若, 동작빈董作賓, 나진옥羅振玉, 왕국유王國維의 업적이 가장 뛰어났다. 재미있게도 네 명 모두 자와 호에 '당堂'자가 있어 이들을 '갑골4당'이라 칭한다.

갑골문이 발견된 허난 성 안양 시에는 문자박물관이 있다. 박물관의 출입구는 갑골문으로 쓴 '자字'의 모형으로 설계되었다. 인류 문화를 잎이 무성한 나무에 비유한다면, 문자는 신비함을 품은 씨앗이나 뿌리라 할 수 있겠다. 씨앗과 뿌리가 있어야 비로소 꽃도 흐드러지게 필 수 있다. 이처럼 문자는 출발점이자 가장 기본적인 가능성이다.

체계적인 문자 덕분에 우리는 상고 시대의 문명을 쉽게 알 수 있다. 특히 이 시대의 문명 기록이 비약적으로 발전할 수 있었던 것도 다 문자

중국 문자박물관

덕택이다. _산시 이궁대학 역사문화학원 량중샤오 원장

문자가 있어야 책이 있고, 책이 있어야 당시의 지혜를 더욱 효과적으로 전달할 수 있다. _상하이上海 교통대학 장샤오위안江曉原 교수

세대를 거쳐 한 겹 한 겹 남겨지고 전해진 문자는 계승하고 누적하며 융합할 수 있는 교류 방식이다. 문자는 인류 문명을 더욱 풍부하게 하는 단단한 디딤돌이 되었다. _문화학자 샤오원루

2

기록 매체의 변천

고대 중국, 갑골문의 뒤를 이어 청동기에 새긴 금문金文 혹은 종정문
鍾鼎文이라는 문자가 출현했다. 청동기는 나라의 예기禮器였기 때문
에 금문의 내용은 국가의 제사나 왕의 명령, 전쟁, 나라 간의 맹약
이 대부분이었다. 사용상의 제한과 기록의 불편함 때문에 은상 시
대까지 문자는 상류사회의 극소수만이 사용했다.

> 갑골 한 조각에 새길 수 있는 글자 수는 얼마 되지 않았다. 금문은 청동
> 기에 명문(銘文−비석이나 기물에 새기는 글)을 새긴 것인데, 역시 쓸 수 있는
> 글자 수가 한정되어 있었다. 다리가 네 개 달린 큰 솥에 300자를 새길
> 수만 있어도 상당히 많은 것이었다. 또한 보급도 쉽지 않았다. _후베이 성
> 사회과학원 부원장, 류위탕 연구원

푸르고 곧게 뻗은 대나무는 중국 남부 지역에서 넓게 서식한다.
중국은 대나무가 가장 많이 분포하는 나라 중 하나이다. 세계적으

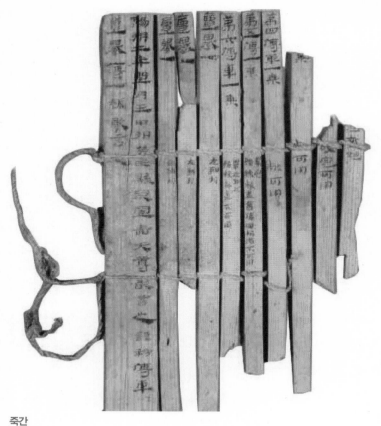

죽간

로 1,000여 종의 대나무가 있는데 그중 중국에만 500여 종이 있다.

예부터 중국인들의 대나무 사랑은 유별났다. 서민들은 구하기 쉽고 갖가지 생활용품을 만들 수 있다는 이유로, 지식인들은 대나무에 군자의 기상이 있다 하여 좋아했다. "寧可食無肉, 不可居無竹.(먹을 고기가 없을지언정 대나무를 벗 삼지 않을 수는 없으리.-역주)"라는 시구도 이를 잘 말해 준다. 영국의 유명한 한학자漢學者 조지프 니덤Joseph Neelham은 "동아시아의 문명은 바로 대나무 문명이다."라고 말하기도 했다. 고결한 기상은 말할 것도 없고, 중국을 비롯한 동아시아 문화권에서 다양한 물건의 재료로 쓰였기 때문으로 풀이된다. 붓이나 죽간도 대나무로 만든 것이다.

종이를 발명하기 전, 대나무는 중국 역사상 가장 긴 시간 동안 사용했던 문자 기록 매체였으며, 중국 고대 문화 속 진정한 의미의 책의 시작이라 할 수 있다.

> 대나무는 구하기 쉬운 편인 데다 평편한 쪽에 글을 쓸 수 있고 보존하기도 쉬웠다. _우한 대학 역사학원 펑톈위 교수

> 죽간은 쉽게 구할 수 있고 제작하기도 간단한데, 끈으로 엮으면 여러 조각으로 배열이 가능해 책으로도 만들 수 있었다. _산시 사범대학 역사문화학원 왕샹화이 교수

손쉽게 구할 수 있는 재료인 데다 글을 적기에도 편한 죽간은 민간에 널리 보급되었다. 이는 기록 매체 역사상 혁명이나 다름없었다. 그간 최상위 계층의 제한된 무리에서만 공유하던 문자를 해방

진나라의 죽간

하늘을 향해 곧게 뻗어 수려한 기색을 자랑하는 대나무는 겨울에도 시들지 않아 예부터 많은 사람의 사랑을 받아 왔다. 중국의 문인들은 대나무에 남다른 애정을 갖고 있었다. 어떤 시인은 "未出土時便有節, 及凌雲處尙虛心.(땅으로 솟기 전에도 절개가 있고, 높은 곳에 올라가서도 여전히 겸허하구나.–역주)"라며 대나무의 지조를 찬양하기도 했다. 이처럼 사람들은 대나무를 노래하는 것을 즐거움으로 삼고 일상처럼 대나무를 사랑했다. 지조를 이야기할 때도, 속마음을 털어놓을 때도, 노래를 하고 그림을 그릴 때도, 그리고 정원을 꾸밀 때도 대나무는 빠지지 않는 재료가 되었다. 종이가 없었던 진나라에서는 죽간이 매우 중요한 기록 매체였다. 문관들은 항상 작은 칼을 휴대하며 대나무 껍질을 다듬거나 죽간에 잘못 쓴 글자를 긁어냈다. 그 때문에 진나라의 지식인들은 늘 칼을 몸에 지니고 다녔다.

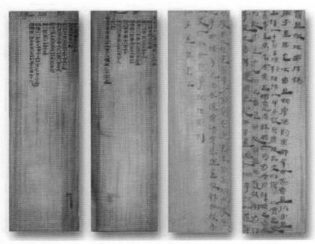

목독

했음은 물론, 문화 전파를 가속화시켰기 때문이다. 죽간의 출현으로 중국 역사에서도 유명한 백가쟁명百家爭鳴(많은 학자나 지식인이 자신의 사상을 자유롭게 이야기하고 논쟁하는 것-역주)이나 춘추전국春秋戰國 시대의 제자백가諸子百家(춘추전국 시대에 활약했던 학자와 학파의 총칭-역주)가 탄생했고, 이를 통해 중국 문명의 찬란한 역사가 그 기초를 다질 수 있었다.

죽간을 만드는 데는 묵과 붓 외에도 칼이 필요했다. 글자를 쓰다 틀리면 지우개처럼 칼로 긁어내 수정이 가능했기 때문이다. 반면 청동기에 새긴 금문은 글자를 틀리면 아무리 고치고 싶어도 그럴 수 없었다.

_후베이 성 사회과학원 부원장 류위탕 연구원

옛 사람들은 죽간 말고도 얇은 나뭇조각에 글을 썼는데 이를 목

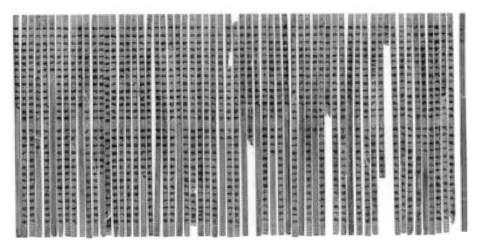

죽간에 쓴 『노자老子』의 일부분

독木牘이라 한다. 보통 백 자 이내의 문장은 목독에, 그 이상은 죽간에 썼는데 이를 합해 '죽간목독竹簡木牘'이라 칭한다. 무거운 청동기에 비하면 죽간목독의 사용은 이미 대단한 발전이었다. 하지만 대나무 한 조각에 쓸 수 있는 글자는 한 행, 모두 40자 정도였다. 이렇게 글을 다 쓰면 대나무 조각을 끈으로 연결해 한 권의 책으로 만들었는데, 이는 중국 최초의 책이라 볼 수 있다.

죽간목독은 갑골보다 구하기 쉽고 청동기보다 가볍지만, 한데 모아 책으로 엮으면 그 부피나 무게가 상당해 휴대하기 어렵긴 마찬가지였다. 역사 속의 기록을 살펴보면, 진 시황제 영정嬴政(시황제의 이름)이 매일 읽고 지시를 내려야 할 공문은 60kg이었으며, 한 무제漢 武帝가 매일 수정하고 지시한 서책은 장정 두 명이 궁궐까지 날라야 할 정도로 무거웠다고 한다.

패엽貝葉

죽간은 부피가 크고 무거웠기 때문에 '읽은 책이 수레를 한가득 채울
정도이다.'라는 말이 나왔다. 당시 수레 다섯 대 분량의 죽간을 읽은
사람은 대학자로 불렸다. 사실 수레 다섯 대 정도의 죽간은 지금으로
치면 30만 자 정도의 책 한 권에 해당한다. _문화학자 샤오원루

중국의 선인들은 거북의 등껍질이나 청동 솥단지, 죽간 외에도
값비싼 비단을 문자 기록 매체로 썼다. 메소포타미아의 수메르인들
은 점토에 문명의 수확을 기록했고, 고대 그리스, 로마는 파피루스
나 양피에 역사를 써 나갔다. 고대 인도 사람들은 패엽貝葉이라 불
리는 다라Tara수의 잎에 글을 썼다.

기원전 3000년, 이집트 신전에서는 둥글게 말린 파피루스 경전
을 쉽게 볼 수 있었는데 이것을 최초의 책이라 본다.

각각의 문자 기록 매체는 모두 저마다의 결함이 있었다. 구하기
어렵거나 보존하기 까다롭거나 제조 방법이 복잡하다는 등의 문제
였다. 기원후 105년, 동한東漢 시대의 채륜蔡倫이 이 모든 결함을 보
완해 만든 종이가 중국 전역을 휩쓸었다. 드디어 인류가 가장 완벽
한 책의 형태와 문자 기록 매체를 찾은 것이다.

채륜은 낡은 그물과 헝겊 등을 이용해 새로운 종이를 만들었다. 이 종이는 성능뿐 아니라 사용 효과 면에서도 옛 유적에서 발견되었던 서한西漢의 종이를 훨씬 뛰어넘었다. 그래서 채륜이 최초로 종이를 발명한 것은 아니라고들 하지만, 그가 저장 매체 역사상 가장 위대한 선구자임을 부인할 수는 없다. _후베이 성 사회과학원 부원장 류위탕 연구원

그의 종이는 제작하기 간편할 뿐 아니라 값도 쌌기 때문에 책의 재료로서 널리 보급되었다. 덕분에 문화 전파의 속도나 교육을 받고 책을 읽는 사람의 수적 증가에 이르기까지 전과는 비교할 수 없을 정도로 큰 변화가 생겼다. 이것만 보아도 종이는 위대한 발명품이라 할 수 있다. _우한 대학 역사학원 펑톈위 교수

제지술 발명 후 종이는 매우 간편한 글쓰기 도구가 되었다. 문자의 전달은 물론이고, 문화의 전파 역시 새로운 종이의 출현에 힘입어 눈부신 발전을 이루었다. _난카이南開 대학 역사학원 주옌민朱彦民 교수

채륜

우선 나무껍질을 벗겨 찧은 다음 물에 담가 흐물흐물하게 만든다. 그리고 불린 삼베 실을 넣어 묽은 죽처럼 만들고, 대바구니로 엷게 떠내어 그늘에서 말려 떼어 낸다. 이것이 바로 세계 최초의 종이 생산 과정이다. 서양보다 앞선, 2천 년 역사의 제지술은 잔잔한 강물처럼 조용하게 세계를 바꾸어 놓았다.

채륜의 제지술 발명은 중국의 문명이 세계로 나

❶ 삼베 자르기 ❷ 세척하기 ❸ 잿물에 담그기
❹ 삶기 ❺ 찧기 ❻ 반죽하기
❼ 종이 뜨기 ❽ 말리기 ❾ 떼내기

채륜의 종이 제작

갈 수 있는 길을 터 주었다. 돌비석이나 양피, 죽간이나 비단에 비해 흡습성이 좋고 휴대가 간편한 이 재료는 값이 싸고 보급하기 쉽다. 덕분에 소수만이 향유하는 사치품이었던 책이 높은 신의 제단에서 내려와 세계를 이끄는 가장 강력한 힘으로 변모했다. 이로써 아라비아와 유럽으로 퍼진 중국의 문명은 문화와 예술의 부흥에 불씨를 댕겼다.

『랭킹 100. 세계사를 바꾼 사람들The 100: A Ranking of the Most Influential Persons in History』이라는 책에서 채륜은 무려 7위에 랭크되어

있다. 저자인 마이클 하트Michael H. Hart 박사는 그를 두고 "채륜이 없었다면 오늘날의 세계가 어떠할지 상상조차 힘들다."라고 평가했다.

　문명의 역사를 보면 채륜이 다른 발명가보다 높은 평가를 받는 이유를 쉽게 알 수 있다. 대부분의 발명은 시대의 산물이다. 굳이 그 사람이 발명하지 않더라도 동시대의 누군가는 기어코 만들어 낸다는 뜻이다. 하지만 종이는 다르다. 유럽은 채륜 이후 천 년이 지나서야 종이를 제작했다. 시기가 그렇게 늦어진 이유 중 하나는 아랍인들로부터 제지술을 배웠기 때문이다. 심지어 다른 아시아 국가들은 중국에서 제작한 종이를 실제로 보았지만 그 기술을 이해하기 힘들었다. 이를 보면 제지술을 발전시키는 데는 개인의 기여가 상당히 큰 부분을 차지함을 알 수 있다.

　유럽이 대대적으로 금욕주의와 스콜라 철학 그리고 신학의 교리를 강조하며 인류의 손발을 묶어 두려 할 때, 지구 반대편 중국에서는 채륜이 보완한 식물 섬유로 만든 종이가 크게 유행했다. 그간 상류사회가 독점했던 문화는 엄청난 충격 속에서 자연스럽게 해체되었으며, 더 많은 사람이 글을 배우고 책을 읽게 되었다. 이로써 문명은 질적인 성장을 이루었고, 중국 문명은 처음으로 서양과 중동을 뛰어넘어 세계 문명의 선진 대열에 합류할 수 있었다.

3

인쇄술의 변천

7세기 초, 그 유명한 대당성세大唐盛世(당나라의 치세-역주)의 화려한 막이 열렸다. 이 시기 중국의 장인들은 이미 목판 인쇄술을 발명하고 이를 이용해 책을 인쇄했다. 당나라 번영의 정점이던 10세기경, 낱장으로 된 책이 두루마리를 대신했는데 이는 지금까지 전 세계에서 공통적으로 쓰는 책의 모습이다.

예부터 중국 민간에는 책을 보관하는 건물인 장서루藏書樓가 많이 있었다. 그중 유명한 장서루를 꼽으라면 저장浙江 성 후저우湖州 시의 고도 난쉰南潯에 있는 가업당嘉業堂을 빼놓을 수 없다. 가장 오래된 곳도 아니고 건물이 화려하거나 정교하지도 않은데 지금까지 명성을 이어 오는 이유는 바로 이곳에 보관된 3만여 점의 목각판 때문이다. 대단한 것은 현재에도 이 목판을 이용해 책을 찍어 내고 있다는 사실이다.

이러한 인쇄 방식을 조판인쇄라 한다. 처음에는 도장이나 비석의 탁본 기술을 바탕으로 제작되었는데, 수당隋唐 시대에 불교의 흥

천일각天一閣

성과 과거제 시행을 거치면서 점차 보완되었다. 인쇄술이 출현하기 전에는 책은 반드시 손으로 베껴야만 복제가 가능했다. 그러다가 불교의 사제와 과거 응시자들이 늘자 책 수요가 폭발적으로 증가해 필사로는 도저히 그 양을 감당해 낼 수 없었다. 이런 요구에 발맞추어 인쇄 기술이 탄생했고, 비로소 책 복제의 양적 성장이 이루어진 것이다.

고대 중국의 문서는 모두 필사를 통해 보급되었는데, 덕분에 경생經生이라는 직업이 생겼다. 둔황문헌敦煌文獻(둔황 일대의 유적에서 발견된 문자 자료를 통칭하는 말-역주)도 모두 이들 경생의 손에서 탄생했다. 사람은 하루에 몇 글자 정도나 쓸 수 있을까? 해서楷書체로 이루어진 둔황문헌은 하루에 5천 자를 쓰기에도 벅차다. 편폭이 긴 책을 오롯이 한 사람이 베낀다고 하면 얼마만큼의 시간이 필요할지 감히 가늠하기조차 힘들다. _난카이 대학 역사학원 주옌민 교수

장서루 가업당의 편액扁額

당나라 이전에는 책을 복제하려면 일일이 손으로 베껴야만 했다. 더구
나 오탈자가 생기거나 속도가 느리다는 단점 때문에 문화 전파에는 불
리했다. _산시 사범대학 역사문화학원 왕샹화이 교수

물론 판에 글씨를 새기는 것이 쉬운 일은 아니다. 하지만 책을 한 권
한 권 손으로 베껴 쓰는 것에 비하면 훨씬 편한 것은 사실이다. 최초의
복사기라 할 수 있는 이 조판은 무한 복제와 반복 사용이 가능했다.
_난카이 대학 역사학원 주엔민 교수

국제적으로도 조판인쇄는 중국에서 최초로 이루어졌다고 공인하고 있
다. 이 방법으로 대량 인쇄가 가능해지자 책 보급량이 폭발적으로 늘
었다. _상하이上海 교통대학 장사오위안 교수

전국戰國 시대 이름을 날렸던 명학가名學家 혜시惠施는 평생 수레

완벽하게 보존된 고대의 조판

다섯 대 분량의 책을 읽었다고 해서 사람들의 존경을 받았다. 그로부터 1,162년 후, 당나라에서 가장 유명한 장서가가 무려 3만 권의 책을 보유한 것을 두고 시인 한유韓愈는 이렇게 노래했다. "鄴侯家多書, 揷架三萬軸, 一一懸牙籤, 新若手未觸.(업후의 집에는 책이 많은데, 서가에 꽂으니 3만 권이나 되더라. 하나씩 책갈피를 걸어 두니 마치 손을 대지 않은 듯 새것 같구나.-역주)"

덕분에 사상은 더욱 빠른 속도로 전파되었다. 그동안 한 치 앞도 보이지 않는 안개를 헤치며 지식과 지혜, 자유와 행복을 찾던 사람들은 가장 힘 있는 도구, 신속한 복제와 대량 보급이 가능한 책을 찾아낸 것이다.

프랜시스 베이컨Francis Bacon은 인쇄술의 영향력을 이렇게 평가한다. "우리는 각종 발명품의 힘과 효과, 그리고 영향력에 주목해야 한다. 옛사람들은 몰랐던 인쇄, 화약, 나침반은 말할 필요도 없다. 이 세 발명품은 세계의 모습과 상황을 바꾸었기 때문이다." 한학자

2005년 홍콩에서 발행한 중국의 4대 발명품 기념우표

조지프 니덤은 이들 발명품이 유럽의 격변에 끼친 영향을 이렇게 말했다. "화약과 인쇄술, 나침반이 없었다면 유럽 봉건주의는 사라지기 힘들었을 것이다."

중국의 4대 발명품 중 하나인 화약과 나침반은 물질문명에 속하는 것으로 사용 범위가 제한적이다. 화약은 건축과 전쟁에, 나침반은 교통이나 전쟁에 이용할 수 있다. 하지만 여러 분야에서 광범위하게 사용

4대 발명품

중국의 과학 기술사史에 대한 학자들의 관점으로서, 세계에 영향을 끼친 중국의 네 가지 발명품인 제지술, 나침반, 화약 그리고 목판 인쇄술을 말한다. 영국 출신의 한학자 조지프 니덤이 처음으로 제기했고, 그 후 많은 중국 역사학자들이 공인했다. 이들 4대 발명품은 고대 중국의 정치, 경제, 문화 발전에 큰 동력이 되었을 뿐 아니라, 여러 경로를 통해 서양으로 전해져 세계 문명 발전에도 큰 영향을 끼쳤다.

할 수 있는 종이와 인쇄술은 중국 문화를 완전히 바꾸어 놓았다. _문화학자 샤오윈루

종이의 탄생으로 필사는 물론 인쇄가 가능해져 책의 대량 보급이 실현되었다. 인류의 경험, 지혜, 문명, 생산력의 발전, 과학 기술과 문화가 쉽게 전파되자 인류 문명은 크게 발전했다. _푸젠 사범대학 쑨샤오전 교수

점토에 한자를 새겨 구워 만든 활자를 교니활자膠泥活字라 한다. 테두리가 있는 철판에 송진과 밀랍, 재를 채워 넣고 필요한 순서대로 점토 조각을 가지런히 배열하면 인쇄가 가능한 판형이 된다. 북송의 필승畢昇이 발명한 이 인쇄 방식을 활자 인쇄라 하는데, 심괄沈括의 『몽계필담夢溪筆談』에도 자세한 기록이 남아 있다.

비록 『몽계필담』에 흔적이 남아 있긴 하지만, 활자 인쇄술은 한때 피었다 지는 꽃처럼 금세 자취를 감추고 정식으로 보급되지 않았다. 만청晚淸에 이르자 중국 전역에는 조판 인쇄술이 유행했다.

한자는 반드시 모든 글자를 알아야만 배열이 가능하기 때문에 글자판을 배열하는 사람의 지식 수준에 대한 조건이 매우 까다로웠다. _상하이 교통대학 장샤오위안 교수

글자 수가 많은 한자는 일일이 활자판을 만들어야 하는 수고로움이 있다. 또 쓰임이 많은 글자가 있는 반면 가끔 사용하는 글자도 있다. 글자를 새기는 것도 힘든데 필요할 때마다 재배열해야 하니 이런저런 수고와 비용을 따지면 조판 인쇄술에 한참 못 미쳤다. _푸단復旦 대학교 거젠슝葛劍雄 교수

교니활자

　방대한 글자 수로 말미암은 여러 가지 어려움 때문에 필승의 발명품은 널리 보급되지 못했다. 하지만 그의 활자 인쇄술은 일본, 한국, 베트남, 필리핀 등지로 전해졌고, 실크로드를 따라 페르시아와 아랍을 거쳐 이집트와 유럽 각국으로 퍼져 나갔다. 활자 인쇄술 발명 400년 후, 독일의 구텐베르크Johannes Gutenberg가 연활자鉛活字(납활자) 인쇄술을 발명했다. 그가 만든 인쇄기는 근대 기계 인쇄의 효시가 되었다.

　필승과 달리 구텐베르크의 활자는 발명 즉시 대유행했는데 과연 그 이유는 무얼까? 바로 사용 문자가 다르기 때문이다. 영어를 예로 들어 보자. 활자 한 세트를 만드는 데 필요한 자모는 겨우 26개이다. 거기에다 아무리 부호를 더한다 한들 100개가 넘지 않으니 더 이상 설명이 필요한가? _상하이 교통대학 장샤오위안 교수

지금 봐도 이들 인쇄품은 매우 정교하다. 1452년에서 1455년까지 구텐베르크가 금속 활자로 찍어 낸『성경』은 세계에서 가장 오래된 인쇄본이다. 한 페이지는 두 쪽으로 되어 있고, 한 쪽당 42행으로 이루어져 있기 때문에『42행 성경』이라고 부르기도 한다.

500년 전 구텐베르크는 순전히 상업적인 목적으로 성경을 인쇄했다. 그 때문인지는 몰라도 그는 각종 구설에 시달렸다. 그러나 그 자신도 이 성경이 문명 전파사에 한 획을 그을 만한 사건이었다는 사실은 몰랐을 것이다.

구텐베르크의 발명은 유럽의 독서 혁명에 매우 중요한 물질적 기초와 기술적 전제가 되었다. 그의 발명 덕에 신교도들 사이에서는 책 읽기, 다름 아닌 성경을 읽는 것이 생활의 일부분이 되었다. 어쩌면 구텐베르크 인쇄술의 최대 수혜자는 성경일지도 모른다. _우한 대학 역사학원 리공전 李工眞 교수

필승

970-1051년. 고대 중국의 발명가로 활자 인쇄술을 처음 만들었다. 인쇄 기술자였던 그는 전문적으로 기술 개발에 매진했다. 그가 발명한 교니활자 인쇄술은 세계에게 가장 오래된 인쇄 기술로 평가된다. 송나라의 심괄이 쓴『몽계필담』에 필승의 활자 인쇄술에 대한 자세한 기록이 남겨져 있다.

구텐베르크의 인쇄기와 성경

『성경』에는 고대 그리스와 로마의 철학이 녹아 있다.

_화중華中 과학기술대학 덩샤오밍鄧曉芒 교수

『성경』은 종교 서적이지만 서양의 역사, 지리, 문화, 교통을 모두 반영하고 있다는 점에서 중요하다. 우리는 성경을 통해 서양 사회의 면면, 특히 서구인들의 가치관과 감성을 알 수 있다. _산시 사범대학 역사문화학원 왕샹화이 교수

유럽 국가들 중 가장 앞서 문맹 퇴치를 했던 나라가 바로 독일이다. 실러Johann Christoph Friedrich von Schiller는, 18세기에 어떤 나라는 암흑 사

구텐베르크 동상

회였지만 또 어떤 나라는 독서에 중독된 사회였다고 평가했다. _우한 대학 역사학원 리공전 교수

『성경』의 대량 인쇄는 미술에도 영향을 끼쳤다. 당시의 그림을 살펴보라. 성경을 그리지 않은 화가가 있었던가? 이러저러한 그림을 그릴지라도 화가라면 반드시 성경의 내용을 그림으로 그려 냈다. _상하이 교통대학 장샤오위안 교수

구텐베르크의 연활자 인쇄는 책의 역사를 완전히 바꾸어 놓았다. 인쇄량이 대대적으로 늘자 자연스럽게 책의 가격도 떨어졌다. 그로부터 50년 동안 유럽에는 3만여 종의 인쇄물이 등장했고, 1,200만 개의 인쇄품이 제작되었다. 그가 인쇄기를 발명한 지 300년이 지나서야 새로운 기술의 기계가 출현했다.

인류 문명의 위대한 3대 성과로 꼽히는 문자, 제지술, 인쇄술. 이들이 같은 시공 속에서 우연히 만나면서 현대적 의미의 책이 탄생했다. 책은 문명의 축적과 상호 작용의 산물인 동시에 전통문화에 대한 무거운 사명을 짊어졌다. 이로부터 독서는 인류 생활의 중요한 구성 요소가 된 것이다. 문명, 그것은 졸졸 흐르던 개울이 점차 거대한 물줄기를 이루어 천 리를 세차게 굽이쳐 흐르는 강줄기가 되는 모습과 닮아 있다.

46억 년 전 지구가 탄생했다. 그중 인류의 역사는 3백만 년 정도

국립도서관

인데, 그 기간에 우리의 지구는 놀라운 변화를 겪었다. 인류의 3백
만 년 역사를 24시간으로 줄인다면 책이 인류와 함께한 시간은 3분
에 불과하다. 하지만 그 짧은 3분 동안 세계는 전에 없던 큰 변화를
겪었고, 문명은 초고속 발전 단계에 진입했다. 말 그대로 '세상이 바
뀐 것'이다. 이 모든 것은 독서의 힘과 무관하지 않다.

신기술인가,
인기상품인가?

쑨샤오전(푸젠 사범대학 문학원 교수)
천차이쥔陳才俊(지난暨南 대학 중국사적문화연구소 교수)
황젠黃健(저장浙江 대학 중문과 교수)
양차오밍楊朝明(중국 공자연구원 원장)
거젠슝(푸단 대학 교수)
장샤오위안(상하이 교통대학 교수)
펑톈위(우한 대학 역사학원 교수)

1. 인류의 독서 역사를 통틀어 가장 중요한 책은 무엇인가? 그 책은 과연 신기술보다 더 막강한 힘으로 문명을 이끌었는가?

쑨샤오전: 인류의 과학 기술이 엄청나게 도약할 수 있었던 것은 바로 종이의 발명 덕이었다. 채륜이 종이를 발명한 이후 문화는 더욱 광범위하게 보급되었다. 종이의 공헌으로 인류 문명은 공전의 발전을 이룬 것이다.

채륜의 종이로 문명의 대량 보급이 가능해졌다. 이는 거북의 등껍질이나 짐승의 뼈에 글을 새기는 것과는 차원이 다르다. 종이 덕에 필사와 인쇄가 가능해졌기 때문이다. 이로써 인류의 경험과 지혜를 녹여 낸 문명과 생산력은 비약적으로 발전했고, 과학 기술과 문화의 대량 보급으로 인류 문명은 크게 도약했다. 당나라 시기에 문명이 화려하게 꽃필 수 있었던 이유는 무엇일까? 다른 이유는 제쳐 두고라도 제지술의 발명과 인쇄술의 보급은 절대 빼놓을 수 없을 것이다.

천차이쥔: 명나라 말기와 청나라 초기, 서양에 도래한 대항해 시대 덕에 유럽인들은 아시아 대륙을 발견할 수 있었다. 얼마 후 탐험가와 상인들을 따라 선교사들도 대거 중국 땅으로 유입되었다. 초기 선교사들이 중국에 온 가장 큰 목적은 기독교 교리 전파였다. 그러나 객관적으로 보면 그들은 서양과 중국의 문화 교류에 중요한 교량 역할을 했다.

그중 가장 처음 온 사람은 1275년 중국에 발을 디딘 이탈리아 출신 상인이자 여행가 마르코 폴로Marco Polo였다. 두 번째는 1585년 이탈리아 예수회 선교사 마테오 리치Matteo Ricci, 세 번째는 1807년 중국으로 건너온 영국 런던선교회의 선교사 로버트 모리슨Robert Morrison이었다.

중국의 경전을 연구했던 마테오 리치는 4서四書(대학大學, 논어論語, 맹자孟子, 중용中庸-역주)를 라틴어로 번역했는데, 이는 유럽으로 전파된 최초의 중국 서적이었다.

마테오 리치가 세상을 떠난 후 유럽에서 『마테오 리치의 중국 일기』가 출간되었다. 이로써 유럽인들은 보다 상세하게 중국의 면면을 알 수 있었다. 이 책은 유럽에서 정식으로 한학漢學이 시작되는 계기가 되기도 했다.

로버트 모리슨은 중국과 서양의 문화 교류 분야의 선구자였다.

그가 중국에서 행한 일 가운데 '최초'라는 수식어가 붙은 것이 너무나 많다. 처음으로 성경을 중국어로 번역했으며, 엄청난 공을 들여『영화자전英華字典』을 편찬했다. 또『강희자전康熙字典』을 판본으로 하여 그 표제어를 영문으로 번역했는데, 이는 세계 최초로 중국어를 언어로 하는 이중 언어 사전이었다. 이 사전의 출간 후 중국어와 각종 언어의 사전 편찬이 활발하게 이루어지기 시작했다. 실제로 라틴어한어사전, 이탈리아어한어사전, 프랑스어한어사전 등이 속속 출간되었다.

1815년, 로버트 모리슨은 말라카Malacca에서 〈Chinese Monthly Magazine〉이라는 중국어 신문을 개간했다. 역시 근대 최초의 중문판 신문이다. 그리고 말라카에 선교사 최초로 학교를 세우기도 했다. 영화서원英華書院이라는 이 학교에서는 서양인에게는 중국어를, 중국인에게는 영어를 가르쳐 중국어 교육의 요람 역할을 했다. 1824년 로버트 모리슨은 휴가차 영국으로 떠나며 그동안 수집한 중국어 서적 1만여 권을 함께 가져갔다. 이 책들은 훗날 런던 대학교 도서관에 전부 기증되었는데, 영국의 한학漢學 발전에 좋은 밑거름이 되었다고 한다.

황젠: 호메로스는『호메로스의 서사시』라 통칭하는『일리아드Iliad』와『오디세이Odyssey』에서 서사시의 형식을 통해 유럽 발전사를 기록했다. 물론 여기에는 유럽인의 정신세계도 포함된다. 이 서사시와 신화에는 유럽 문화의 근원이 그대로 녹아 있다. 그러니까 유럽 문화의 유전자, 수많은 비밀이 이 신화와 시 속에 그대로 담겨 있다는 것이다. 동양에서는 한 사람을 평가할 때 단순히 선인 아니면 악인

이라고 말한다. 하지만 일리아드에 등장하는 아킬레스Achilles는 좋은 사람이기도 하고 나쁜 사람이기도 하다. 용서받지 못할 죄를 지었지만 아주 선하기도 하다. 이런 점에서 보면『호메로스의 서사시』는 인간의 심리를 매우 사실적, 객관적, 변증적으로 기록했으며, 인생의 모순을 심도 있게 풀어놓았다고 볼 수 있다. 굳이 한 사람을 두고 선하지 않으면 악하다는 이분법적 사고로 평가하는 이들에게 이 서사시는 대답한다. 인간은 때로는 선하기도 하고 때로는 악하기도 하다고 말이다. 선과 악의 모든 면을 가지고 있는 것이 바로 인간이다.

공업 문명을 대표로 하는 현대 문명, 그 기계의 힘과 강력한 물질의 힘은 가난하지만 온정이 흐르는 다소 폐쇄적인 중국의 전통 농경 문화를 어떤 형식으로든 파괴했다. 엄복嚴復이 번역한『진화와 윤리』를 읽은 중국인들은, 이렇게 현실에 만족하고 좁은 시야로 살아간다면 이 시대가 언젠가는 끝나 버릴 것이라고 생각하게 되었다. 세계는 끊임없이 진화하고 있다는 사실을 바로 봐야 한다. 하지만 이런 진화는 단지 개인의 의지로 되는 것은 아니다.

진화론을 접한 루쉰魯迅은 경이로움에 사로잡혔다. 그는 헉슬리Thomas Huxley라는 사람이『진화와 윤리』를 통해 한 민족도 아닌 인류 전체의 변화 규칙을 쓴 것에 감탄을 금치 못했다고 한다. 그는 사실 가장 처음 접한 책이 맹자였지만 자신과는 별로 상관이 없었다고 고백하기도 했다. 실제로 루쉰의 사상 대부분은 그가 난징南京에서 수학할 때 읽었던『진화와 윤리』의 영향을 많이 받았다. 그는 마치 파도가 앞선 파도를 밀어내듯이 변화하는 세계를 보며 그것이 개인의 의지를 뛰어넘는 것임을 깨달았다. 역사는 끊임없이 변하고 있는데, 만약 이 변화의 규칙을 보지 못한다면 언젠가는 역사에서 도태되리라는 사실을 알게 된 것이다. 그래서인지 난징에서 공부를 끝낸 루쉰은 국비유학생 자격으로 일본으로 건너갔다.

이러한 관념의 변화 덕분에 선진적인 사고를 갖춘 중국인들이 대거 등장하게 되었다. 바로 후스胡適, 천두슈陳獨秀, 루쉰이 그들이다. 그들은 새로운 문화의 소용돌이 속에서 직접 서양의 두 가지 무기를 들여왔다. 바로 민주와 과학이다.

양차오밍: 『논어』는 인류의 독서 역사상 가장 중요한 책이다. 공자와 그 제자들의 언행집인 『논어』는 유가 사상의 경전이며, 공자의 인문 사상과 정치 관념 그리고 사회적 이상을 모두 반영하고 있다.

공자의 사상은 세계적으로 유명한 철학자이자 신학자인 한스 큉 Hans Küng이 〈지구 윤리 선언〉에서 말한 것과 기본을 같이한다. 중국 전통문화 속 가장 기본적인 윤리는 인仁이며, 다른 하나는 공자의 황금 법칙, 바로 "己所不欲, 勿施於人(내가 하고 싶지 않은 것은 남에게 억지로 시키지 말아야 한다.-역주)"이다. 공자의 사상 가운데 '인'은 예지禮智를 모두 포함하고 있다.

공자가 말한 두 가지 윤리는 인간관계, 인간과 사회의 관계를 처리하는 데 큰 도움이 된다. 다시 말해, 인간 본성과 사회 간의 균형 관계만 잘 이룬다면 이 사회가 진정한 화합으로 나갈 수 있다는 뜻이다.

『논어』의 사상은 공자의 것이자 그의 제자들의 것이며, 동시에 그 책을 쓴 사람의 것이다. 공자의 제자들이 아니었다면 이 책은 우리에게 전해지지 않았을 테고, 그랬다면 세계가 어떤 모습이 되었을

지 상상하기조차 힘들 것이다.

중국에서 조선 반도로 넘어간 『논어』는 일본을 거쳐 다시 동남아로 전해졌다가 17세기에 유럽으로 전파되었다. 1687년 프랑스에서 최초의 번역본 『논어』가 출간되었다. 이처럼 중국의 유가 사상이 유럽으로 전파된 데에는 서양 선교사들의 공을 빼놓을 수가 없다. 그들은 자신들도 모르는 사이 유가 사상을 서양으로 전했다. 유가 사상의 영향력은 지금까지 이어지고 있으며 더욱 커지고 있다.

2. 책과 신기술은 밀접한 관계가 있다. 사실 책은 모두 과학 기술 보급의 산물이라 할 수 있는데, 어느 시대에 더 많이 나타났는가?

거젠슝: 명나라 말기와 청나라 초기, 중국에는 신기술과 관련된 과학 서적이 적지 않게 출현했다. 이는 서양 선교사들의 대거 유입과 깊은 관계가 있다. 당시 중국으로 건너온 수많은 선교사들은 중국인들을 선교하는 데 큰 공을 들였다. 하지만 시작부터 벽에 부딪힌 그들은 중국 사회를 제대로 이해해야 할 필요성을 절감했다. 그래야만 효과적인 선교가 가능했기 때문이다.

마테오 리치는 중국에 세계 지도를 들여왔다. 서양의 지리 지식을 중국인들에게 전한 것이다. 오늘날 중국인들이 사용하는 지리학 관련 단어를 번역한 것도 바로 마테오 리치이다. 그는 서광계徐光啓와 함께 유클리드Euclid의 『기하학원론』을 한역했으며, 천문학적 지식을 알려 주었다. 선교사들은 특히 천문을 측정하거나 역법을 수정하는 데 뛰어났다. 물론 그들의 목적이 단순히 과학 지식을 전달하는 것은 아니었다. 단지 객관적으로 그런 역할을 했던 선교사들은 중국인들의 관심을 끌기에 충분했고, 황제조차도 그들의 도움을 필요로 했다.

장샤오위안: 신기술과 관련된 과학 서적은 17세기 유럽에서 대거 출현했다. 자연 과학이나 과학사 분야에서 영향력이 큰 책을 고르라면 나는 주저 없이 뉴턴Isaac Newton의 『프린키피아Principia(원제는 "자연 철학의 수학적 원리"이다.―역주)』를 꼽을 것이다. 현대 공업화의 기초 대부분이 이 책에서 비롯했기 때문이다. 만유인력은 오늘날의 현대화, 기계화와 관련된 모든 것의 기반이다.

『프린키피아』는 17세기에 출판되었는데, 이 시기는 근대 혁명, 과학 혁명이 발생한 시기로 실제 근대 과학의 기초가 이때 세워졌다. 이 책의 영향력이 얼마나 대단했는지 알 수 있는 대목이다. 만유인력은 그동안 추상적으로만 접근했던 천문 이론의 발전에 획기적인 역할을 했으며, 인류 발전에도 깊은 영향력을 끼쳤다. 일상적인 공업 문명과 기계 등이 모두 이 이론에 뿌리를 두고 있다.

펑텐위: 청나라 중후반, 그 특수한 시대적 배경 때문에 과학 기술 관련 서적이 대거 쏟아져 나왔다. 만청 시대의 명신이자 학자였던 서계여徐繼畬는 서양 학문을 일부 접하고 큰 감명을 받았다. 훗날 그가 쓴 『영환지략瀛寰志略』은 위원魏源의 『해국도지海國圖志』와 함께 크게 유명세를 떨쳤는데, 두 책은 내용이 상당히 비슷하다.

당시 복건福建 지역의 관리였던 서계여는 영국인들과 어울릴 기회가 종종 있었다. 전쟁 중에도 직접 영국인 포로를 신문했던 그는, 양쪽 군대의 작전 상황 외에도 영국, 더 나아가 유럽의 정치, 경제,

문화, 역사, 지리와 관련된 정보들을 수집했다. 이렇게 천천히 자료를 모은 그는 1850년에 이르러 『영환지략』을 완성했다. 이 책을 읽은 당시 사람들은 그제야 비로소 두 눈을 크게 뜨고 세계를 바로 볼 수 있었다.

『영환지략』은 세계 각국의 정치, 경제, 문화를 소개한 책으로, 유럽과 미국에 대한 내용이 대부분이다. 이 책은 미국의 초대 대통령 조지 워싱턴George Washington과 그가 세운 민주주의 국가의 이론과 실천을 모두 긍정적으로 다루고 있다.

증국번曾國藩과 좌종당左宗業이 양무운동洋務運動을 펼쳤던 이유도 근대 문명에 대한 지식이 있었기 때문이다. 그들은 특히 『해국도지』와 『영환지략』의 영향을 많이 받았다.

비바람을 견뎌 낸 장서루藏書樓

　중국의 장서藏書 문화는 약 2천 년 전부터 시작된 것으로 그 뿌리
가 매우 깊다. 사마천의 『사기』에는 노자가 쓴 "周守藏室之史也(주나
라 장서실을 관리하는 사관이었다.)"라는 글귀가 등장한다. 노자는 동주東
周 왕실의 사관이었는데, 이 글귀에 등장하는 장실藏室이 바로 왕실
의 문헌을 보관하던 장소이다. 고대 중국 최초의 국립도서관의 기
원을 바로 여기에서 찾을 수 있다.

　당나라 시기에 조판 인쇄술의 등장으로 서적의 대량 보급이 가능
해지자 개인 장서루가 속속 나타났다. 이들은 국가의 장서루를 대
신해 고대 장서 체제의 주류로 자리매김했다. 그럴 수 있었던 이유
는, 비록 개인 장서루가 현대의 도서관처럼 완벽하지는 않지만 그
동안 황실과 관원들만 사용할 수 있었던 특권에서 벗어나 일반인들
도 책을 빌리거나 복제할 수 있도록 했기 때문으로 풀이된다. 이것
은 문화 서민화를 향한 도약으로서, 문화 전파를 촉진하는 장서루
의 사회적 역할을 제대로 한 것이라 볼 수 있다.

여러 사료에 남아 있는 개인 장서루 중에서도 녕파寧波의 천일각天一閣, 상숙常熟의 급고각汲古閣, 서안瑞安의 옥해루玉海樓가 특히 유명하다. 세월의 무게가 고스란히 얹혀 있는 장서루는 그간의 풍파 속에서도 아득하고 찬란한 문명의 역사를 거쳐 오며 우리에게 묵직한 감동을 전해 준다. 그중 가장 유명한 곳은 400년 역사를 간직한 가장 오래된 개인 장서루 '천일각'이다.

범흠范欽은 천일각을 지을 때 『역경易經』의 "天一生水, 地六成之.(하늘의 1이 물을 낳고 땅의 6이 그것을 이룬다. —역주)"의 이론을 바탕으로 '물로 불을 다스린다.'는 의미의 이름을 지었다. 그렇게나마 장서루의 가장 큰 적인 화재에 대비하기 위해서였다.

범흠의 자는 요경堯卿으로, 명나라 가정嘉靖 연간에 각지에서 관직을 지내다가 훗날 병부우시랑兵部右侍郎까지 올랐던 인물이다. 이러한 내력은 책의 수집과 보관에 필요한 풍부한 재력과 공간을 마련하는 데 큰 도움이 되었다. 고대 중국에는 통일된 문화 시장이 없어 책과 같은 문화 자료가 민간 여기저기에 퍼져 있었다. 이렇게 어지럽게 널린 책을 수집하는 데 관직은 더없이 좋은 조건이었다. 이렇게 좋은 조건과 지치지 않는 의지가 더해져 1566년, 무려 7만여 권의 서책을 보관한 천일각이 세워졌다.

천일각의 역사는 개인 장서루가 세월을 이겨 내고 살아남는 것이 얼마나 힘든지를 생생하게 보여 준다. 장서루의 주인은 책을 보호하기 위해 장서루 본연의 문화 전달 기능을 막아야 하는 어쩔 수 없는 선택을 해야 한다. 중국 역사 속에도 수많은 장서루가 출현했지만, 대부분 백 년을 넘기지 못하고 사라졌다. 책을 보관하는 문제는 대부분 장서가가 죽은 다음에 바로 나타나기 때문에 보통 장서루는 몇 세대를 넘기지 못하고 사라지고 말았다. 이런 상황 속에서도 천일각이 지금까지 당당히 자리를 지킬 수 있었던 이유는 범흠의 세심한 계획과 무관하지 않다. 다른 장서루의 전철을 밟지 않기 위해 범흠은 엄격한 관리 제도를 만들었다. 훗날 그의 자손들도 범흠이 만든 제도를 바탕으로 보완하고 강화했다.

그가 만든 제도의 기본은 이것이다. "代不分書, 書不出閣.(분가를 하더라도 책은 나누지 않으며, 책은 절대 천일각 밖으로 나가서는 안 된다. ─역주)" 즉, 자손이 늘어나더라도 누각의 열쇠와 서궤의 열쇠는 여러 사람이 나누어 관리하며, 누각의 문을 열려면 반드시 모든 사람의 동의를 얻어야만 한다는 것이다. 집안사람이 아니면 함부로 누각에 들어갈 수 없고, 집안사람조차 정당한 이유가 없다면 출입이 불가능했다. 멋대로 지인을 초대할 수도 없었고, 여성은 절대 누각으로 발을 들여놓을 수 없었다. 이를 위반한 사람은 집안에서 행하는 제사에 참여하지 못하는 굴욕적인 처벌을 받았다. 이는 혈통 관계에서 행할 수 있는 가장 큰 '경고'이며, 곤장보다 더욱 가혹한 벌이었다.

지금 봐도 천일각의 관리 제도는 너무 엄격하고 심지어 일부분은 비인간적으로 보이기도 한다. 함부로 발을 디디거나 책을 볼 수도 없다면 도대체 장서루의 존재 이유는 무엇일까? 하지만 범씨 가문의 입장에서 보면 그것은 어쩔 수 없는 선택이었다. 그렇게 해야만 장서루를 지킬 수 있기 때문이다. 바꾸어 말하면 엄격한 제도가 있었기 때문에 지금까지 천일각이 보존될 수 있었던 것이다.

모든 일에는 양면성이 있다. 천일각의 규율 중 '집안사람이 아니면 출입이 불가하다.'는 조항 때문에 한동안 장서루의 존재는 외부에 알려지지 않았다. 그러다가 1673년, 유명한 사상가인 황종희黃宗羲가 우연히 천일각을 방문했다. 그런데 웬일인지 범씨 가문 사람들은 그에게 천일각으로 들어가는 것뿐 아니라 모든 책을 열람할 수 있도록 허락했다. 덕분에 그는 천일각에 발을 디딘 첫 번째 외부인이 되는 행운을 얻었다. 누각에 보관된 모든 책을 자세히 살펴본 그는 희귀 도서의 목록을 뽑아 『천일각장서기天一閣藏書記』를 편찬해 세상에 내놓았다.

이때부터 천일각은 대외에 개방되기 시작했다. 사회적으로 인정받은 대학자들이 이곳을 방문하고 둘러볼 기회를 얻은 것이다. 비록 모든 사람에게 문을 연 것은 아니지만, 최소한 장서루의 존재 의미를 실현했다는 데 의의가 있었다. 그 이후로 줄곧 장서루는 두 가지 선택 사이에서 고민해야 했다. 지금보다 더 엄중한 관리를 통해 완벽하게 자신을 지킬 것인가, 아니면 사회적 가치를 위해 스스로 위태로워질 것인가. 이 두 가지 선택에서 균형을 찾은 천일각은 결국 제한적인 개방을 선택했다. 더 이상의 여지가 없는 선택이었다.

건륭제乾隆帝는 『사고전서四庫全書』를 편찬하면서 각지의 장서가들에게 희귀한 책들을 바치도록 명령을 내렸다. 이때 천일각은 600여 권의 진귀한 책을 진헌했는데, 그중 96권 정도가 이 『사고전서』에 수록되었다. 건륭제는 범씨 가문에 상을 내리며 칭찬을 아끼지 않았는데, 훗날 천일각을 본떠 '남북칠각南北七閣'을 만들어 자신이 편찬한 일곱 벌의 『사고전서』를 보관하기도 했다. 이때부터 천일각은 유명세를 떨치기 시작했다.

범씨 가문의 엄격한 규칙이 있었음에도 시대의 흐름 속에서 수많은 책이 자취를 감췄다. 게다가 근대에 이르러 관리들의 부패와 도난, 자연재해, 전쟁 등의 영향으로, 천일각의 책은 1940년이 되자 겨우 1,591부, 모두 13,038권만이 남았다.

고대 중국에서 특수한 위치를 차지했던 장서루는 문화를 전파하는 데 큰 공을 세웠다. 중국 고서의 대부분은 장서가들의 각별한 보호를 받은 덕에 지금까지 살아남을 수 있었다. 그러나 그 소유자가 나라이든 개인이든 장서루가 문화를 완벽히 평민화하는 것은 불가능했다. 문화는 시종일관 소수에게만 향유되는 특권이었던 것이다. 하지만 청나라 말기를 시작으로 서구의 학문이 대거 들어오면서 현대적인 의미의 도서관이 속속 세워져 장서루를 대신했다. 그제야 제 역할을 하게 된 도서관 덕분에 문화의 진정한 평민화가 이루어졌다.

2

정신세계의 바탕

인류 문명사에서 손꼽히는 위대한 인물 세 사람이 있다.
직접 책을 써서 남기지는 않았지만,
이들의 생각과 행동이 책으로 기록되어 후대에 지대한 영향을 끼쳤다.
바로 『논어』의 공자와 『소크라테스의 대화록』의 소크라테스,
그리고 『복음서』의 예수이다. 어떻게 보면 이들의 언행을 기록한 제자나
주변인들은 이들과 똑같이 문명에 위대한 공헌을 한 셈이다.
제자나 주변인들이 책의 형태로 전하지 않았다면 위대한 인물의 사상과 인격은
한때 피었다 지고 마는 꽃의 운명과 같았을 것이며,
문명의 불씨도 역사의 긴긴 어둠 속으로 꺼져 버렸을 테니 말이다.

서양의 사상가, 과학자의 대부분은 노자老子와 장자莊子의 철학을 좋아하며,
'도법자연道法自然(도는 자연을 본받는다. –역주)'을 숭상한다.
도가의 경전이라 불리는『도덕경道德經』이
16세기에 이미 라틴어와 프랑스어, 독일어, 영어, 일본어를 비롯한
각국의 언어로 번역되어 출간되었다.
유네스코의 통계에 따르면 지금까지 조사된『도덕경』의 번역본은
1,000여 종이 넘는다고 한다.
『도덕경』은『성경』을 제외하고 발행량이 가장 많은 번역서로 꼽는다.

17세기부터 유럽의 과학계에는 인종에 따라 다른 문화가 형성된다는 생각이 지배적이었다. 이러한 관점은 스웨덴의 자연과학자 칼 폰 린네Carl von Linné의 생물학 저서『자연의 체계』에서 기인했다. 이 책은 피부색, 두발의 색깔, 성격의 장단점, 심지어 생활 습관에 따라 인류를 유럽, 미주, 아프리카, 아시아의 네 종류로 구분했다. 하지만 이러한 관점은 극단적인 인종주의자들에게 이용되어 나치의 유태인 학살로 이어졌고, 현재에도 서양 사회 곳곳에 암처럼 존재하는 인종차별을 야기했다. 동서양 문화 차이의 원인이 과연 인종 때문일까?

　　21세기 들어 유전학자들은 그토록 간절히 풀기 원했던 인류 최대의 비밀을 밝혀냈다. 그리고 최초로 인류 '생명의 책'인 인간 게놈 지도를 완성했다. 인체에 숨어 있는 DNA가 어떻게 보통 사람은 상상할 수도 없는 역사 정보를 알려 줄 수 있을까?

2001년, 중국, 미국, 영국, 프랑스, 독일, 일본 등 6개 국가 과학자들의 공동연구팀인 HGPHuman Genome Project는 인간 게놈 지도를 발표하고 기초 단계의 분석 결과를 공유했다. 생명 과학 분야의 '달 탐사 계획'으로 불리는 이 프로젝트에서, 인류의 유전자 8만 개 중 피부색과 겉모습을 결정하는 것은 극소수이며, 99.99%의 유전자의 비밀은 같다는 사실이 밝혀졌다. 심지어 서로 다른 인종의 사람들이 같은 인종보다 유전자 구조가 더 비슷한 경우도 있었다.

린네의 초상화

이를 통해 과학자들은 우리가 현재 분류하는 '종족' 개념이 단지 문화의 개념일 뿐 생물학의 개념이 아니라는 사실을 알아냈다. 그렇다면 동양과 서양의 거대한 문화 차이는 도대체 어디에서 기인하는 것일까?

1774년, 독일의 철학자 헤르더Johann Gottfried Herder는 그의 저서 『인류의 역사철학에 대한 이념』에서 또 다른 답안을 찾아냈다. "모든 문화는 자신만의 독특한 정신이 있는데, 이를

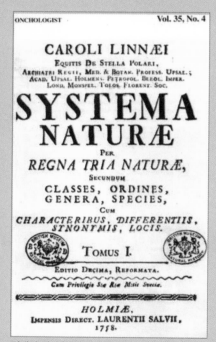
린네의 저서 『자연의 체계』

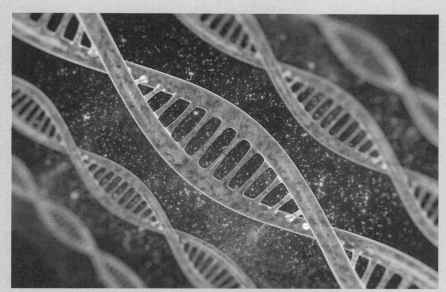

DNA의 나선형 구조

바로 민족정신이라 한다. 이러한 정신은 모든 것을 창조하고, 모든
것을 알 수 있다."

동양의 원전原典

한고조漢高祖 유방劉邦을 시작으로 중국의 황제 196명은 직간접적으로 산둥山東 취푸曲阜에 있는 공자의 묘를 참배했다. 그중 청나라의 건륭제는 무려 여덟 번이나 제를 지냈는데, 항상 최고의 예를 다했다고 전해진다. 해외에 사는 화교들 역시 아주 오래전부터 공자의 사당을 짓고 돌보는 데 공을 들였다.

세계적으로 유명한 철학자이자 신학자인 한스 큉은 〈지구 윤리 선언〉의 초안을 작성하면서 이렇게 말했다. "지구의 윤리는 두 개의 가장 기본적인 규칙으로 이루어져 있다. 하나는 중국의 전통문화 속 깊이 자리 잡고 있는 공자의 인仁이며, 나머지 하나는 공자가 만든 황금 법칙, 바로 '己所不欲, 勿施於人(내가 하고 싶지 않은 것은 남에게 억지로 시키지 말아야 한다.-역주)'이다." _중국 공자연구원 양차오밍 원장

공자에게도 소크라테스처럼 수많은 제자가 있었다. 하지만 두 사

람의 교육 방식은 크게 달랐다.

> 『논어』를 펼쳐 보면 공자가 여간해서는 질문을 하지 않는다는 것을 알
> 수 있다. 그는 상대방이 질문해야만 대답했는데, 그의 대답이 바로 경
> 전이 되었다. _화중 과학기술대학 철학과 덩샤오망 교수

여러 질문에 대한 공자의 답을 모아 제자들이 편찬한 것이 바로
『논어』이다. 모두 20편, 492장으로 이루어진 이 책은, 공자와 그 제
자들의 언행을 충실히 기록하고 공자의 사상을 집대성한 저작이라
할 수 있다.

> 『논어』의 가치는 유가의 가장 근본적인 이념을 집중적으로 생동감 있
> 게 엮어 낸 데 있다. _난카이 대학 문학원 천훙陳洪 교수

공자와 그 제자들의 언행을 모은 『논어』는 인간 사회의 면면을 매
우 광범위하게 보여 주고 있다. 이 책은 중국 민족의 가치관과 행위
모델 수립에 중대한 영향을 끼쳤으며, 오랜 시간 동안 중국인들의
필독서로 꼽혀 왔다.

> 정치 분야에서 유가는 공자가 제창하고 실행한 '인仁'과 '덕德'의 정치로
> 구현되었으며, 개인 수양에서는 도덕과 윤리로 나타났다. 공자는 국가
> 와 가정 그리고 단체를 중시했다. _공자 75대손 콩샹린孔祥林

> 안자(顏子)와 다른 두 동문들이 스승의 말씀을 기록한 책이 바로 『논어』

공자의 묘/ 萬世師表(영원한 스승의 표상-역주) 중국 전역에 있는 공자 사당의 편액은 모두 같다.

이다. 그들이 없었다면 이 훌륭한 책도 없었을 테고, 중국의 문명도 절 반을 잃은 것이나 다름없었을 것이다. _창수常熟 문화 역사 전문가 첸원후이錢文輝

량치차오梁啓超 선생과 후스 선생이 말했던 것처럼, 『논어』는 소박하고 꾸밈이 없다. 전 세대를 아우르는 이 책은 지식인, 관리, 심지어 일반 백성들도 무슨 일을 하건 기준으로 삼아야 하는 도덕적 잣대가 되었 다. _우한 대학 국학원 원장, 중국철학사학회 부회장 궈치융郭齊勇

중국의 농경 문화 사회에서 『논어』는 도덕적 가치관의 체계를 심어 주 는 데 큰 역할을 했다. 이 도덕적 가치관은 무질서에서 질서로 향하는 사회에 꼭 필요한 원칙이다. 사람과 사람 사이의 원칙, 사람과 사회 사 이의 원칙, 윗사람에 대한 원칙, 핏줄 간의 원칙은 대부분 공자로부터

공자 사당

시작되었다. _산시 이공대학 역사문화학원 량중샤오 원장

한 무제 때의 대학자 동중서는 오직 유학만을 섬겨야 한다고 주장했다. 덕분에 공자의 사상을 포함한 유가 학설은 유례없는 환대를 받았다.

동중서 때부터 국가적으로
유교 문화를 숭상하고 장려
했다. _우한 대학 국학원 원장, 중국철

학사학회 부회장 궈치융

그 후 천 년 동안 중국의 통
치자들은 유가 사상을 치세의
전략으로 사용했다. 그들은
『논어』를 유가 사상의 경전으

공자 탄생 2,540주년 기념우표

로 여겼고, 심지어 이를 비석에 새기기도 했다. 『논어』를 관철하는
인의예지신仁義禮智信은 오랫동안 중국인의 인생 신조이자 행동의 원
칙으로 자리매김했다.

『논어』를 읽고 나면 자신만의 인생 원칙을 찾을 수 있다. 사람으로서
지켜야 할 원칙, 이는 바로 『논어』에서 시작되었다. _산시 이공대학 역사문화학

원 량중사오 원장

유가 사상

유가 문화의 핵심은 바로 '인仁'이다. 유학은 동주 시기부터 이미 사회에 큰 영향을 미치기
시작했는데, 선진의 공자, 맹자孟子, 순자荀子를 거치며 크게 발전해 원시 유학이 형성되었
다. 서한 시기 동중서董仲舒는 "罷黜百家獨尊儒術.(다른 학파의 학문을 물리치고 오직 유학을 중
시한다.-역주)"이라 말했는데, 그의 주장은 한 무제의 전폭적인 지지를 받았다. 지금까지 유
가 사상은 통치계급의 정통 사상으로 자리매김했다. 송나라의 정주이학程朱理學이나 청나
라 말기의 현대 유학 모두 유가의 깊은 영향을 받았다. 유가 사상은 2,500년 간 중국 역사
에 영향을 주었으며, 중국인들의 인격 형성에도 큰 영향을 끼쳤다.

시안西安 비림碑林 박물관

중국 문명의 최대공약수는 바로 유가 문화, 즉 공자이다. _문화학자 샤오원루

2000년 12월 13일, 〈런민르바오人民日報〉에 중국의 유명한 수학자 천성선陳省身의 일화가 소개되었다. 미국에서 아인슈타인Albert Einstein과 친분을 쌓은 천성선은, 어느 날 운 좋게도 그 '괴짜 노인'의 집을 방문하게 되었다. 천성선 교수는 아인슈타인이 굉장한 독서광일 거라는 보통 사람들의 예상과는 달리, 그의 책장에는 책이 몇 권 없었다고 회고했다. 그런 그의 눈에 띈 책 한 권이 있었으니, 다름 아닌 『도덕경』의 독일어 번역본이었다.

서양의 사상가, 과학자의 대부분은 노자老子와 장자莊子의 철학을 좋아하며, '도법자연道法自然(도는 자연을 본받는다—역주)'을 숭상한다. 도가의 경전이라 불리는 『도덕경道德經』이 16세기에 이미 라틴어와 프랑스어, 독일어, 영어, 일본어를 비롯한 각국의 언어로 번역되어 출간되었다. 유네스코의 통계에 따르면 지금까지 조사된 『도덕경』의 번역본은 천여 종이 넘는다고 한다. 『도덕경』은 『성경』을 제외하고 발행량이 가장 많은 번역서로 꼽힌다.

> 서양의 철학자, 과학자, 예술가, 심지어 정치가들 중 대부분이 이 책에 대해 극찬을 아끼지 않는다. 사실 헤겔Georg Wilhelm Friedrich Hegel은 중국 철학을 무시했다. 그런 그가 『도덕경』을 읽고 어떻게 바뀌었을까? 노자의 사상을 아예 족자로 만들어 자신의 서재에 걸어 두었다. 중국 철학에 대한 무한한 존경의 의미였다. _시안西安 교통대학 인문학원 철학과
> 한펑제韓鵬杰 교수

인류 문명사에서 손꼽히는 위대한 인물 세 사람이 있다. 직접 책을 써서 남기지는 않았지만, 이들의 생각과 행동이 책으로 기록되어 후대에 지대한 영향을 끼쳤다. 바로 『논어』의 공자와 『소크라테스의 대화록』의 소크라테스, 그리고 『복음서』의 예수이다. 어떻게 보면 이들의 언행을 기록한 제자나 주변인들은 이들과 똑같이 문명에 위대한 공헌을 한 셈이다. 제자나 주변인들이 책의 형태로 전하지 않았다면 위대한 인물의 사상과 인격은 한때 피었다 지고 마는 꽃의 운명과 같았을 것이며, 문명의 불씨도 역사의 긴긴 어둠 속으로 꺼져 버렸을 테니 말이다.

기원전 516년, 주나라의 도서 관리원이었던 노자가 관직을 떠나 낙향할 때였다. 마침 함곡관函谷關을 지나던 노자가 그곳의 수비대장 윤희尹喜를 만났다고 전해진다. 상서로운 기운에 둘러싸인 노자

노자

도덕경의 일부

를 보고 틀림없이 보통 인물이 아닐 것이라 짐작한 윤희는 간곡하게 가르침을 청했다. 그러자 노자는 거침없는 기세로 『도덕경』을 써 내려간 후 이내 소를 타고 흔적도 없이 사라졌다고 한다.

겨우 5천 자 정도에 불과한 『도덕경』 속에는 사람과 사람, 사람과 사회, 사람과 자연의 중요한 관계 원칙과 이론의 체계가 녹아 있다. 또 나라를 다스리는 큰 지혜도 담겨 있는데, 이는 적당한 처세가 아니라 말 그대로 위대한 지혜이다.

_칭화淸華 대학 중국경제연구센터 창슈저常修澤 연구원

도덕경- 소해小楷 **조맹부**趙孟頫

　고작 5천 자 정도의 『도덕경』은 철학, 윤리학, 정치학, 군사학 등 여러 학문을 광범위하게 다루고 있는데, 그 수준도 꽤 높아 모든 경전의 왕으로 꼽힌다. 이 책은 도가 철학의 경전일 뿐 아니라, 중국 최초의 본토 종교인 도교 탄생의 촉매가 되었다. 전편을 아우르는 '자연을 따르고 부드러움으로 강함을 극복하는' 사상은 중국인의 세

노자

기원전 571년- 기원전 471년. 이름은 이耳, 자는 담聃이다. 고대 중국의 위대한 철학자이자 사상가이며, 도가학파의 창시자로서 도교의 시조이다. 당나라 황제는 그를 이씨의 시조로 추앙하기도 했다. 그가 쓴 『도덕경('노자'라고도 칭함)』의 정수는 소박한 변증법과 무위이치無爲而治(자연에 순응해 아무것도 하지 않아도 나라를 잘 다스릴 수 있음-역주)로 꼽을 수 있다. 그의 사상은 중국 철학의 발전에 지대한 영향을 끼쳤다.

노자의 고향에 있는 삼청전三淸殿

계관과 사상에도 심오한 영향을 끼쳤다.

노자의 『도덕경』을 대표로 하는 도가 사상은 확실히 『논어』의 유가 사상보다 겉보기에 그럴싸하지 못하다. 유명한 학설로 꼽히지도, 따르는 제자의 수가 많지도 않았다. 하지만 시간이 지남에 따라 도가의 거대한 생명력과 가치관, 특히 우주와 사회, 인간 세계에 대한 독특한 깨달음은 중국인과 서양인들에게 큰 영향을 끼쳤다. _후베이 성 사회과학원 부원장. 류위탕 연구원

중국인에게는 『도덕경』이 있다. 어떤 어려운 문제에 부딪혀도 이를 풀수 있는 열쇠를 쥐고 있는 셈이다. _산시 이공학원 역사문화학과 량중샤오 교수

공자는 친필 저서를 남기지 않았다. 유명한 『논어』 역시 그의 제자들이 쓴 것인데, 지금 보면 내용이 풍부하거나 체계적이지 않다. 하지만 그 속에 담긴 깊은 의미는 독자들로 하여금 많은 생각을 하게 만든다.

고사의 내용을 바탕으로 그린 '孔子問禮(공자가 예를 묻다–역주)'

공자가 예를 묻다 孔子問禮

공자가 노魯나라로 돌아왔다는 소식을 들은 제자들이 앞다투어 그에게 물었다. "스승님! 노자를 만나 보셨습니까?" 그러자 공자가 대답했다. "만나 보았지!" 궁금해진 제자들이 재촉했다. "노자는 어떠합니까?" 공자가 천천히 입을 열었다. "새는 능히 날 수 있음을 내가 안다. 물고기는 자유롭게 수영할 수 있고 짐승은 걸을 수 있다는 것도 내가 알지. 걸어 다니는 것은 그물로 잡고, 헤엄치는 것은 낚시로 잡고, 날아다니는 것은 화살로 잡을 수 있지만 용은 어찌하겠는가? 더구나 바람과 구름을 타고 구천을 나는 용이라 하면 어떻겠는가? 내가 노자를 보니 마치 용과 같았다. 학식은 깊어 감히 헤아릴 수 없으며, 뜻은 높아 알 수가 없었다. 뱀처럼 수시로 몸을 구부리고 용처럼 시대에 따라 변하니 노자 그는 진정한 스승이더구나!"

『논어』와 『도덕경』을 대표로 하는 유가와 도가 사상은 중국 고대 철학의 근원이라 할 수 있다. 강함과 부드러움이 공존하는 이들 사상은 세대를 거쳐 전해 내려오며, 옛날 중국 지식인들의 정신세계를 잘 보여 준다. 나아가고 물러서는 데 조급함이 없고, 성공과 실패에 연연하지 않는 모습 말이다.

『논어』는 우리에게 전진의 무대를 제공해 준다. 반면, 『도덕경』은 후퇴의 안식처, 바로 정신적인 안식처가 된다. 물론 모든 사람에게는 기운차게 앞으로 나아갈 무대가 필요하다. 그렇다고 해서 모든 사람, 특히 젊은이들이 안식처도 없이 쉴 새 없이 앞으로만 나아가는 것은 매우 위험하다. 앞만 보고 전진하면 쉽게 지치고, 자칫하다간 철저한 실패를 경험할 수도 있기 때문이다. _문화학자 샤오원루

유가가 더하기라면 도가는 빼기이다. 오로지 이익과 명성을 위해 고군분투하는 사람은 언젠가는 인생의 분노와 불우함을 마주하게 된다. 그렇다면 어떻게 완급 조절을 할 수 있을까? 대답은 바로 노자와 장자에게서 찾을 수 있다. 그들은 상호 보완적이기 때문이다. _우한 대학 국학원 원장, 중국철학사학회 부회장 궈치용

공자는 '인仁'이다. 그는 인간은 선해야 한다고 주장한다. 수양을 게을리하지 않고 지식과 덕을 겸비하는 것이 바로 마음과 정신의 동력이다. 노자는 '도道'이다. 선이 아니라 진眞이다. 그는 사람이라면 응당 진실하게 살아야 한다고 말한다. 현실에 만족하며 긴장을 풀고 사는 것이 정신세계의 해방과 구원의 체계이다. _문화학자 샤오원루

2

고대 그리스의 영광

기원전 336년, 스무 살의 알렉산더Alexandros가 마케도니아 왕국의 국왕이 되었다. 그리고 세계 정복의 야심에 불타는 이 젊은이로부터 찬란하고도 전설적인 여정이 시작되었다. 기원전 334년, 알렉산더는 대군을 이끌고 동쪽으로 출정해 세계 정복의 서막을 열었다. 그는 페르시아를 멸망시키고 차례로 시리아, 이집트, 바빌론을 점령했으며, 이집트 하류까지 영토를 넓힌 뒤에야 걸음을 멈추었다. 마침내 알렉산더는 유럽과 아시아, 아프리카 대륙을 아우르는 무려 5백만 제곱 킬로미터가 넘는 대 제국을 건설했다.

전쟁 때마다 탁월한 전공을 세운 알렉산더에게 그토록 투철한 전투 정신이 있었던 원인은 영웅을 숭배했던 고대 그리스 신화에서 찾을 수 있다. 알렉산더의 어머니는 자신이 『호메로스의 서사시』 중 『일리아드』에 등장하는 아킬레스의 후손이라 말하기도 했다. '그리스 최고의 용사'라 불리는 아킬레스는 복잡한 성격의 인물이었다. 강한 명예욕과 무모한 모험 정신을 지녔던 그는 잔인하고 제멋대로

였으며 이기적이었다.

동양에서는 한 사람을 평가할 때 단순히 선인이 아니면 악인이라고 말한다. 하지만 『일리아드』에 등장하는 아킬레스는 좋은 사람인 동시에 나쁜 사람이기도 했다. 용서받지 못할 죄를 지었지만 아주 선한 모습을 보이기도 했다. _저장 대학 중문과 황젠 교수

철학가 헤겔은 이렇게 말했다. "아킬레스는 바로 사람이다! 그는 온몸으로 고귀한 인격의 다양한 면을 뿜어내고 있다." 아킬레스처럼 명예욕과 용맹함이 있으며 다양한 면면을 지닌 인물은 고대 그리스와 서양 문명의 정신적 모델이 되었다.
고대 그리스의 맹인 시인 호메로스가 지은 『호메로스의 서사시』는 『일리아드』와 『오디세이』로 구성되어 있다. 이 서사시에는 트로

알렉산더 대왕

기원전 356년 7월 20일 - 기원전 323년 6월 10일. 마케도니아 왕국의 국왕이며 알렉산더 대제국의 황제로, 세계 역사상 가장 유명한 군인이자 정치가였다. 유럽 역사 속 가장 위대한 네 명의 통치자(알렉산더 대왕, 한니발Hannibal, 카이사르Gaius Julius Caesar 대왕, 나폴레옹Napoleon) 가운데 으뜸으로 꼽힌다. 스무 살에 왕위에 오른 뒤부터 세계 정복의 야심에 불타올랐던

그는 타고난 영웅심과 지략으로 그리스 전체를 통일하고, 중앙아시아를 횡단해 페르시아를 정복했으며, 인도까지 지경을 넓힌 후, 병사 한 명 다치게 하지 않고 이집트 전체를 손에 넣었다. 세계의 4대 문명국가 중 세 지역이 그의 손에 들어간 것이다.

이의 전쟁에 참가한 아킬레스와 아가멤논Agamemnon의 싸움이 등장한다. 또 트로이를 함락시킨 후 오디세우스Odysseus가 고향 이타카Ithaca 왕국으로 돌아가 아내 페넬로페Penelope와 재회하는 장면도 나온다. 『호메로스의 서사시』에는 그리스와 그 주변의 망망대해가 주요 배경으로 등장하는데, 이는 자유주의의 정경을 담아내는 데 큰 역할을 했다. 이 작품은 그리스인은 물론 서양 사회 전체에 도덕관념의 본보기가 되기도 했다. 이 작품의 뒤를 이어 개인의 성취와 자아실현을 추구하는 인문 이론이 출현했으며, 인간과 신을 동격화하는 자유신학도 등장했다.

신과 신의 세계, 신과 인간의 세계가 얽혀 있어 서로 영향을 주는 것이 바로 오랜 서양 문화의 특징이다. 서양 문화는 저 높은 곳에 사는 신에게도 사람처럼 의지와 감정, 생각 그리고 나름의 규범이 있다고 여기는데, 이는 중국과는 완전히 다르다. 중국에서의 신은 인간의 도덕을 규정하는 존재로서, 법을 논하지 않는다. 그러나 서양의 신에게는 도덕이 없다. 그들은 오로지 힘을 중시하며 법을 따지고 공평과 정의를 논한다. 우리가 잘 아는 제우스Zeus는 법률의 신이기도 했다. _화중 과학기술대학 철학과 덩샤오망 교수

아킬레스

『호메로스의 서사시』 중 『일리아드』에 등장하는 트로이 전쟁에 참가한 반인반신의 영웅으로 그리스 연합군 최고의 용사이다. 바다의 여신 테티스Thetis가 인간 영웅 펠레우스Peleus와 결혼해 낳은 아들이다. 테티스는 갓 태어난 아킬레스를 무적의 영웅으로 만들기 위해 스틱스Styx 강가에 거꾸로 담갔다. 덕분에 아킬레스의 몸은 강철도 뚫지 못할 만큼 단단해졌지만, 물이 닿지 않은 발꿈치는 약점으로 남았다. 훗날 전쟁에서 트로이 제일의 용사 헥토르Hector를 죽여 패색이 짙어 가던 그리스 군에 승리를 안겨 주었지만, 불행히도 발꿈치에 화살을 맞아 죽고 말았다.

『호메로스의 서사시』를 배경으로 한 그림

에게해와 지중해는 서양 문화의 발원지이다. 인류가 자연과 교류할 때 척박한 자연환경은 때때로 문화 창조의 걸림돌이 되었다. 그래서 현명한 유럽인들은 푸른빛의 지중해로 눈길을 돌린 것이다. _산시 이공학원 문화 관광학과 량중샤오 원장

서양 문화의 특징에 대한 쫑바이화宗白華 선생의 말이 참 걸작이다. 그는 지중해의 햇볕이 참 맑다고 했다. 모든 것을 분명한 몇 개의 틀 속에 투영해 내니 서양의 수학적 이성과 과학적 기초가 그토록 선명할 수밖에 없다는 것이다. _시안 교통대학 인문학원 철학과 한펑제 교수

서양 문화사의 최고봉으로 꼽히는『호메로스의 서사시』는 '그리스의 성경'으로 불리기도 한다. 이 작품은 찬란한 빛이 되어 오래도록 수많은 사상가와 예술가들을 비추었는데, 소크라테스도 그중 하나였다.

　고대 그리스의 도시 국가 폴리스Polis의 국민이었던 소크라테스는『호메로스의 서사시』에 큰 영향을 받았다. 명예에 대한 책임감이 남달랐던 그는 세 번이나 전쟁에 참가해 꽤 용감하게 싸웠다. 그리고 서른이 넘어서는 보수도 마다하고 이곳저곳 떠돌아다니며 도덕에 관한 자신의 생각을 자유롭게 펼쳤다. 그는 가난한 삶을 전혀 개의치 않았고, 오직 지식의 힘이 모든 것을 이긴다고 믿었다. 덕분에 아테네 거리에서 낡은 옷을 입은 철학자와 다양한 계층의 사람이 열띤 토론을 별치는 진풍경을 쉽게 볼 수 있었다.

　궤변가 안티폰Antiphon이 소크라테스에게 물었다. "철학가는 반드시 행복해야 하는 것 아닌가? 하지만 당신은 늘 거친 음식으로 끼니를 때우고 허름한 옷을 걸치고 다닌다. 세상에 돈보다 좋은 것이 어디 있는가? 사람이라면 모두 돈이 생기면 기뻐한다. 하지만 당신은 가르침의 대가로 단 한 푼도 받지 않는다. 노예들도 원하지 않을 삶을 살면서 그대는 왜 철학가가 되려 하는가?" 그러자 소크라테스가 대답했다. "그대는 행복이 물질과 재물의 축적, 화려한 옷, 호사스런 음식에 있다고 여기고 있군. 하지만 나는 진정한 행복은 욕심이 없는 마음에 있다고 생각하네. 사람은 욕심이 없어질수록 신과 가까운 생활을 할 수 있네. 내가 추구하는 것이 바로 이러한 만족이지." _난카이 대학 철학과 리궈산李國山 교수

소크라테스는 늘 아무것도 모른다는 태도로 상대방에게 질문했다. 그는 먼저 상대방이 어떤 문제에 대해 포괄적으로 설명하고 전체적인 정의를 내리도록 유도했다. 그러고는 더 많은 질문을 던져 상대방이 내린 정의의 약점이 드러나도록 했다. 그런 다음 비유와 깨달음, 질문과 대답의 형식을 통해 구체적인 사례에서 시작된 토론이 더 깊어지게 한 후 상대방의 잘못된 의견을 하나씩 반박했다. 그리고 마지막으로 더 깊고 심오한 지식을 향해 다가갔다. '산파술'이라 불리는 그의 대화 방식은 훗날 서양 교육 방식에 지대한 영향을 끼쳤다.

겸손했던 그는 늘 아무것도 모르는 아이처럼 질문했다. 그가 남긴 명언 "나는 내가 아무것도 모르는 것을 안다. 나에게는 어떤 지혜도 없기 때문에 묻는 것이다."와 같이 말이다. _화중 과학기술대학 철학과 덩샤오망 교수

그의 정말 대단한 점은 결론을 얻는 데 급급하지 않고 끊임없이 질문

소크라테스

기원전 469년-기원전 399년. 고대 그리스의 유명한 사상가이자 철학가이며 교육가였다.
제자인 플라톤Plato과 플라톤의 제자 아리스토텔레스Aristoteles와 함께 고대 그리스 3대 철학가로 꼽히는 그는 서양 철학의 창시자로 인정받고 있다.
신을 모욕하고 젊은이들을 타락시켰다는 죄명으로 아테네 법정으로부터 사형 선고를 받았다. 주변에서 탈옥을 권유했지만 모두 사양한 그는 독약을 마시고 죽음을 선택했다. 탈옥은 아테네의 법률적 권위를 세우는 데 나쁜 영향을 끼치며, 혹시라도 자신이 도망친다면 철학의 대가들이 제자 교육을 꺼릴 수도 있다는 염려 때문이었다.

했다는 것이다. 그는 탐구와 토론을 촉구하며 쉬지 않고 지혜를 좇았다. 늘 무언가를 추구한 그의 인생은 결코 최종 목적지에 도착한 적이 없었다. _난카이 대학 철학과 리궈산 교수

소크라테스가 말했다. "모든 사람의 마음에는 태양이 있는데, 질문을 통해 이 태양을 떠오르게 해야 한다." 진정한 스승이란 무엇인가? 스승은 산파처럼 각자의 마음속에 있는 생명이 태어날 수 있도록 도와주어야 하며 직접 개입해서는 안 된다. 그래야만 후대에도 큰 영향력을 끼칠 수 있다. _문화학자 샤오윈루

　서양에는 소크라테스 이전에도 수많은 철학 학파가 있었다. 하지만 그들의 철학 연구는 모두 세계를 구성하는 근원의 문제에 국한되어 있었다. 소크라테스의 등장으로 철학은 그 눈길을 자연 본질에 대한 연구에서 사회와 인간에 대한 연구로 옮겨 갔다. 이를 시작으로 자아와 자연이 명확하게 구분되었고, 인간은 단순히 자연의 일부가 아니라 자연과는 별개의 특징이 있는 실체로서 인정되었다.
　이후의 철학가들은 소크라테스를 두고 "그는 하늘에 있는 철학을 도시 가운데로 불러와 모든 집으로 들어가게 했다. 이렇게 철학은

탈레스

고대 그리스의 사상가이자 과학자이며 철학가이다. 그리스 최초의 철학 학파인 밀레토스학파Milesian school(이오니아학파Ionian school 라고도 한다.)의 창시자이다. 그리스의 일곱 현자 중 하나로 서양 사상사 중 최초로 이름을 남긴 그는 과학과 철학의 아버지라 불리기도 한다.

생활과 도덕, 선과 악을 탐구하는 데 없어서는 안 될 존재가 되었다."라고 평가했다.

> 소크라테스 이전 서양 철학은 모두 자연 철학에 국한되어 만물의 본질에 대해 토론하는 데 그쳤다. 소크라테스의 등장 이후 철학자들은 비로소 인간 자신과 윤리, 도덕에 관심을 가지기 시작했다. 서양 문화는 『호메로스의 서사시』를 기점으로 도덕이 아닌 공정을 논했고, 공정이 바로 도덕이라 여겼다. 하지만 소크라테스 이후부터 사람들은 도덕을 이야기하기 시작했다. 그래서 소크라테스를 서양 도덕 철학의 시조라 부른다. _화중 과학기술대학 철학과 덩샤오망 교수

이렇게 『호메로스의 서사시』와 소크라테스 철학의 영향으로 인류의 자아 인식과 영원한 진리 추구가 서양 문명의 발전을 관통하는 정신적 색채가 되었다.

소크라테스의 수많은 제자들 중 아리스토클레스Aristokles라는 청년이 있었다. 건장하고 우람한 체구 덕에 사람들은 그를 '플라톤'이라고 불렀다. 그리스어로 플라톤은 '넓다'는 뜻이다. 아테네의 귀족 가정에서 태어난 플라톤은 처음에는 가문의 전통을 이어 정치가가 되려 했으나, 소크라테스와의 만남으로 다른 꿈을 갖게 되었다. 바로 소크라테스처럼 학자가 되는 것이었다. 플라톤은 철학뿐 아니라 국가의 정체政體(국가의 통치 형태)에서 예술에 이르기까지 모든 분야를 섭렵하며 상당한 성과를 이루었다. 현대 철학가 칼 포퍼Kalr Popper는 플라톤의 작품을 두고 이렇게 평가했다. "플라톤의 저작을 그저 좋고 나쁘다고 평가하기는 힘들다. 사람들은 서양 사상이 플라톤과

반 플라톤으로 나뉜다고 말한다. 그 어떤 시기에도 '플라톤이 아닌 것'은 없었다."

플라톤은 이상주의자 혹은 관념주의자로서 이념을 숭상했다. 그가 설정한 이념의 세계와 현상의 세계는 완전히 다른 두 개의 세계로 분리된다. 저 높은 곳에 있는 이념의 세계는 각기 다른 추상적 이념으로 구성되어 있다. _난카이 대학 철학과 리궈산 교수

플라톤의 사상은 서양 철학 사상의 기본 틀이 되었다. 소크라테스가 인간의 도덕 모델을 수립했다면, 플라톤은 이 모델을 국가, 더 나아가 우주의 모델로 확장했다. 그 이후의 철학자들은 각각의 구체적인 내용은 다르지만 모두 플라톤의 기본 모델 위에 철학적 이념을 세워 나갔다. _화중 과학기술대학 철학과 덩샤오망 교수

스승 플라톤의 뒤를 이어 그리스 문명의 횃불을 받아 든 사람은 바로 아리스토텔레스였다. 그는 마치 백과사전처럼 박학다식했다. 물리학 분야에서 중세의 학술 사상을 수립한 그의 영향력은 르네상

플라톤

기원전 427년-기원전 347년. 고대 그리스의 위대한 철학자로, 서양의 철학 분야는 물론 서양 문화를 통틀어 가장 위대한 철학가와 사상가 중 하나로 꼽힌다. 스승인 소크라테스와 제자 아리스토텔레스와 함께 그리스의 3대 철학가로 불린다. 그가 만든 철학적 개념에는 우리가 잘 알고 있는 플라톤 사상, 플라톤주의, 플라토닉 러브, 경제학도표 등이 있다.

스 시기까지 이어졌다. 그가 연구한 형식 논리 이론은 19세기 현대적 형식 논리 이론과 합쳐지기도 했다. 또한 형이상학 분야에서의 그의 철학, 신학 사상은 이슬람교와 유대교의 전통에도 깊은 영향을 주었다. "나는 내 스승을 사랑하지만, 진리를 더욱 사랑한다."라는 그의 말처럼 수많은 진리에 대한 그의 연구는 서양의 사상과 창의성의 발달에 일종의 원칙과 동력을 제공했다.

오늘날의 수많은 논리 교과서가 아리스토텔레스의 논리를 기본 내용으로 삼고 있다. 개념, 판단, 추리를 포함한 그의 사상은 2천 년 전 그가 쓴 『오르가논Organon』에 고스란히 담겨 있다. 모두 6개 부분으로 구성된 『오르가논』은 서양은 물론 인류 역사 최초의 논리학 저작이라고 할 수 있다. 서양의 비판 정신과 빈틈없는 추상적 논리 사유의 기본은 모두 아리스토텔레스의 사상 체계 위에 세워진 것이다. _난카이 대학 철학과 리궈산 교수

스승과 제자 관계인 소크라테스, 플라톤, 아리스토텔레스는 그리스의 3대 철학자로 꼽힌다. 이들은 고대 그리스의 문학, 예술, 철학 분야에서 남다른 업적을 남겨 서양 문명의 중요한 기초를 닦았으

아리스토텔레스

고대의 선현先賢으로, 그리스 철학의 집대성자로 평가된다. 플라톤의 제자였으며, 알렉산더 대제의 스승이었다. 박학다식한 과학자였던 그는 모든 학술 분야에서 상당한 업적을 남겼다. 도덕, 미술, 논리, 화학, 정치 그리고 형이상학을 포함한 아리스토텔레스의 책은 광범위하고 체계적인 서양 철학을 구축했다.

며, 인류 문명에도 지대한 영향을 끼쳤다.

고대 그리스는 자연 철학의 발전과 소피스트의 활발한 활동을 거쳐 최고의 발전기를 맞이했다. 바로 소크라테스와 플라톤, 아리스토텔레스로 대표되는 그리스 사상의 최고 번영 시기이다. 이들은 스승과 제자 관계로 이러한 성과의 횃불을 서로에게 전달해 주었다. _난카이 대학 리궈산 교수

그들은 수천 년 동안 계속된 서양 문화의 발전에 지대한 영향을 끼쳤다. 훗날 철학자들은 서양 철학사 전체가 플라톤에 대한 해석이라고 말할 정도였고, 서양 철학을 논할 때 플라톤 아니면 아리스토텔레스를 언급해야 한다고도 했다. _화중 과학기술대학 철학과 덩샤오망 교수

소크라테스와 그의 제자 플라톤, 그리고 플라톤의 제자 아리스토텔레스는 그리스의 3대 철학자로 꼽힌다. 이 세 사람은 훗날 서양 사상 문명의 주춧돌이 되었으며, 유럽 전체의 사상에도 지대한 영향을 끼쳤다. _산시 사범대학 역사문화학원 왕솽화이 교수

르네상스

13세기 말, 이탈리아의 각 도시에서 시작해 서유럽의 여러 나라로 번져 16세기에 꽃을 피운 사상과 문화 운동이다. 이 운동으로 유럽에서는 과학과 예술의 혁명적인 시기가 도래했으며, 근대 유럽 역사의 서막이 올랐다. 그런 이유로 이 시기를 고대와 근대의 전환점으로 보기도 한다. 마르크스주의 사상가들은 봉건 시대와 자본주의 시대의 경계라고 부른다. 중세기 말, 오스만 제국의 끊임없는 침략을 피해 탈출한 동로마인들은 고대 그리스와 로마의 서적과 예술품을 이탈리아로 대거 가져왔다. 신흥 자본 계급 중 일부 지식인들은 이를 근거로 고대 그리스와 로마의 예술 문화를 연구했으며, 문예 창작을 통해 그들의 인문 정신을 널리 퍼뜨렸다. 르네상스는 서유럽 근대사의 3대 사상해방 운동(르네상스, 종교 개혁, 계몽 운동) 중 하나로 꼽힌다.

소크라테스의 죽음

"그는 매우 차분했다. 손을 떨지도 않았고, 얼굴색도 변하지 않았다. 그렇게 즐겁고도 편안한 표정으로 담담하게 독약을 마셨다. 한치의 빈틈도 없이 사형 집행관의 요구에 따라 천천히 걸어가 조용히 자리에 누웠다."

1787년, 프랑스의 화가 자크 루이 다비드Jacques Louis David는 플라톤의 『파이돈Phaidon』을 바탕으로 〈소크라테스의 죽음〉이라는 걸작을 남겼다.

기원전 399년, 그리스 당국은 아테네의 신을 모욕하고 젊은 사상가들을 타락시켰다는 죄목으로 소크라테스에게 사형을 언도했다.

그의 친구와 제자들은 갖가지 방법을 동원해 소크라테스를 탈옥시키려 했다. 소크라테스는 판결이 불공정함을 알았으나 어쩐 일인지 친구와 제자들의 제안을 거절했다.

"내가 도망친다면 그것이야말로 아테네의 법률을 모독하는 것이지 않겠나? 그러면 모든 사람이 법률을 무시하게 될 것이고 법도 권위를 잃겠지. 법이 없다면 아테네도 사라지고 말 걸세." 이렇게 소크라테스는 자신의 목숨을 걸고 아테네 법치 문명의 기초를 다지기 위해 애썼다.

생전의 소크라테스는 책을 쓰지 않았다. 만약 그의 제자인 플라톤이 스승과의 대화를 기록한 『소크라테스의 대화록』을 쓰지 않았다면, 우리는 이 위대한 선구자의 사상을 알 길이 없었을 것이다.

3

축의 시대

독일의 철학자 야스퍼스Karl Jaspers는 1949년 출판된『역사의 기원과 목표』에서 '축의 시대'를 처음 언급했다. 그는 기원전 800년에서 기원전 200년까지, 특히 기원전 600년에서 기원전 300년까지를 인류 문명의 '축의 시대'라고 보았다. '축의 시대'가 발생한 지역은 북위 30도 정도로, 정확히 북위 25도에서 35도의 지역을 가리킨다. 이 시기 인류의 문명은 중요한 전환점을 맞이했다. 축의 시대, 각 문명에서는 위대한 정신적 지도자들이 나타났다. 바로 고대 그리스의 소크라테스, 플라톤, 아리스토텔레스나 이스라엘의 유대교 선지자들, 고대 인도의 석가모니, 중국의 공자, 노자 등이었다. 이들은 저마다 사상의 원칙을 수립하며 각기 다른 문화 영역을 창조해 냈고, 그 위에 각자만의 정신적인 색채를 채워 나갔다.

야스퍼스는『역사의 기원과 목표』에서 이렇게 한탄했다. "1500년에서 1800년 사이 유럽에서는 2천 년 전의 축의 시대와 맞먹을 만한, 기꺼이 제2대 축의 시대라고 볼 수 있는 우수한 정신적 성과를 낸 시기가 있었다. 하지만 완전히 유럽에만 국한된 것이어서 그것을 2대 축의 시대라 부를 수 없다. 이처럼 새로운 축의 시대는 반드시 전 세계적으로 이루어져야 하며, 인간의 상상을 뛰어넘어 그 결과가 어떨지 감히 생각할 수조차 없어야 한다."

축의 시대의 동양 문화는 내용이 매우 풍부하고 포용적이었다. 덕분에 중국 문화는 그 독특한 품격을 바탕으로 동양은 물론 세계에서도 우뚝 설 수 있었으며, '축의 시대'의 최고로 자리매김할 수 있었다. '백가쟁명'은 중국 역사상 가장 혼란했던 시기에 나타났는데, 공자는 이때를 '예악禮樂이 붕괴된 시기'라고 평가할 정도였다. 하지만 바로 이 시기 중국의 사상은 가장 자유롭고 개방적이었으며 인간의 상상을 뛰어넘었다. 훗날 국가에서 장려하고 백성들에게도 큰 영향을 주었던 유가 외에도 도가, 묵가, 법가, 종횡가, 명가, 음양가, 잡가, 농가의 8대 학설이 서로 대등한 경쟁을 벌이며 비슷한 학파끼리 영향을 주고받았다. 이들은 유가와 함께 중국의 다원적인 문명의 기초가 되기도 했다.

그들은 멀리 떨어져 있었다. 높은 산에 가로막혀 길은 멀었지만, 마치 약속이나 한 듯 비슷한 시기에 모습을 드러냈다. _난카이 대학 철학과 리궈산 교수

야스퍼스

1883년 2월 23일–1969년 2월 26일. 독일의 실존주의 철학자로 내적 자아의 현상학적 묘사 및 자아 분석과 자아 성찰의 문제에 대해 주로 연구했다. 모든 사람에게는 그 존재의 독특함과 자유가 있다고 강조했으며, 대표작으로는 『실존철학Existenzphilosophie』이 있다.

그들의 견해와 영향력은 향후 인류의 정신적 좌표와 이성, 그리고 실천 체계를 수립하는 데 도움이 되었다. _문화학자 샤오원루

축의 시대는 인류의 정신적 원형이 되었다. 그것은(프랑스어로는 이것을 운명이라고 하는데 바로 유전자, 문화 유전자이다.) 인류의 영혼 깊숙한 곳에 숨어 있는데, 우리는 이것을 선천적 유산이라 한다. _문화학자 샤오원루

축의 시대에 탄생한 사상은 서로 다른 동서양 문화의 기초를 다졌고, 그때부터 세계의 양극은 자신만의 궤적을 따라 천천히 발전했다. 이들 문화는 책이라 불리는 저장 매체에 고스란히 녹아들었으며, 후대는 선인이 남긴 책 속에서 찬란한 사상의 빛을 듬뿍 받을 수 있었다. 그리고 무의식중에 선배들이 남긴 문명의 유전자와 정신적 개성을 계승해 나갔다.

문화는 한 민족의 영혼이자, 굳이 말하지 않아도 스스로 위엄을 지킬 수 있는 일종의 지표이다. 문화는 한 나라가 앞으로 나아갈 수 있게 하는 동력이며, 세계의 민족 속에 우뚝 설 수 있도록 하는 진귀한 정신적 재

묵자墨子

기원전 468년-기원전 약 376년. 묵가학파의 창시자이자 전국시대의 유명한 사상가이며 군사가였다. 묵가는 선진 시기에 큰 영향력을 행사했는데, 유가와 더불어 '현학顯學'으로 불리기도 했다. 묵자는 '겸애兼愛', '비공非攻', '상현尙賢', '상동尙同', '천지天志', '명귀明鬼', '비명非命', '비악非樂', '절장節葬', '절용節用' 등을 주장했다. 그중 핵심은 '겸애'였으며 '절용'과 '상현'으로 이를 뒷받침했다.

하버드 대학 도서관

산이다. 특히 전통문화는 더욱 그렇다. 한 민족이 자신의 전통을 버리는 것은 사람이 기억을 잃는 것과 같다. 내가 어디에서 왔는지, 어디로 가야 하는지를 모르는 것과 다름없다. _산시 이공대학 역사문화학과 량중샤오 교수

나는 세계화가 개인의 개성을 말살하거나 모두를 똑같은 인간으로 만

음양가陰陽家

전국시대 말기부터 한나라 초까지 유행하던 학파로, 제齊나라 사람 추연鄒衍이 가장 대표적인 인물이다. 음양학은 고대 한족이 중시하던 철학 사상이다. 『사기史記』에는 이런 기록이 있다. "深觀陰陽消息, 而作迂怪之變(음양이 사라지고 자라나는 변화를 깊이 관찰하여, '우괴지변'을 지었다)." 『여씨춘추呂氏春秋』는 추연의 학설에 직접적인 영향을 받았다. 음양사상은 고대의 수학과 음양오행학설을 결합한 것인데, 추연은 이를 더욱 발전시켜 우주의 도식을 만들고 자연 현상의 원인과 그 변화 법칙을 설명하려 했다. 고대 한족의 천문학, 기상학, 화학, 수학, 음악 그리고 의학 모두 음양오행학설의 영향을 받아 발전을 이루었다.

102

드는 것이라고 생각하지 않는다. 오늘날 지구상의 수많은 국가는 이미 세계화에 들어섰다. 유럽연합처럼 말이다. 그러나 각 나라는 저마다 자신만의 특색이 있다. 독일인은 프랑스인과 다르며 영국인과도 다르다. 세계화의 전제는 바로 다원화이다. 다원화가 없다면 세계화도 있을 수 없으며, 세계 통일이나 세계적 대국을 건설하는 것도 불가능하다. 세계화의 전제는 칸트Immanuel Kant가 말했던 '영원한 평화'처럼 모든 국가와 지역의 사람들이 자신의 특색과 기질, 습관에 따라 스스로를 발전시켜야 한다는 것이다. 어떠한 속박도 없는 것이야말로 바로 세계화이다. _화중 과학기술대학 철학과 덩샤오망 교수

이 태극도太極圖는 중국의 고대 저작 『주역周易』에서 나왔다. '경전 중의 으뜸이요 모든 도리의 근원'으로 꼽히는 이 책은 유가와 도가 공통의

경전으로, 중국 전통 사상 문화 중 자연 철학과 윤리 실천의 원천이며, 중국 문화에도 근본적인 영향을 끼쳤다.

간단해 보이는 이 그림에서 검고 붉은 부분은 확실한 선악의 구분으로 보이기도 한다. 하지만 이 둘은 또 하나로 합쳐져 있다. 같은 형태의 지구상의 양극, 동서양이 마치 태극의 음어陰魚와 양어陽魚처럼 분명히 다른 색을 띠지만 또 공존하고 있는 것처럼 말이다.

생명을 구한 것인가, 영혼으로 돌아간 것인가?

덩샤오망(화중 과학기술대학 인문학원 철학과 교수)
리궈산(난카이 대학 철학과 교수)
왕셴밍王先明 (난카이 대학 역사학과 교수)
창슈저常修澤 (칭화 대학 중국경제연구센터 연구원)
량중샤오(산시 이공대학원 역사문화학원 원장)
샤오윈루(문화학자)

1. 중국과 서양의 독서 전통은 어떻게 다른가?

덩샤오망: 중국의 철학은 도덕道德이요, 서양의 철학은 정의正義라고 간단하게 정의할 수 있다. 중국은 변하지 않는 도리를 따지지만 서양은 법을 따진다. 그래서 아주 오래전부터 중국은 윤리 도덕을 최고로 여겼고, 서양은 공정함을 우선시했다. 중국의 도덕은 도덕적 정감인데 이를 통해 하늘의 이치와 상통했다. 여기서 말하는 하늘의 이치는 바로 인정人情이다. 법 위에 세워진 서양의 도덕은 도덕적 법칙, 즉 도덕률을 말한다.

『논어』에서 공자는 좀처럼 질문을 하지 않는다. 타인의 질문에 대한 그의 답이 바로 경전이 되었다. 공자와 소크라테스는 모두 제자를 거느린 스승이었지만 가르치는 방법이 완전히 달랐다. 나는 두 사람의 교습 방식을 비교한 글을 쓰기도 했다. 늘 겸손했던 소크라테스는 천진한 아이처럼 질문했다. 그가 남긴 "나는 내가 아무것도 모르는 것을 안다. 나에게는 어떤 지혜도 없기 때문에 묻는 것이다."라는 명언처럼 말이다.

우리는 학생들에게 이미 있는 규범을 이해하거나 지키라고 강요해선 안 된다. 아이들에게 필요한 것은 창의성 개발이다. 여기엔 소크라테스의 질문 방식이 꽤 도움이 된다. 질문은 대뇌의 발달을 촉진시켜서 스스로 생각하고 상상하며 답을 찾도록 해 준다.

서양 사람들 눈에 중국을 비롯한 동양의 문화는 자연적인 감정을 강조하는 것처럼 보인다. '천리인정天理人情'에서 '천리'는 '인지상정'을 뜻한다. 사람이라면 누구나 갖는 보편적인 생각을 '천리'로 승화시킨 것이다.

유교와 도교, 불교는 서로 융화될 수 있다. 중국은 전통문화인 유가와 도가의 입장에서 불교를 소화했을 뿐, 결코 진정한 인도 문화를 받아들인 것은 아니기 때문이다. 서광계의 『기하학원론』은 중국에서 오랫동안 홀대받았다. 실생활에 쓸모없는 기술이라 여겨졌기 때문이다. 하지만 1840년 이후 중국인들은 비로소 이 책이 서양 과학 기술의 근원이라는 사실을 알게 되었다. 사실 중국인들은 『기하학원론』에 나오는 삼각형, 평행선, 대각선 등 수많은 기본 개념을 이해할 수조차 없었다. 당시 중국에는 그런 개념 자체가 없었기 때문이다. 이렇게 완전히 새로운 개념을 이해하기 위해선 마음을 단단히 먹고 공부에 매진해야 했다. 그렇지 않으면 더 깊은 개념을 이해하기 힘들기 때문이다.

리궈산: 모든 것의 시작점은 사람이다. 우리는 사람의 관점에서 외부의 모든 것을 판단해야 한다. 사람은 만물의 척도이며, 존재하는 사물의 척도요, 존재하지 않는 사물의 척도이기도 하다. 이것은 서양 인문주의의 첫 번째 명제이기도 하다. 고대 그리스는 자연 철학과 소피스트의 활발한 활동을 거쳐 최고의 발전기를 맞이했다. 바로 소크라테스와 플라톤, 아리스토텔레스로 대표되는 그리스 사상의 최고 번영 시기이다. 이들은 스승과 제자 관계로 이러한 성과의 횃불을 서로에게 전달해 주었다. 소크라테스는 플라톤의 스승이었으며, 플라톤은 아리스토텔레스의 스승이었다. 이렇게 세대를 거쳐 전해지는 스승과 제자의 관계는 중국의 공자, 맹자 그리고 이후의 순자荀子와 닮아 있다.

평범한 가정 출신인 소크라테스는 정식 교육을 많이 받지 못했지만 타고난 학구열로 여러 분야에서 다양한 지식을 쌓아 갔다. 그의 탐구 방식은 작고 세밀한 문제에서 시작해 천천히 더 큰 문제로 파고 들어가는 것이다. 여기서 말하는 큰 문제란 우리도 잘 알고 있는 철학적 명제들이다.

나는 소크라테스의 탐구 방식이 고대 중국의 『논어』와는 다르다고 생각한다. 『논어』는 대부분 제자가 묻고 스승이 답하는 방식을 따른다. 스승이 정확한 답을 주면 제자는 그것을 기억하면 된다. 하지만 소크라테스는 달랐다. 질문하는 쪽은 언제나 소크라테스였다. 그가 끊임없이 질문을 던지면 상대방은 어쩔 수 없이 자신만의 답을 내놓았다. 이러한 소크라테스의 대화 방식을 '영혼의 산파술'이라고 부른다. 그의 어머니는 출산을 돕는 산파였다. 소크라테스는 스승이란 모름지기 하늘의 명령을 받아 영혼의 산파가 되어야 한다고 생각했다. 그래서 끊임없는 질문을 통해 상대방이 자신만의 사상과 관념이 생기면 그것을 입 밖으로 꺼내도록 도와주었다.

소크라테스와 플라톤의 대화에서 주인공은 바로 소크라테스였다. 기본적인 개념, 정의에 관한 두 사람의 토론에서는 매번 정확한 결론이 나지 않았다. 그러면 이어서 또 열띤 토론이 시작되었는데, 그야말로 멈추지 않는 탐구 정신을 그대로 보여 주는 것이었다. 소크라테스는 신의 것인 진정한 지혜를 인간이 갖는 것이 불가능하다고 생각했다. 다만 인간은 신이 허락한 이성으로 끊임없이 지혜를 찾고 있으며, 그것을 찾는 과정에서 인생의 지혜를 어느 정도 깨달을 수 있기 때문에 결론에 도달하지 못하는 게 당연하다는 것이다. 지혜는 등불처럼 우리를 인도하며, 멈추지 않고 진리를 찾도록 해준다. 이것이 바로 서양 학술의 정신적 기조이다.

중국의 전통적 사유 방식은 꽤 오랫동안 상당한 효과가 있었다. 실제로 봉건 왕조 시대에 큰 역할을 했던 이 방식 덕분에 위대한 문명을 창조한 것도 사실이다. 그러나 오늘날 서양 문화가 고도로 발전한 이유는 바로 서양의 이성적 탐구 정신 때문이었다. 중세 신학의 속박에서 벗어난 서양은 비로소 폭발적인 발전을 이루었다. 인간의 이성적 능력이 크게 향상되었기 때문에 자연을 인식하고 변화시키는 능력 또한 크게 발전되었다. 근대의 이성적인 각성의 기원은 모두 고대 그리스와 소크라테스에게서 답을 찾을 수 있다.

왕셴밍: 왜 서양은 그토록 강했을까? 왜 그들의 배는 더욱 견고하고, 폭약은 더 위력적이었을까? 그것은 단지 기술의 문제 때문은 아니었다. 그 배후에는 수학과 물리학, 화학, 천문학의 뒷받침이 있었

다. 적어도 배움에서 서양은 중국을 뛰어넘었다. 예전의 중국은 기술이 아닌 학문만을 배웠다. "師夷長技以制夷.(이민족의 우수한 기술을 배워 이민족을 제압한다.—역주)"라는 주장이 생기자 비로소 서양의 것을 배우기 시작했다. 거기에는 획기적인 전환점이 있었다. 그리고 이 전환점에서 『영환지략』은 결정적인 역할을 했다. 동시대의 어떤 책보다 수준이 높았던 『영환지략』은 향후 중국 근대 발전에 방향을 제시했으며, 사상 분야에서는 등불 같은 역할을 했다.

2. 동양 문화에 사회적이고 감정적인 요소가 많다면 서양 문화는 과학적이고 이성적이라고 말할 수 있는가?

창슈저: 꼭 그런 것만은 아니다. 노자의 『도덕경』은 비록 5천 자 정도밖에 안 되지만, 사람과 사람, 사람과 사회, 사람과 자연의 몇 가지 중요한 관계의 원칙과 이론 체계를 보여 준다. 어떻게 하면 진정한 왕이 되고 나라를 잘 다스릴 수 있을까? 이에 대해 노자는 세 글자로 대답했다. '公乃王.' 공평하고 공정하면 나라를 잘 다스릴 수 있다는 말이다. 어떻게 하면 공정하고 공평할 수 있을까? 그 답은 바로 '容乃公'이다. 마음을 넓게 가지고 바다 같은 도량으로 사람을 대하면 공정할 수 있다. 반대로 속이 좁으면 어찌 공평할 수 있겠는가? 그렇다면 마음이 넓어지는 방법은 무엇일까? 노자는 '知常容'이라고 했다. 여기에서 말하는 '常'은 바로 상식적인 규칙이나 객관적인 규율을 말한다. 객관적 규율을 잘 지키면 자연적으로 마음이 넓어질 수 있다.

　넓은 마음과 도량을 갖추면 공평하고 공정해질 수 있고, 공정할 수 있다면 우수하고 지혜로운 지도자가 될 수 있다. 도는 자연 그대로의 것이다. 인류와 자연의 화합이 동양 문명 최고의 경지이다. 2012년, 미국에서 『국가는 왜 실패하는가?Why nations fail?』라는 책이 출간되었다. 작가는 한 국가가 흥성하거나 쇠락하는 원인을 이렇게 결론지었다. 포용적 제도를 시행하는 국가와 지역의 경제는 발달했고, 사람들의 생활도 개선되었다. 반대로 배타적인 제도를 시행한 국가와 지역은 경제가 장기 침체나 대공황에 빠졌고, 사람들의 생활 수준도 더 나빠졌다. 이는 동양도 마찬가지였다.

3. 문화 축의 시대라는 개념에 동감하는가? 정말로 후대는 따라잡을 수 없는가?

량중샤오: 우리가 아는 위대한 사상가들은 지금껏 인류 문명 전체를 비추는 빛이 처음 형성되던 과정에서 탄생했다. 그들은 다른 지역에 살았지만 약속이나 한 듯 동시대에 모습을 드러냈다. 고대 그리스의 소크라테스, 플라톤, 아리스토텔레스, 중국의 공자, 노자, 맹자, 인도의 석가모니, 이스라엘의 유대교 선지자, 이란과 페르시아 최초 화신교火神敎의 창시자들이다. 600년 동안 지구 곳곳에서 탄생한 위대한 사상가들은 최초의 사상 발전기에 이미 사고思考 문제 유형의 기초를 마련했다. 이후 문명 발전 과정에서 이 유형들은 중복과 복제, 수정을 반복했고, 진정한 의미의 새로운 유형은 나오지 않았다. 그런 이유로 그때를 축의 시대라고 한다. 모든 시대는 이 축을 중심으로 돌고 있다.

리궈산: 축의 시대, 중국 문화는 공자, 노자, 맹자, 순자, 한비자韓非子로부터 시작되었다. 그들의 정신세계와 사상은 축의 시대에 남김없이 드러났다. 중국 문명사에서도 이 시대는 무궁무진한 사상의 보고寶庫로 꼽힌다.

전사사前四史라고 불리는 『사기』, 『한서漢書』, 『후한서後漢書』, 『삼국지三國志』는 이 시기의 문화를 모두 담고 있는 열매이다. 그중에서도 중국 문화의 백과사전으로 평가되는 사마천司馬遷의 『사기』는 이 시기의 문화를 가장 생생하게 보여 준다. 루쉰은 사기를 "사가의 절창絕唱이요, 가락 없는 이소離騷"라고 극찬했다.

샤오원루: 기원전 500년, 북 난온대 지역, 지중해, 갠지스 강 유역과 황하 강 유역에서 약속이나 한 듯 위대한 사상가들이 속속 등장했다. 그들의 사상은 이후 인류의 정신적인 좌표와 이성, 실천 체계의 틀을 마련하는 데 큰 도움이 되었다. 소크라테스, 플라톤, 아리스토텔레스, 석가모니, 예수, 그리고 중국의 공자, 노자, 선진先秦 시대의 여러 학자들은 거목 같은 인물이었다. 그들 이전 시대에서는 인간은 주체적인 존재가 아니었다. 자연과 뒤섞인 인간에게 주체 관념은 없었고, 주체와 객체의 구분도 없었다. 그런 상황에서 위대한 사상가들의 탄생은 문화 축의 시대의 시작을 의미했다.

철기의 출현으로 잉여 물질이 생기고 이를 이용한 무역이 시작되었다. 무역이 시작되자 상업이 출현했고, 이전에는 볼 수 없었던 새로운 물건들이 생겨났다. 전혀 새로운 사회의 발전은 인류 사고의 변화를 부추겼다. 사회는 변화해야 했고, 이전의 것은 사라져야 했다. 인간의 정신세계도 마찬가지였다. 바로 그때, 아리스토텔레스와 공자, 노자가 잇달아 나타났다. 그들은 천부적인 재능으로 당시 세계의 새로운 현상을 풀이했다. 세계의 좌표를 해독했으며, 종교와 윤리의 가치 표준이 어떠해야 하는지, 국가 체제가 합리적인지, 미래 사회는 어떻게 발전해야 하는지에 대한 답을 내놓았다. 이런 문제의 답은 가장 근본적인 것과 맞닿아 있었기에 이 축의 시대를 원전시대原典時代라고 부른다.

축의 시대를 시작으로 인류는 주체적인 존재로서 객관적인 세계를 향해 질문을 던졌다. 그 대표작이 바로 굴원屈原의 『천문天問』이다. 300여 구로 이루어진 이 시에는 모두 173가지의 질문이 등장한다. 『천문』의 주인공은 사람이다. 사람이 하늘에게 던진 질문으로 구성된 이 시에서 사람과 하늘은 분리되어 있다. 사람이 주체이고 하늘이 객체가 되는 것이다.

새로운 축의 시대가 출현하려면 반드시 인류 사회를 뒤엎을 만한 변화가 수반되어야 한다. 과연 언제 새로운 축의 시대에 접어들 수 있을지 아무도 모른다. 하지만 지금이 아닌 것은 분명하다.

거인의 어깨

세계 문명사에서 유명한 과학자와 사과 이야기를 모르는 사람은 없을 것이다. 바로 아이작 뉴턴Isaac Newton과 그의 머리 위로 떨어진 사과 이야기이다.

뉴턴은 여러 분야에서 다양한 저서를 남겼다. 그중 영향력이 가장 큰 책은 3권으로 이루어진 『프린키피아Principia』(원제는 『자연 철학의 수학적 원리』-역주)이다. 과학사에서 가장 중요한 저서로 꼽히는 이 책에는 만유인력과 3대 운동 법칙이 수록되어 있는데, 약 3세기 가량 역학과 천문학의 기초가 되었으며 현대 공업화의 초석이 되었다.

1687년 『프린키피아』에서 처음 등장한 만유인력은 임의의 두 물체 사이에 발생하는 서로 당기는 힘을 말한다. 이 힘은 물체의 질량의 곱에 비례하고 거리의 제곱에 반비례하는데, 두 물체의 화학 구성이나 두 물질 사이의 매개체의 종류와 무관하다. 만유인력의 법칙은 지면 위 물체의 운동 규칙과 천체 운동의 규칙을 합한 것으로, 이후 물리학과 천문학의 발전에 지대한 영향을 끼쳤다.

만유인력의 법칙을 발견한 뉴턴

　뉴턴의 운동 법칙은 제1법칙, 제2법칙, 제3법칙으로 나뉜다. 제1
법칙은 힘의 의미를 설명하고 있다. 힘은 물체의 운동 상태를 변화
시키는 원인이다. 제2법칙은 힘의 작용 효과를 이야기하는 것으로,
힘은 물체에 가속도를 부여한다. 제3법칙은 힘의 본질로, 힘은 물
체 간의 상호 작용이다.

　뉴턴의 운동 법칙은 상호 독립적이며, 각각의 논리는 모순 없이
일치한다. 이 법칙은 질점, 관성 좌표계, 거시적 물체의 저속운동
에만 적용된다. 뉴턴의 운동 법칙은 뉴턴 역학의 완벽한 체계를 설
명해 주며, 고전 역학과 물리학 연구의 기초가 되기도 하는 등 여러
분야에서 광범위하게 응용할 수 있다.

뉴턴의 묘지

　뉴턴은 자연 철학과 수학을 융합시켰는데, 이것은 단순한 자연 과학이 아니라 하나의 세계관이었다. 이 세계관은 서양인들에게 중요한 의미를 가진다. 거의 모든 현대 문명 공업화의 초석이 바로 이 책에서 시작되었다. 만유인력 이론은 오늘날의 현대화, 기계화 그리고 모든 것의 기초가 되었다.

　『프린키피아』의 출판은 하나의 불씨 같았다. 그동안 어둠 속에서 더듬거리며 앞으로 나아가던 과학계에 불을 밝혀 주었으며, 인류 역사상 가장 위대한 인식의 체계를 마련했고, 지금까지도 영향을 미치고 있기 때문이다.

　과학 분야에서 기다림은 필수이다. 과학이 일정한 수준으로 발전하면 그동안의 성과를 모아 집대성할 수 있는 인물이 등장하기 때문이다. 이 위대한 인물의 이론은 이전 것을 단박에 포용하고 설명할 수 있다. 그리고 가장 선두에서 수백 년간 지속된다. 『프린키피아』가 바로 자연 과학의 집대성이다. 이 책은 영국의 산업혁명을 촉발했을 뿐 아니라, 프랑스의 계몽운동과 대혁명의 불씨가 되기도 했다. 물론 사회 생산력과 함께 기본적인 사회 제도의 발전과 변화도 견인했다.

프랑스에서 사상의 아버지라 불리는 볼테르Voltaire는 이렇게 말했다. "뉴턴은 자신의 일을 인류 사상사에서 한 번도 도달하지 못한 아주 대단한 경지로 끌어 놓았다."

20세기의 위대한 과학자 아인슈타인은 이렇게 말했다. "오늘날 물리학자들의 사상 대부분은 뉴턴의 기본 개념에 의해 좌우된다. 지금까지의 모든 것을 다 포함하는 것으로서 뉴턴의 우주 통일의 개념을 대신할 만한 것은 없다. 만약 뉴턴이 명확한 체계를 만들지 않았다면, 우리가 오늘날 이룬 성과는 처음부터 불가능했을 것이다."

하지만 뉴턴은 자신의 위대한 업적에 대해 이렇게 말했다. "내가 다른 사람보다 더 멀리 볼 수 있었던 것은 아마도 거인의 어깨 위에서 있었기 때문일 것이다."

자연과학자 뉴턴의 장례는 영국 최초로 국장으로 치러졌다. 그의 무덤은 엄숙하고 조용한 웨스트민스터 사원 내에 있다. 그와 같이 여기에 묻힌 사람에는 중세 영국의 시인 제프리 초서Geoffrey

Chaucer, 찰스 디킨스charles Dikens, 윈스턴 처칠Winston Churchill, 올리버 크롬웰Oliver Cromwell, 찰스 다윈Charles Robert Darwin 등 역사책에 화려하게 이름을 남긴 위대한 인물들이 있다.

뉴턴의 묘지를 방문하면 천사에 둘러싸여 책 무더기 속에 비스듬히 누운 뉴턴의 동상을 볼 수 있다. 이 책들은 선인들의 위대한 성과와 경험을 기록한 것이다. 모두가 감탄했던 위대한 성과의 원천이자 뉴턴이 말했던 '거인의 어깨'는 바로 이 책들이었다.

3

역사의 바퀴

책은 마치 씨앗이 땅에 떨어지면 싹을 틔우듯이 어디에든 심기면 싹을 틔운다.
책은 나름의 힘으로 수십억 세계인의 영혼 깊은 곳으로부터
차오르는 동력이 된다. 인간에게는 끝없는 지적 욕구가 있고,
세계에는 무한한 가능성이 존재하기 때문이다.
또한 책이 지식 전파의 매체 중 가장 핵심적인 역할을 하는 데다,
오늘날 우리는 더욱 극적이고도 불규칙적인 세계에서
앞으로 나아가고 있기 때문이다.

〈청명상하도清明上河圖〉에는 성곽, 다리, 집, 나무, 나귀와 낙타
그리고 무지개다리 밑을 지나다니는 배들과 늘어선 상점들,
수많은 사람과 번화한 도시의 풍경이 등장한다.
이는 바로 영국의 사상가 존 홉슨 John Atkinson Hobson이
소리 높여 찬양한 '1차 산업혁명'의 모습이다.

본 다큐의 촬영 당시 이미 106세였던 노인은, 경제 전문가이자 번역가이며 교육가이기도 한 난카이 대학의 양징녠楊敬年 교수이다. 1945년, 37세의 양징녠은 국비 유학생의 자격으로 영국으로 건너가 옥스퍼드 대학의 박사학위를 딴 후 중국으로 돌아왔다. 교수로 부임한 그는 어떠한 역경에도 초연하게 평생 동안 교육과 연구에 열정을 쏟았다. 난카이 대학 최초의 경제학과를 만든 그는 우수한 교육 내용 개발에도 늘 앞장섰다.

1998년, 노년의 양 교수는 산시런민陝西人民 출판사의 요청으로 경제학의 창시자인 애덤 스미스Adam Smith 가 1776년에 발표한 『국부론國富論』을 번역했다.

양징녠 교수

그때 이미 아흔 살이었지만 체력은 꽤 쓸 만했기 때문에 출판사의 요청을 흔쾌히 수락했다. 11개월의 시간이 걸린 작업이었다. 매일 새벽

3시에서 7시까지 네 시간 동안 쉬지 않고 번역을 하고 오후에는 교정을 했다.

_『국부론』 역자, 난카이 대학 양징녠 교수

국부론

90세 노인의 펜 아래서 채 1년이 되지 않아 74만 자의 번역 원고가 순조롭게 완성되었다. 학계에서는 그의 작업이 거의 기적에 가깝다고 했다. 이미 번역 출간된 여러 『국부론』과 달리 양 교수의 역서에는 슘페터Joseph Alois Schumpeter, 새뮤얼슨Paul A. Samuelson, 마르크스Karl Heinrich Marx 등 경제학 거장들의 주해가 추가되었고, 그의 풍부한 경제학적 지식과 언어 능력이 더해졌다. 덕분에 이 책은 출간되자마자 많은 독자의 지지는 물론 전문가들의 인정을 받았다.

2011년 3월 4일, 애덤 스미스의 모교인 글래스고우Glasgow 대학 학장이 난카이 대학을 방문해 양 교수를 만났다. 그때 그는 『국부론』의 자필원고 복사본을 먼 나라의 친구인 양 교수에게 전해 주었다. 양 교수가 번역한 『국부론』은 2001년 발행된 이래로 지금까지 15판이나 출간되었다. 총 발행량은 10만 권이 넘어, 경제학계에서는 보기 드문 베스트셀러로 꼽힌다.

단순한 학술도서가 200년 넘게 인기를 끈 이유는 무엇일까?

이 책은 세계의 역사 발전에 큰 영향을 주었다. 그 후로 수십 년 동안 이 책에 등장한 경제 사상은 세계 각국의 경제 사상을 지배했다. _『국부

  서양 경제학의 '성경'으로 꼽히는 『국부론』은 처음으로 유럽의 산업과 산업 발전의 역사를 상세히 밝혔다. 이 책을 시작으로 경제학이 독립적인 학문으로 자리매김했다. 더욱 의미가 있는 것은 이 책이 현대 자유무역과 자본주의, 자유주의에 있어 이론적 토대가 되었다는 점이다.

  이 책이 출간되고 얼마 후 영국은 앞장서서 산업혁명을 완성했다. 파도 위에 표류하던 섬나라가 마침내 유럽의 강국으로 변모해 해가 지지 않는 나라로 군림하며 세계의 패권을 거머쥐게 된 것이다. 누군가는 애덤 스미스의 국부론이 영국 발전의 초석을 닦았다고 했으며, 사상적인 엔진이 되었다고 하는 이도 있었다. 산업화가 기계나 상품을 발명하는 단계에 머무르지 않고 사회 발전에 획기적인 역할을 한 것도 『국부론』 덕이었다.

  『국부론』의 핵심은 모든 사회의 구성원이 자신의 이익을 추구하면 전체 사회의 이익이 현실화될 수 있다는 것이다. 이러한 주장은 전혀 새

『국부론』

원제는 '국부의 본질과 원인에 관한 연구An inquiry into the Nature and Causes of the Wealth of Nations'이다. 이 책은 국민의 부의 성질과 원인을 정확히 밝히는 데 중점을 두고 있으며, 나라와 국민을 풍요롭게 하는 것이 목적이다. 애덤 스미스는 국민의 부는 그 국가가 생산하는 상품의 총량이라 생각했다. 정치 경제학의 목적은 전체 국민의 부를 증가시키는 것이며, 개인과 사회, 생산자의 이익을 모두 고려해 어느 한쪽의 이익을 희생하지 않을 것을 주장했다. 이 주제를 중심으로 가치, 시장, 경쟁, 경제 목표의 분석, 경제정치학, 경제학 등 일련의 관점을 체계적으로 서술했다.

로운 것이었다. _칭화 대학 중국경제연구센터 창슈저 연구원

『국부론』은 인간이 자립에서 출발하여 보이지 않는 손을 통해, 수요와 공급, 가격제도를 통해 공동 이익의 목적에 도달한다고 주장한다. _『국부론』의 역자, 난카이 대학 양징녠 교수

1776년 책이 출간된 이후 이 이론은 지금까지 200년이나 이어져 오고 있다. 그동안 『국부론』은 인류의 경제 발전과 사회의 진보에 큰 영향을 미쳤다. _칭화 대학 중국경제연구센터 창슈저 연구원

영국의 한 저명한 역사학자는 자신의 저서 『문명사』에서 이렇게 말했다. "최종적인 효과를 보면 『국부론』은 지금까지의 여러 책들 중 가장 중요한 저서로 꼽힐 것이다. 이 책이 인류의 행복에 끼친 공헌은 역사적으로 유명한 정치가나 입법가들의 공적을 모두 합한 것보다 훨씬 뛰어나다."

'보이지 않는 손'은 자본주의 발전에서 새로운 경제 모델을 만들

보이지 않는 손

처음에는 경제 활동 중 개인의 이익을 위해 '보이지 않는 손', 즉 분업과 시장의 작용을 통해 국가 부의 축적이라는 목적을 이루는 것을 의미했다. 그러나 시간이 흐르면서 '보이지 않는 손'은 자본주의의 완전경쟁 모델의 대표적인 용어가 되었다. '보이지 않는 손'의 주요 특징은 자유제이다. 개인이 자신의 이익을 위해 정부의 간섭 없이 자유롭게 시장 정보를 얻고 경쟁하는 것이다.

보이지 않는 손은 자유방임의 시장경제에 존재하는 패러독스이다. 사익을 추구하는 참여자 모두가 이익을 얻는 것은 무한히 자비로운 손이 모든 경제 활동을 인도하는 것과 같기 때문이다.

124

었다. 또 다른 한 손은 바로 독서이다. 바로 그 손이 역사의 바퀴를 앞으로 나아가게 하고 있다.

1

동양에서 서양으로

1626년, 영국 르네상스 시대의 작가이자 철학자였던 프랜시스 베이컨은 눈雪으로 부패를 막는 실험을 하다가 부주의로 오한이 들어 병이 난 후 영영 일어나지 못했다. 결국 그는 자신의 에세이 〈학문에 대하여Of Studies〉에서 주장한 내용인, "책을 이용한 지식은 책 속이 아니라 책 밖에 있다. 우리는 관찰을 통해서 이를 얻을 수 있다."는 것을 목숨 걸고 실천한 셈이다.

이 위대한 작가는 세계적으로 영향을 미친 위대한 발명품들을 동경했다. 그리고 자신의 대표작인 『신기관Novum Organum』에서 한 가지 사실에 주의를 기울였다. 앞서 언급한 위대한 발명품은 다름 아닌 인쇄술과 화약, 나침반인데 이 모두가 세계의 동쪽, 중국에서 왔다는 점이다.

500년 후, 베이컨과 동향 출신인 사상가 존 홉슨이 온 세상을 놀라게 할 만한 책을 출판했다. 바로 『서구 문명은 동양에서 시작되었다The Eastern Origins of Western Civilization』이다. 이 책은 중요한 역사적

당나라

사실을 분명하게 밝히고 있다. 유럽 사회의 중대한 전환점에는 항상 동양에서 건너온 발명품들이 있었다는 사실이다. 전 세계로 전파된 동양의 사상과 기술은 500년에서 1800년까지 서양 발전의 기초를 마련하는 데 큰 도움을 주었다.

아득하게 긴 역사의 물줄기, 그 중요한 지점들에서 책은 어떤 역할을 했을까? 그리고 어떻게 그 위대한 여정에 동참했을까? 과연 무엇이 다른 문명 사이에서 귀한 소식을 전달하는 역할을 했을까?

장건張騫이 개척한 실크로드를 분주히 다니던 상인들의 행렬을 보자. 낙타 등에 실은 물품을 통해 전해진 문명은 메마른 타클라마칸 사막에 한 줄기 물길이 되었다. 그로부터 800년 후, 그간 축적해 온 물자와 문명에 힘입어 당나라 백성들의 생활 수준은 크게 달라졌다. 당시 수많은 외국 상인과 각국의 사절, 유학생 그리고 종교인들

이 육로와 수로를 통해 중국으로 건너와 장
안長安과 낙양洛陽을 비롯한 상업 도시에 자
리 잡았다. 당나라 사람들에게는 결코 낯선
풍경이 아니었다.

기원전 2세기 한 무제 유철劉徹의 즉위 당
시, 광활한 '서역'은 한족의 발길이 닿지 않
았던 미지의 땅이었다. 서역은 대체 어떤
곳일까? 옥문관玉門關 밖에서 함께 흉노를
공격할 친구를 찾을 수 있을까?

장건출사서역도張騫出使西域圖

이러한 의문으로 시작된 여행이 무려 30년이나 걸릴 줄은 아무도
몰랐다. 당초 100명이 출발했지만, 겨우 한 사람만 돌아왔다. 엄청
난 대가를 치른 여행이었다. 동한 시절, 다시 같은 여정에 오른 반
초班超는 처음과 달리 유럽을 거쳐 로마제국까지 발을 들여놓았다.

동한 환제桓帝, 연희延熹 9년, 즉 166년, 로마제국의 사절들이
처음으로 실크로드를 따라 동한의 도읍 낙양에 도착했다. 우뚝 솟
은 한나라의 도읍은 가는 곳마다 깊은 신비함을 드러냈다. 도시의
구조와 규모, 건축 양식은 상당한 수준과 빈틈없는 질서를 그대로
보여 주었다. 당시에 이미 세계 강국으로 자리 잡았던 로마인도 감
탄을 금치 못할 정도였다. 문화 여행이 이토록 성행한 마당에 동양
의 문화가 서양으로 전달되는 역사적 움직임을 막을 방법이 있었
겠는가?

600년, 하남河南 언사偃師의 진陳씨 집안에 남자아이가 태어났다.
12년 후 출가해 승려가 된 이 아이의 법호는 현장玄奘이었다. 629년,
29세의 현장은 몰래 당나라의 국경을 넘어 불경을 구하기 위해 길고

실크로드

긴 여정을 시작했다. 17년 후 현장은 천축국天竺國에서 가져온 645
부(657부라고 전해지기도 한다)의 불경과 함께 장안으로 돌아왔다. 귀국
후 그는 장안의 홍복사弘福寺, 대자은사大慈恩寺, 동천銅川의 옥화궁玉
華宮에서 불경 75부, 1,335권을 번역하여 중국 불교의 법상유식종法
相唯識宗을 창시했다.

옛 도시 서안의 상징인 대안탑大雁塔은 652년에 지어졌다. 처음
목적은 현장법사가 천축국에서 가져온 불경과 불상을 보관하기 위
해서였지만, 현재는 그를 기념하는 성지가 되었다. 대부분의 사람
들은 현장법사가 중국과 외국의 문화 교류에 남긴 업적을 불경 번
역에서만 찾는다. 하지만 그는 일찍이 당 태종太宗 이세민李世民의 명
을 받아 중국 도가의 경전인 『도덕경』을 산스크리트어로 번역해 인
도에 전해 주기도 했다.

도교를 국교로 삼았던 당나라는 노자와 『도덕경』을 숭상했다. 당 태종
이 현장법사에게 『도덕경』 번역을 맡겼던 가장 큰 이유는 인도인들에
게 중국의 심오한 문화를 알려 주기 위해서였다. _산시 사범대학 왕솽화이 교수

뤄양洛陽

독특한 매력을 가진 당나라는 세계 역사에서도 가장 눈부신 중국의 시대를 열었다. 당나라의 우수함과 영향력은 다른 나라들을 저 만치 앞서가며 동아시아 문명의 핵심이 되었고, 일본과 한반도를 비롯한 여러 이웃 국가에 영향력을 끼쳤다. 각 나라들은 앞 다투어 당나라로 사절과 유학생을 보냈다. 문명 축적의 매체로서의 책은 대체 불가한 역할을 하며 문명의 전달과 문화 교류의 막중한 소임을 감당했다.

현장법사

599년~644년. 당나라의 유명한 고승으로, 법상종의 창시자이며 불경을 번역했다. 낙주洛州 구씨縂氏(오늘날의 뤄양洛陽 옌스偃師) 사람으로 13세에 출가하여 불전을 공부했다. 정관貞觀 원년 서안에서 출발하여 서쪽 5만 리를 거쳐 인도에 도착한 그는 진짜 불경을 얻어 정관 19년에 장안으로 돌아왔다. 그 후 당 태종의 지원을 받으며, 장안의 대자은사에서 제자들과 불경 번역에 매진했다. '대승천大乘天' 또는 '해탈천解脫天'으로 불리기도 한다.

현장대안탑玄奘大雁塔 / 도덕경

현장의 번역본

　　현장법사가 번역한 도가의 경전은 16세기부터 각국의 사절과 종교인들의 손을 거쳐 라틴어와 프랑스어, 독일어, 영어 등으로 번역되어 세계 각국으로 전해졌다. 칸트, 니체Friedrich Wilhelm Nietzsche, 루소Jean Jaques Rousseau, 아인슈타인, 하이데거Martin Heidegger 등은 이 책의 열렬한 지지자였다. 지금까지 조사된 『도덕경』의 번역본은 천여 종이 넘는다고 한다. 『도덕경』은 『성경』을 제외하고 발행량이 가장 많은 번역서로 꼽힌다.

고서 박물관

독일의 철학자 니체는 노자의 사상이 다디단 샘물과 같아서 물통만 내리면 언제든 손쉽게 얻을 수 있다고 말했다. 더 이전 사람인 쇼펜하우어Arthur Schopenhauer나 칸트도 노자 사상의 영향을 받았다. _시안 교통대학 한평제韓鵬杰 교수

  유럽은 발전의 전환점에서 항상 책을 통해 동양 문명의 그림자를 찾아냈다. 동양 문명은 사상, 제도, 기술 등 각 분야에서 큰 영향력을 미쳤다.
  마르크스는 이런 말을 했다. "화약, 나침반, 인쇄술은 자산계급 사회의 도래를 예언한 3대 발명품이다. 화약은 기사계급을 무너뜨렸고, 나침반은 세계 시장을 열고 식민지를 만들었으며, 인쇄술은 새로운 교육의 도구로 바뀌었다. 이들은 과학 부흥의 수단이 되었

청명상하도

으며, 정신세계 발전에 필수적인 전제 조건을 제공하는 가장 강력
한 지렛대가 되었다."

〈청명상하도清明上河圖〉에는 성곽, 다리, 집, 나무, 나귀와 낙타 그
리고 무지개다리 밑을 지나다니는 배들과 늘어선 상점들, 수많은
사람과 번화한 도시의 풍경이 등장한다. 이는 바로 영국의 사상가

청명상하도

중국의 10대 명화 중 하나로 꼽힌다. 가로로 긴 화폭에 담긴 이 그림은 북송 시대의 도읍
변량汴梁(오늘날의 허난河南 카이펑開封)의 모습을 묘사했다. 강을 사이에 둔 변량과 변하汴河
의 풍경과 번화한 도시가 생동감 있게 그려졌다. 당시 변량이 고도로 발전했음을 보여 주
는 증거이자 북송의 도시 경제 발전을 기록한 사진 역할을 한다. 무려 5미터가 넘는 이 그
림에는 814명의 사람과 소, 노새, 나귀 등 가축 73필, 수레와 교량 20량, 크고 작은 배들
29척이 등장한다. 각각의 특색이 잘 나타난 집과 다리, 성루는 송대 건축물의 특징을 그대
로 보여 주기 때문에 역사적, 예술적 가치가 매우 높은 작품으로 꼽힌다.

존 홉슨John Atkinson Hobson이 소리 높여 찬양한 '1차 산업혁명'의 모습이다.

이때, 그간 축적되어 온 모든 것이 나날이 성숙하면서 단 하나의 중요하고도 위대한 발명을 기다리고 있었다. 서양의 산업화와 달리 송나라는 문인들의 왕조였다. 과거의 어느 시대보다 책 읽기를 중시했던 송나라는 두터운 문화의 기초와 안정적인 환경, 문인에 대한 후한 대우로 어느 시기보다 수준 높은 문화가 형성, 발전되고 있었다. 명나라의 유명한 학자 송렴宋濂은 이 시대를 "自秦以下, 文莫盛于宋.(진나라 이후로 문이 성행했던 나라는 송이다.)"라고 평가하기도 했다.

수공업과 상업의 번영으로 출판업도 더없이 발전했다. 송나라의 도서 인쇄는 세계 문화의 발전에 깊은 영향을 끼쳤는데, 이렇게 인쇄된 책들은 이웃 나라는 물론이고 멀리 우방국까지 전달됐다.

북송 인종仁宗 경력慶曆 연간, 즉 1041년 전후로 평민 필승이 점토활자를 이용한 교니활자로 책을 인쇄했다. 산업이 고도로 발달하면 결국 시대에 획을 그을 만한 발명품이 따라 나오게 마련이다. 중국의 다른 위대한 발명과 마찬가지로 활자 인쇄술은 명나라의 과학자 송응성宋應星이 세계 최초로 농업과 수공업에서 생산을 종합적으로 기록한『천공개물天工開物』에 기록되어 있다.

화약은 유럽 자산계급 혁명 중 자산계급의 승리에 결정적인 역할을 했다. 나침반은 유럽의 신항로 개척과 자산계급의 자본 축적에 기술적인 전제가 되었으며, 인쇄술과 제지술은 르네상스와 계몽운동에 새로운 매체를 제공해 주었다.

실크로드 위의 상인 행렬은 더욱 바빠졌다. 송나라와 원나라 시대에 제지술, 인쇄술을 포함한 4대 발명품은 아라비아인들의 손에 의해 실크로드를 통해 서양 세계로 유입되었다. 나침반은 대항해 시대의 시작에, 화약은 유럽 자산계급의 승리에, 제지술과 활자 인쇄술은 위대한 르네상스에 결정적인 역할을 했다. 이렇게 '동쪽에서 서쪽으로' 전파된 문명에 힘입어 그동안 문을 꼭꼭 닫고 있었던 세계는 개방을 향해 나아갈 수 있었다.

중국의 4대 발명품이 르네상스에 끼친 영향을 한마디로 평가하면 다음과 같다. "유럽이 봉건사회를 지나 자본주의 사회로 갈 수 있었던 획기적인 혁명의 단계는 중국의 4대 발명품의 서양 유입과 떼려야 뗄 수 없는 관계이다."

1275년, 마르코 폴로 가문이 로마 교황청의 편지를 원나라의 황제 쿠빌라이에게 전하기 위해 머나먼 여정을 떠났다. 우여곡절 끝에 겨우 원나라의 수도에 도착한 마르코 폴로는 쿠빌라이의 환대와 신임을 받으며 궁궐에 머물렀다. 그 후 그는 중국의 여러 지역을 여행하며 무려 17년을 중국에 머물렀다. 그 기간의 경험을 바탕으로 쓴 『동방견문록』은 중세기 유럽을 뒤흔든 기서로 꼽힌다. 덕분에 유럽인들의 시야는 넓어졌고, 동양에 대한 호기심도 날로 커졌다. 그의 책은 15, 16세기 유럽의 항해 사업 발전에 상당히 고무적인 역할을 했다.

중국의 인쇄술이 유럽으로 전파되고 400년 후, 독일의 구텐베르크는 납, 안티몬, 주석 세 가지 금속을 섞어 활자를 만들어 기계 인쇄에 사용했다. 이때부터 인쇄술은 초기 단계의 기계화 시기로 진입했으며, 세계의 정보 유통 속도는 더욱 빨라졌다.

동쪽의 문명이 서쪽으로 서서히 전해지는 과정에서 상인, 탐험가, 종교인들은 파종기와 컨베이어 벨트 역할을 했다. 아마 마르코 폴로의 『동방견문록』을 모르는 사람은 없을 것이다. 책의 내용은 대부분 중국 사회의 부와 번영에 관한 것이었다. 웅장한 도읍과 부유하고 화려한 궁전, 발전된 산업과 활기를 띤 시장 등은 모든 독자에게 끝없는 동경을 불러일으키기에 충분했다.

서양인들은 이 책을 통해 마르코 폴로가 극찬한 동양의 부유함을 처음으로 목격했다. _상하이 교통대학 장샤오위안 교수

『동방견문록』은 중국을 상세하게 기록한 책이다. 중국의 지형, 풍속, 특히 부에 대한 묘사는 서양인들의 흥미와 욕심을 자극하기에 충분했다. 이때부터 서양인들은 동양이 황금과 보석의 땅이라 생각했다. _산시 사범대학 왕샹화이 교수

『동방견문록』의 출판은 중세기 유럽을 뒤흔들었다. 이 책이 묘사하고 있는 정경에 대해 의심을 품는 이도 있었지만, 대부분의 서양인들은 앞다투어 책을 읽으면서 동양 세계에 대해 동경을 품기 시작했다.

동방견문록

마르코 폴로가 쓴 아시아 여행기로서 중국에 관한 내용이 대부분이다. 그는 활기찬 언어로 중국의 무한한 부와 거대한 상업도시, 상당한 수준의 교통 설비 및 화려한 궁전 건축물에 대해 소개했다. 13세기 말 출간된 이후로 '세계 제일의 기서奇書'로 꼽힌다. 이 책으로 중세 유럽인들의 지리적 시야가 넓어졌으며, 유럽이 암흑을 지나 근대 문명으로 나가는 데도 큰 도움이 되었다.

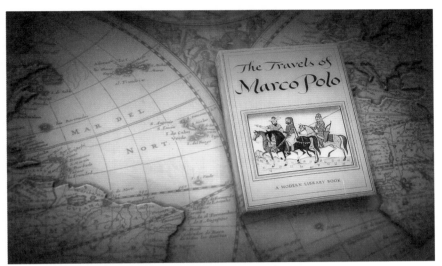

만화로 펴낸 동방견문록

기독교의 장기 통치를 겪었던 서양의 중세기는 쇠락의 길을 걷고 있었다. 그런 그들이 자신들보다 앞선 동양 세계를 알게 되었으니 더욱 절박하게 동쪽으로 향하려고 했던 것이다. _산시 사범대학 왕샹화이 교수

이 책 덕분에 서양인들은 동양의 또 다른 문명을 볼 수 있었다. 이전의 서양인들은 상상도 하지 못했던 문명 말이다. 최소한 그들은 지구상에 자신들 말고도 다른 문명이 있으며, 그것이 자신들의 것보다 훨씬 더

상고 시대의 기서奇書로, 중국의 고대 산천, 각 지역의 민속, 각종 특산물과 자원은 물론이고 괴수의 전설도 소개하고 있다. 모두 18권으로 각각 산경山經, 해경海經, 황경荒經으로 나뉘어 있다. '산경'은 동서남북의 산천을 중심으로 고대의 역사, 초목, 짐승, 신화, 종교 등을 기록하고 있다. '해경'은 지리와 방위 외에도 이국인들의 용모와 풍속을 담고 있다. 문화와 과학 기술, 교통이 낙후된 고대에 여행과 지리 지식을 망라한 백과사전으로 꼽혔으며, 실제로 중국에서 신화가 가장 많이 기록된 고서이기도 하다.

발달했음을 알게 되었다. _상하이 교통대학 장샤오위안 교수

동양인들은 마치 이야기책처럼 『산해경山海經』을 단숨에 읽고 그저 허허 웃기만 했다. 반대로 서양인들은 책 속에 등장한 것을 실제로 찾아 나섰다. 『산해경』 이후에 누가 있었는가? 중국인들 가운데 누가 책 속에 등장하는 나라를 찾아 나섰는가? 하지만 타고난 모험심으로 무장한 서양인들은 고대 그리스 시대부터 자신들의 특징을 유감없이 보여 주었다. 아마 최초는 해적이었을지도 모른다. 그들은 보물을 찾기 위해 세계 곳곳을 누비고 다녔다. _화중 과학기술대학 덩샤오망 교수

책에는 중국이 천국처럼 묘사되어 있다. 덕분에 수많은 탐험가가 먼 길을 마다 않고 동양으로 향했다. 이처럼 『동방견문록』은 세계 역사에서 중요한 지리 대발견의 불씨가 되었다.

이 책이 출판된 후 유럽 세계는 들끓기 시작했다. 덕분에 서양에는 동방 발견을 위한 세계 여행의 열기가 점차 고조되기 시작했다. _산시 사범대학 왕솽화이 교수

콜럼버스Christopher Columbus도 책의 영향을 받아 인도로 향했다. 당시 인도는 도처에 황금이 널려 있는 땅으로 알려져서 서양인들의 탐험 정신을 자극하기에 충분했다. _화중 과학기술대학 덩샤오망 교수

서양의 한 학자는 이렇게 말했다. "그것은 단순한 여행기가 아닌 계몽적 성격의 작품이다. 폐쇄적인 유럽인들이 자신의 무지함을 깨

닫도록 했으며, 전혀 새로운 지식 영역을 보여 줌으로써 시야를 넓혀 주었다. 이 책은 유럽인들의 문화와 과학의 부흥을 일으켰기에 큰 의미가 있다.

전통적인 중국식 묘비에 한자로 쓰인 외국인의 이름이 참 이색적이다. 이마두利瑪竇(마테오 리치의 중국식 이름). 이탈리아 천주교 예수회의 선교사 이마두의 본명은 마테오 리치이다. 명나라 만력萬曆 연간, 중국에서 선교 활동을 펼쳤던 그는 처음으로 베이징北京에 안치된 서양 선교사였다. 황제는 외국인에게 최초로 시신을 묻을 땅을 하사했다.

> 이탈리아인인 그는 체계적인 기독교 교육을 받았으며, 해박한 지식을 가진 학자이기도 했다. _우한 대학교 펑톈위 교수

> 명나라 말기와 청나라 초기, 선교사들이 대거 중국으로 건너왔다. 이들 선교사들이 중국에 온 가장 큰 목적은 서양 기독교의 교리 전파였다. 그러나 객관적으로 그들은 서양과 중국의 문화 교류에 중요한 교량 역할을 했다. _지난暨南 대학 천차이쥔 교수

마테오 리치는 선교를 위해 서양에서 성모상, 천체 관측 기구인 아스트롤라베, 프리즘 같은 수많은 물건을 가져왔다. 그가 가져온 신기한 물건들은 중국인들의 호기심을 끌기에 충분했다. 그중 세계 지도는 중국인들의 시야를 넓히는 데 큰 역할을 했다.

마테오 리치가 오기 전 중국인들은 세계가 얼마나 큰지 알 수 없었다.

마테오 리치 이후 페르비스트Ferdinand Verbiest(중국 이름은 남회인南懷仁이다.)
도 중국으로 왔다. 그들 덕분에 중국인들은 세계가 생각보다 크다는
것과 봉건 왕조가 주장했던 '普天之下, 莫非王土(온 나라의 땅이 왕의 것이 아닌
것이 없다.—역주)'가 사실이 아님을 알게 되었다. _푸젠 사범대학 린진수이林金水

중국에 처음으로 지구의 개념과 오대주 사대양의 개념이 소개되었는
데, 이는 분명 중대한 공헌이었다. _우한 대학 펑텐위 교수

지금까지 중국인들이 쓰는 서양 지리학 용어는 모두 마테오 리치가 번
역한 것이다. _푸단 대학 거젠슝 교수

　　마테오 리치는 이미 상당히 진행된 르네상스의 우수한 결과물들
을 중국에 들여올 수 있었다. 하지만 그 역시도 대부분의 유럽인들
처럼 눈앞에 펼쳐진 동양의 문화에 흠뻑 사로잡히고 말았다. 마테
오 리치는 중국이야말로 플라톤이 책에서 그토록 열을 올리며 말했
던 이상적인 국가라 생각했다.

마테오 리치

1552년 10월 6일 – 1610년 5월 11일. 명나라 때 중국으로 건너온
선교사. 중국에서 가장 처음 천주교를 전파한 인물 중 하나이다. 최초
로 중국 문학을 읽은 인물이며, 중국 서적을 연구한 서양학자이기도
하다. '서양 승려'의 신분으로 '한학 저술'의 방법을 통해 천주교 교리
를 전파했다. 중국 관리, 사회 명사와 폭넓게 교류하며 서양의 천문,
교육, 지리 등 과학 기술과 지식을 전파했다. 그의 저서는 중국과 서
양의 교류에 큰 역할을 했을 뿐 아니라, 일본과 조선의 서양 문명 이
해에도 막대한 영향을 끼쳤다.

16, 17세기 중국에 온 선교사들이 가장 처음 목격한 것은 극도로 번영한 국가였다. 문명이나 물질생활에서 중국은 서양보다 나았다. 그들은 교황청에 보낸 수많은 보고서를 통해 중국의 엄청난 부와 발달된 문명에 놀랐음을 숨기지 않았다. _상하이 교통대학 장샤오위안 교수

중국에 온 후 마테오 리치는 사대부들과 폭넓게 교제해 수많은 공경대신을 천주교도로 만들었다. 그중 가장 유명한 사람은 진사 출신의 한림翰林, 서광계였다. 1604년 한 젊은 진사가 한림원의 서길사庶吉士로 발탁되었다. 서길사란 명나라 황실 대학원의 박사와 같은 것이다. 하지만 젊은이의 얼굴은 기뻐 보이기보다는 수심이 가득했다. 당시로선 도리에 어긋나는 것으로 간주된 어떤 일 때문이었다.

젊은이는 서양 과학 저서 번역의 가치를 이미 알고 있었다. 그는 '서양을 뛰어넘으려면 먼저 서양의 것에 정통해야 하고, 정통하려면 먼저 관련된 서적을 번역해야 한다.'라는 생각을 늘 품고 있었다. 그렇게 서양의 문화를 자세히 이해한 다음 동양과 서양의 문화를 융합해 새로운 문화를 만드는 것이 그의 포부였다.

그는 서양의 문화를 제대로 알기 위해 용감하게 새로운 사상을 받아들이기로 했다. 그로 인해 서광계는 처음으로 '두 눈을 부릅뜨고 세계를 바라본' 사람이 되었다.

마테오 리치는 서광계와 함께 『기하학원론』을 번역했다. _푸단 대학 거젠슝 교수

서광계 조각상   마테오 리치와 서광계

두 사람이 처음 사용한 '기하'라는 단어는 오늘날까지 이용되고 있다.
_우한 대학 펑톈위 교수

머리가 좋았던 마테오 리치는 사대부와 교류하기 위해 먼저 유생들의
복식을 따라했다. 겉으로 봐선 마치 중국의 선비 같았다. _공자 75대손 콩상
린孔祥林

마테오 리치와 서광계는 함께 『사서』를 포함한 수많은 중국의 경
전을 번역했다. 그들의 번역 작업은 17, 18세기 유럽의 '중국 열풍'
에 직접적인 영향을 끼쳤다.

마테오 리치는 서양의 서적을 번역해 중국에 소개하는 한편, 중국의

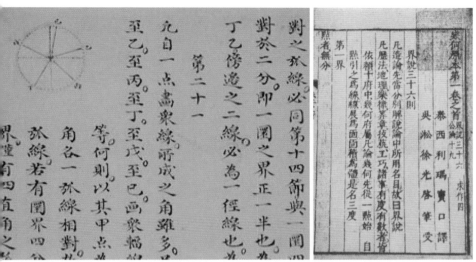

서광계가 번역한 『기하학원론』

학문과 문화를 서구 사회에 전달하기도 했다. _우한 대학 펑텐위 교수

중국의 경전을 연구했던 마테오 리치는 『사서』를 라틴어로 번역했다.
그것은 최초로 유럽에 전해진 중국어 경전이었다. _지난 대학 천차이쥔 교수

마테오 리치의 뒤를 이어 서양의 선교사들이 앞다투어 중국으로

기하학원론

고대 그리스의 수학자 유클리드가 쓴 책이다. 평면 기하 5대 공준을 총 정리한 책으로, 몇
가지 공인된 사실을 정의와 공리로 정리했다. 형식논리formal logic 방법으로 정의와 공리를
이용해 각종 기하 도형의 성질을 연구했다. 이로써 공리, 정의에서 출발해 논증 명제가 정
리된 기하논증방식을 수립했으며, 빈틈없는 논리적 체계를 갖춘 기하학이 형성되었다. 이
방식은 훗날 모든 지식 체계 수립의 모범이 되었다. 역사상 가장 성공적인 교재로 평가된
다. 서양에서 『성경』 다음으로 광범위하게 전해진 책이다.

들어왔다. 100년 동안 선교사들이 쓴 중국어 책은 약 800부 정도였다. 서양에는 한학漢學이라는 새로운 학문이 생겨났다.

마테오 리치가 세상을 떠난 후 그의 일기가 유럽에서 출간되었다. 우리가 잘 알고 있는『동방견문록』이다. 이 책 덕에 유럽인들은 처음으로 중국의 면면을 상세히 알 수 있었다. 유럽에서 정식으로 한학이 시작된 계기가 되기도 했다. _지난 대학 천차이윈 교수

가장 큰 영향을 받은 나라는 바로 프랑스이다. 프랑스는 16, 17세기에 이미『사서오경四書五經』을 번역했다. 당시 프랑스에는 계몽사상이 일어나기 시작했다. 계몽사상가들은 봉건 교회와 신권에 반대하기 위해 외부의 힘이 필요했다. 볼테르의 말처럼 그때 그들은 중국에서 탄생한 새로운 정신과 물질세계를 발견했다. _공자 75대손 콩샹린

타국에서 긴 잠을 자고 있는 선교사들은 생전에 자신들이 열었던 '판도라의 상자'가 프랑스 계몽사상의 반 전제, 반 교권의 사상적 무기가 된 사실을 몰랐을 것이다. 하지만 자신들이 쓴 책을 기점으로 동서양의 문화 교류가 시작되었으며, 인류 문명이 성공적으로 융합되어 더 빠르게 발전했음에 위안을 얻을 수 있을 것이다.

2

서양에서 동양으로

1877년 3월, 23세의 젊은이가 복주福州의 한 부두에 우두커니 서 있었다. 멀지 않은 곳에 정박한 배는 곧 그를 영국으로 데려갈 '제안濟安'호였다. 이 젊은이의 이름은 엄복嚴復, 영국 왕립 해군사관학교로 유학을 떠날 그의 가슴은 뜨겁게 부풀어 올랐다.

복건 후관현侯官縣 유학자 출신의 의사 집안에서 태어난 그는 어렸을 때부터 과거 합격을 인생의 목표로 삼았다. 하지만 14세 때 아버지가 병을 얻어 세상을 떠나자 집안이 기울기 시작했다. 더 이상 학업을 이어 나갈 수가 없었던 그는 어쩔 수 없이 꿈을 포기했다. 그런 그때 마침 양무파洋務派의 좌종당左宗棠이 복주에 신식학교 선정학당船政學堂을 설립해 학생들을 모집했다. 식비는 물론이고 매월 은자 4냥의 보조금도 지급된다고 했다. 돈 때문에 학업을 포기했던 엄복에게는 기쁜 소식이었다. 곧 바로 등록을 한 그는 1등으로 시험에 합격했다. 이

엄복

때부터 그의 인생 목표는 해군 장교가 되는 것이었다.

하지만 '서양의 것을 배워 최고가 되리라'고 생각했던 엄복은 중국으로 돌아온 후 배운 것을 제대로 쓸 데가 없는 현실에 절망했다. 꿈이 좌절되자 울분을 참을 수 없었던 그는 책으로나마 자신의 목소리를 내기로 했다. 1897년 엄복은 영국의 생물학자 헉슬리가 쓴 『진화와 윤리』를 번역한 『천연론天演論』을 세상에 내놓았다. 책은 출간되자마자 중국 지식계에 큰 반향을 불러왔고, 덕분에 엄복도 금세 유명인이 되었다.

천연론

사실 이 책은 서양에서 크게 주목받지 못했다. 서양에서 사회다윈주의는 갖은 의혹과 논쟁의 대상이 되었기 때문이다. 하지만 중국에서는 달랐다. 중국의 시대 상황, 국내외 환경 덕분에 이 책은 대단한 인기를 끌었다. _난카이 대학 왕셴밍 교수

당시의 중국은 갑오전쟁이 실패로 끝나고 전 사회적으로 자괴감과 상

헉슬리

토머스 헨리 헉슬리Thomas Henry Huxley(1825–1895). 영국의 유명한 박물학자이자 다윈의 진화론을 발전시킨 대표적 인물이다. 1893년 68세에 옥스퍼드 대학의 요청으로 우주의 생성 과정 중 발생한 자연의 힘과 윤리의 발전 과정 중 생기는 인간의 힘이 서로 제약, 의존, 발전하는 문제에 대해 강연했다. 이 내용을 정리해 만든 것이 바로 『진화와 윤리』이다.

『천연론』을 보는 양계초

실감이 팽배해 있었다. 이런 상황에서 엄복은 헉슬리의 『진화와 윤리』
를 번역한 『천연론天演論』을 내놓았다. _푸젠 사범대학 쑨샤오전 교수

그에게는 정치적 목적이 있었고, 마침 사대부들이 그 정치적 목적을
받아들였다. 사대부들은 정치를 통해 나라와 백성의 안위를 걱정하고,
나라를 훌륭히 다스려 천하를 안정시키는 것이 가장 큰 목표였기 때문

천연론天演論

상당한 수준의 정치평론서이다. 책에서 그는 만물이 '물경천택物竟天擇'의 자연법칙에 따라
변화한다고 말했다. 여기에서 '물경'은 생물 간의 생존 경쟁을 뜻한다. 우성이 열성을 이기
고 강한 것이 약한 것을 누른다는 것이다. '천택'이란 자연의 선택, 바로 자연 도태이다. 이
처럼 생물은 '생존경쟁'과 '자연 도태'의 과정 속에서 진화한다. 이러한 사상이 전반에 깔려
있는 『천연론』은 다윈의 진화론과 서양 철학 사상도 함께 접목시켜 '지식의 기아'에 허덕이
던 중국의 지식계에 엄청난 반향을 일으켰다.

이다. 덕분에 『천연론』은 단박에 인기를 끌었다. _화중 과학기술대학 덩샤오망 교수

엄복은 다윈의 자연 도태의 원리를 이용해 중국의 상황을 설명하고 위기로부터 나라를 구할 것을 촉구했다. 이 책은 중국의 지식계에 널리 전파되었다. _난카이 대학 왕셴밍 교수

엄복은 『천연론』을 단순히 직역하지 않았다. 진화론에 대해 설명하는 한편, 중국이 처한 상황과 접목해 백성들이 위기의식을 가지도록 독려했다. 자연 도태의 원리와 이치를 상세하게 설명함으로써 현재에 머무르지 않고 위기에서 벗어나 전진할 것을 강한 목소리로 이야기했다.

그것은 일반적인 번역서라기보다 어떤 의미에서는 전혀 새로운 창작이라 할 수 있다. 대부분의 내용을 의역한 이 책은 그 자체로도 대단한 내용을 담고 있었다. 엄복은 책을 통해 인류 사회 역시 적자는 생존하지만 그렇지 않은 자는 도태됨을 중점적으로 설명했다. _우한 대학 평톈위 교수

이 책은 중국인들에게 지금처럼 현실에 만족하고 좁은 시야로 살아가면 곧 이 시대가 끝날 것이라고 경고했다. 세계가 끊임없이 진화하고 있음을 알아야 한다. 하지만 진화는 단지 개인의 의지로 되는 것은 아니다. _저장 대학 황졘 교수

뛰어난 문학가로 이름을 날린 오여륜吳汝綸은 『천연론』을 보고 감

양계초

강유위

탄을 금치 못했다. 지금까지의 번역서 중 이처럼 위대한 작품을 본 적이 없었다고 극찬한 그는 책의 전문을 베껴 베개 속에 넣어 두었다고 한다. 『천연론』을 읽은 양계초는 엄복에게 편지를 보내 그를 중국 서양학의 일인자라 추어올렸다.

책 한 권이 시대를 바꾼다 할 만하다. 마치 먹구름이 짙게 깔린 하늘처럼 너무도 혼란스러운 사상 때문에 사람들은 어둠을 밝힐 한 줄기 빛도 찾지 못했다. 그런 그때 책은 인간의 어두운 사상과 혼란함에 빛을 밝혀 준다. 그것은 바로 사상의 전달이다. 가끔 이러한 사상의 파급력은 상당히 크다. 『천연론』이 바로 그런 책이다. _시안 교통대학 한평제 교수

『천연론』은 근대 중국 국민을 자각시키는 데 큰 역할을 했다. 사회 각층의 엘리트들이 '적자생존'의 개념을 위기에 빠진 국가를 구할 혁명의 사상적 무기로 이용했다.

1898년 강유위康有爲와 양계초를 수장으로 하는 유신파 인사들이 광서제光緖帝에게 상서를 올렸다. 서양의 학문을 배워 자본주의를 발전시켜야 한다고 주장한 무술변법戊戌變法(변법자강 운동)이 시작된 것이다. 1915년, 상하이에서 〈신칭녠新靑年〉을 발간한 천두슈는 '민주'와 '과학'의 기치를 내걸고 신문화 운동의 서막을 열었다.

이러한 관념의 변화 덕분인지 후스胡適, 천두슈陳獨秀, 루쉰과 같은 선

진적인 중국인들이 대거 나타났다. 그들은 새로운
문화의 소용돌이 속에서 민주와 과학이라는 서양의
두 가지 무기를 들여왔다. _저장 대학 황젠 교수

천두슈

중국은 물질문명을 이루었다고 자부했지만 북양함
대北洋艦隊는 결국 패했고, 정치를 개선하고자 노
력했지만 변법자강 운동은 실패로 끝났다. 이 모
든 실패의 원인은 중국의 문화 심리에서 찾을 수 있
다. 루쉰은 저열한 근성을 가진 중국인에게 철저한
문화 비판이 필요하다고 주장했다. _푸젠 사범대학 쑨샤오
전 교수

신칭녠

〈신칭녠〉이 주장한 내용은 크게 다음과 같이 나눌
수 있다. 첫째, 구문화에 반기를 들고 신문화를 창
조할 것. 둘째, 구도덕을 반대하고 신도덕을 수립할
것. 셋째, 구사상을 없애고 신사상을 세울 것. 이러한 대담한 시도가
없었다면 훗날의 성공도 없었을 것이다. _저장 대학 황젠 교수

신문화 운동

1919년 5.4 운동 발발 전후, 후스, 천두슈, 루쉰, 첸쉬안퉁錢玄同, 리다자오李大釗 등 서양
교육(당시에는 신식 교육이라고 했다.)을 받은 지식인들이 '반전통, 반유교, 반문언(한문)'을 기
치로 내걸었던 사상.문화의 혁명이자 문학 혁명 운동이었다. 이 운동으로 2,000년간 중국
을 통치하던 봉건 예법과 도덕이 휘청거리게 되었다. 이때부터 중국인들은 '민주'에 눈을
떴고, 현대 과학도 발전하기 시작했다. 그뿐만 아니라 중국에서 마르크스주의가 정착하고
5.4 운동이 시작되는 데 중요한 사상적인 근거가 되었다.

이 시기에는 민간 출판 기구도 나날이 발전을 거듭했다. 바다 저편에서 건너온 갖가지 서적들이 마치 밀물처럼 중국으로 밀려들어왔기 때문이다. 그중에는 『공산당 선언Communist Manifesto』이나 『자본론Das Kapital』 같은 마르크스주의 대표작들도 있었다.

이들 사상가들은 마치 흑암 속의 별빛처럼 중국인들이 어둠 속에서 앞으로 나아갈 수 있도록 길을 밝혀 주었다. 나는 한 치 앞도 보이지 않는 어둠 속에서 한 권의 책, 그 속에 담겨 있는 사상이 우리를 전진하게 한다고 생각한다. _시안 교통대학 한평제 교수

푸저우福州 시 외곽의 가이산盖山 진 양치陽岐 촌, 엄복은 생전에 이곳에 자신의 묏자리를 마련해 두었다. 화강암으로 만들어진 묘의 정중앙에는 엄복이 직접 쓴 '惟適之安(마음이 내키는 대로 하며 편안히 지내다.-역주)'이라는 묘비명이 보인다. 한유韓愈의 〈송이원귀반곡서送李愿歸盤谷序〉에서 딴 글귀이다.

起居無時,	정해진 때 없이 마음대로 자고 일어나며
惟適之安.	마음이 내키는 대로 편안히 지내면 되오.
與其有譽於前,	앞에서 칭찬을 받는 것보다는
孰若無毀於其後,	뒤에서 험담을 듣지 않는 것이 나으며
與其有樂於身,	이 한 몸 잠시 즐기기보다는
孰若無憂於其心,	내 마음에 근심이 없는 것이 훨씬 낫다오.

어쩌면 엄복의 삶을 가장 잘 표현해 주는 시일 것이다.

군인이 되어 나라에 한 몸 바치고자 했던 엄복은 꿈이 좌절되자 책을 번역하기 시작했다. 그리고 어쩌다 보니 자신도 모르게 근대 중국인들의 자각과 혁명 촉발에 큰 역할을 하게 되었다. 그가 번역한 『천연론』을 시작으로, 바다 건너온 현대 사상과 문화가 중국 사회에 큰 충격을 주었다. 덕분에 양무 운동과 변법자강 운동, 신해혁명이 일어났고, 옛 중국은 전혀 새로운 모습으로 바뀌었다. 무거운 역사의 바퀴는 결국 얇고 가벼운 종이에 의해 앞으로 나아가며 마

무술변법

변법자강 운동 혹은 백일유신이라고도 한다. 1898년 6월 11일에서 9월 21일까지, 강유위, 양계초를 대표로 하는 자산계급 개량주의자들이 서양의 학문과 과학 기술을 배울 것을 독려한 광서제를 등에 업고, 정치와 교육제도 개선, 농, 공, 상업 발전을 촉진하는 정치 개량주의적 변혁 운동을 가리킨다. 하지만 자희태후慈禧太后를 중심으로 하는 수구파守舊派의 격렬한 저항에 부딪혀 103일 만에 실패로 끝났다. 무술변법은 중국 근대사에서 손꼽을 만한 정치혁명으로, 사상 해방과 발전, 중국 근대 사회의 진보에 중요한 역할을 했다.

양무 운동

자구自救 혹은 자강自强 운동이라고도 한다. 봉건 통치를 공고히 하기 위해 1860년부터 1890년대까지 양무파를 중심으로 서양의 군사 설비와 기계 생산, 과학 기술 도입을 추진한 운동이다. 비록 실패로 끝났지만 근대화의 터를 닦았으며, 중국 근대화의 시작이라 볼 수 있다.

신해혁명

1911년(청나라 선통宣統 3년) 발발한 자산계급의 민주혁명을 가리킨다. 당시 청나라 왕조의 부패는 날로 심각해졌고, 제국주의 침략의 가속화 속에서 중국의 민족 자본주의가 출현하고 있었다. 이런 배경에서 일어난 신해혁명은 전제정치를 무너뜨리고 중국의 독립, 민주, 부강을 통해 민족을 위기에서 구하는 데 목적을 두었다. 이 혁명을 기점으로 2,000년간 중국을 지배했던 전제군주제도가 끝을 맺었고, 국민들의 사상적 해방이 실현되었다. 신해혁명은 근대 중국사에서 비교적 완벽한 자산계급 민주혁명이라 평가된다.

른 풀과 썩은 나무를 짓이긴 것이다.

엄복은 유명한 장군이 되지 못했지만, 한 권의 책 덕분에 훌륭한 계몽사상가가 될 수 있었다. 그는 중국 근대화의 거대한 바퀴를 움직인 한 위대한 인물이었다.

첫 만남에서는 다소 놀랐던 동양과 서양은, 이내 서로를 받아들이고 우아하게 왈츠를 추기 시작했다. 그리고 얼마 지나지 않아 둘은 각자의 길을 가게 되었다. 이제 동양과 서양은 서로를 모르는 척할 것인가? 아니면 결국엔 다시 만나게 될 것인가?

책은 마치 씨앗이 땅에 떨어지면 싹을 틔우듯이 어디에든 심기면 싹을 틔운다. 책은 나름의 힘으로 수십억 세계인의 영혼 깊은 곳으로부터 차오르는 동력이 된다. 인간에게는 끝없는 지적 욕구가 있고, 세계에는 무한한 가능성이 존재하기 때문이다. 또한 책이 지식 전파의 매체 중 가장 핵심적인 역할을 하는 데다, 오늘날 우리는 더욱 극적이고도 불규칙적인 세계에서 앞으로 나아가고 있기 때문이다.

누가, 어디에서,
무엇을 읽는가?

첸원후이錢文輝 (창수常熟 문화 전문가)
사오자오하이邵兆海 (신후이新會 양계초연구회 회장)
거젠슝(푸단 대학 교수)
장량가오張梁皐 (화중 과학기술대학 교수)
우쥔페이吳俊培 (우한 대학 재정금융연구센터 주임교수)
리공전(우한 대학 역사학과 교수, 중국독일사연구회 부회장)
천차이쥔(지난 대학 중국사적문화연구소 교수)
추수칭楮樹靑 (항저우杭州 도서관 관장)
우젠중吳建中 (상하이 도서관 관장)
왕신차이王新才 (우한 대학 도서관 관장)

1. 현대 국가의 국립도서관이 활성화되기 전, 책은 대부분 민간이나 왕실에서만 소장했다. 이런 책들이 진정한 의미의 문명을 전달할 수 있을까?

첸원후이: 고대 중국의 민간 장서의 목적은 대부분 장서가인 본인이 읽거나 연구하는 데 있었다. 청나라의 장원 급제자나 그의 가족들은 대부분 장서가들이었다. 함풍咸豐 6년에 장원 급제를 한 옹동화翁同龢의 부친 옹심존翁心存은 적지 않은 희귀 도서를 보관한 지지재知止齋라는 장서루를 보유하고 있었다. 12세의 옹동화는 이곳에서 많은 책과 지식을 접하며 훗날 장원 급제를 위한 기초를 닦았다. 또 청나라 초기 순치順治 장원이었던 손승은孫承恩의 조부 손기정孫奇正,

백부 손조서孫朝書, 부친 손조의孫朝義 모두 유명한 장서가였다. 손승은은 어렸을 때부터 집안의 장서루에서 엄청난 양의 책을 읽었다.

옹동화는 집안의 사당에 다음과 같은 대련對聯을 남겼다.

"綿世澤莫如爲善, 振家聲還靠讀書.(대대손손 은혜를 입으려면 선을 쌓는 것이 가장 좋고, 가문을 일으키려면 응당 책을 읽어야 한다.-역주)" 단연코 자신의 경험에서 우러나온 말일 것이다. 광서제의 스승이었던 옹동화는 어린 제자에게 위원의 『해국도지』나 강유위의 『러시아 표트르대제 Peter the Great의 변법기』 같은 강대국의 변법 서적을 보여 주었다.

창수 지역의 장서 문화에는 두 가지 특징이 있다. 첫째는 단지 책을 보관하거나 이를 이용해 돈을 버는 것이 아닌 독서가 목적이다. 장서가들은 자신이 보유한 책을 학문 연구에만 이용했다. 두 번째 특징은 사적이거나 은밀하지 않게 공개적으로 책을 사용했다는 점이다. 이 지역의 장서가들은 자신의 책을 모든 사람에게 공개했다. 청나라의 유명한 장서가 장금조張金鳥가 남긴 "有客必應"만큼 이를 잘 설명해 주는 말도 없을 것이다. 책을 빌리러 오는 사람이 있다면 반드시 만족시켜야 한다는 뜻이다. 그의 장서루에는 외부인들이 책을 읽도록 만든 방이 따로 있을 정도였다. 빈부의 격차, 지위의 고하를 막론하고 누구든지 원하면 책을 읽을 수 있었으며, 때로는 차와 물을 공짜로 대접하기도 했고 가난한 지식인들에게는 음식을 나눠 주기도 했다. 명실상부한 창수 최초의 도서관인 셈이었다. 이런 점을 보면 민간 장서 역시 문명 전파에 어느 정도 영향을 끼쳤다고 말할 수 있을 것이다.

사오자오하이: 어렸을 때 중국 전통 교육을 받은 양계초는 외부와는

단절된 채 사서오경과 이십이사二十二史 등만 읽었다.

　1890년 도성에서 열리는 과거에 응시했다가 낙방한 양계초는 집으로 돌아가던 중 우연히 상해를 지나게 되었다. 그리고 그곳에서 운명적으로 『영환지략』을 접했다. 세계 각지의 풍속과 사람 사는 모습, 사회 상황을 소개한 이 책은 오늘날의 지리서와 비슷하다. 지금까지의 것과는 완전히 다른 책을 접한 양계초는 금세 빠져들 수밖에 없었다. 그동안 폐쇄적인 책 읽기에만 익숙했던 양계초는 그제야 이 세상이 얼마나 큰지, 얼마나 많은 나라가 있는지, 그리고 자신이 가 보지 못한 곳이 얼마나 많은지 깨달았다. 가진 돈을 탈탈 털어 책을 사서 고향으로 돌아온 그는, 책을 혼자만 읽지 않고 훗날 강유위의 '만목초당萬木草堂'의 교재로 쓰기도 했다. 이렇게 보면 개인 장서도 문명 전파 촉진에 어느 정도 역할을 했다고 평가할 수 있다.

거젠슝: 사실 왕실의 장서는 인류 문명 전파에 별다른 영향을 끼치지 못했다. 명목상으로는 사대부나 선비들에게 장서를 개방하고 필사도 가능하다고 했지만, 실제로는 왕실 도서관 별관 정도에만 해당될 뿐이었고, 오늘날의 공공 도서관의 개념과도 완전히 달랐기 때문이다. 그마저도 진정한 의미의 개방은 아니었다. 왕실의 장서를 열람할 수 있는 권한을 가진 사람은 극소수였기 때문이다.

　정화鄭和의 항해를 예로 들어 보자. 항해의 실제 내용을 담은 문서는 모두 나라로 귀속되었다. 그리고 훗날 무엇이 남았는가? 정화가 서양을 탐험하고 쓴 문학작품, 그의 손으로 완성한 원본 기록, 중요한 물품들은 하나도 남아 있지 않다.

156

2. '독서의 힘'은 어디에서 주로 나타나는가? 인간과 책의 인연이 깊다는 것에 대해 어떻게 생각하는가?

장량가오: 독서의 힘이라, 나는 무척 공감한다. 지금까지 내가 살아올 수 있었던 것은 모두 책의 힘, 특히 중고생 시절에 읽었던 책 덕분이었다. 나의 일생에 가장 큰 영향을 미쳤던 책은 잭 런던Jack London이 쓴 『야성의 부름』이라는 번역서로, 원서의 제목은 『The call of the wild』이다.

개들의 사회를 묘사한 『야성의 부름』을 읽자마자 나는 개들의 사회가 인간의 사회와 다르지 않다는 것을 알 수 있었다. 개도 사람처럼 강해져야 한다. 약한 개는 언제나 괴롭힘을 당하지만, 강한 개가 되면 아무도 함부로 대할 수 없기 때문이다.

우쥔페이: 당시에는 의무 교육이라는 것이 없었다. 하지만 아무리 가난한 집이라 하더라도 아이들이 학령기가 되면 공부를 시켰고 모두 그것을 당연하게 여겼다. 책을 읽고 공부하는 이유는 무엇인가? 바로 세상의 이치를 알기 위해서이다. 이치를 안다는 것은 무엇인가? 그것은 다름 아닌 예의와 염치를 아는 것이다. 내가 젊었을 때 친구들은 저녁이면 모두 마당에 둘러앉아 시원한 바람을 쏘이며 노닥거렸다. 하지만 나는 석유등 아래서 책을 읽었다. 석유등 아래서 한참 책을 읽다 보면 등이 땀에 흠뻑 젖기 일쑤였지만 더운 줄도 몰랐다. 책을 읽을 때 필기를 하는 습관이 있었는데, 땀 때문에 종이가 흥건히 젖었지만 수건으로 대충 닦고 글을 썼다.

리공전: 정보화 시대에 살고 있는 우리는 사실 책을 읽지 않는 것은 아니다. 하지만 우리의 독서는 쪼개진 독서이다. 지식이 모두 조각난 형태를 띠고 있기 때문이다. 이를 영어로 information to information이라 한다. 정보가 점에서 점으로 이동하는 것이다. 이런 식의 독서는 지식의 계보에 수반되는 문화 전체의 힘, 더 나아가 문화의 논리적 힘 그리고 문화가 가져올 역사의 힘과 그에 수반되는 더 깊은 정신적 힘을 구성할 수가 없다. 오늘날의 젊은이들을 보라. 그들이 옛사람들에 비해 지능이 낮은가? 그렇지 않다. 오히려 현대인들은 아주 똑똑하다. 하지만 그들이 접촉하는 지식이 완전하지 않다는 것이 문제이다. 겉보기엔 매우 많은 양의 정보를 접하고 있지만 깊이가 없다. 어떤 지식에 계보가 없다면, 더 깊은 논리로 나아갈 수가 없다. 결국은 밀란 쿤데라Milan kundera가 소설에서 말했던 것처럼, 생명의 가벼움을 이기지 못해 마치 흩날리는 구름처럼 실제로는 아무런 힘도 없이 겉보기에만 아름다운 상태가 되는 것이다.

반대로 지식의 계보를 갖추면 논리적인 사고를 할 수 있으며, 사고의 구조적인 힘을 갖출 수 있게 된다. 이는 잠시 번뜩이는 아이디어와는 다르다. 그러한 아이디어는 보기엔 참신해 보여도 논리의 퇴고나 이성적인 분석을 감당할 수가 없다. 현재 우리가 접하는 지식은 '이것을 살피느라 다른 것은 보지 못하는 식'의 지식이다. 그러니 지식 구조에 자연적으로 결함이 생길 수밖에 없다. 나는 한 사람의 지식 구조에 결함이 생기면 그의 영혼이나 성격 그리고 사상에도 문제가 생긴다고 믿는다. 그 결함을 제때에 고치지 못하면 단편적 지식을 맹목적으로 믿고 굳은 사고를 하게 된다. 사상과 정신 그리고 영혼이 굳어 버린 사람에게는 약도 없다.

그래서 우리가 지식의 힘을 강조하는 것이다. 하나의 완벽한 지식이 가지는 힘, 우리는 그것을 독서의 힘이라 부른다. 여기서 말하는 독서는 단순한 책 읽기가 아니다. 그렇다면 무엇을 어떻게 읽어야 하는가? 당신은 어떻게 자신만의 지식의 계보를 만들고 거기서 나오는 강한 힘으로 문화의 구조를 완성할 것인가?

천차이쥔: "아는 것이 힘이다!"라는 표어를 모르는 사람은 없다. 어떻게 알 것인가? 답은 독서에 있다. 독서는 지식을 얻기 위한 필수불가결의 수단이다. 그래서 유럽에서 독서 혁명이 일어나기도 했다. 유럽 각국의 문맹 문제에 있어 가장 빠른 행보를 보인 나라는 바로 독일이다. 실러는 18세기에 어떤 나라는 암흑 사회였지만 또 어떤 나라는 독서에 중독된 사회였다고 평가했다.

그들은 '어떻게 하면 사상과 철학의 혁명을 일으킬 수 있을까'라는 고민을 사회 전반에 깔고 책을 읽었다. 여기에서 말하는 독서는 바로 사고이다. 당신은 어떻게 지식을 얻는가? 책 속의 지식은 반드시 자신의 머리를 거쳐 소화시켜야 한다. 살아 있는 동안 부지런히, 분야를 가리지 않고 책을 읽어야 한다. 또 가장 가치 있는 책을 골라 읽어야 하며, 한 분야만 섭렵해서도 안 된다. 모범 답안을 찾기 위한 책이 아니라, 나의 인생을 이끌어 주고 문화에 녹아 있는 자양분을 흡수할 수 있는 책을 읽어야 한다. 유럽에는 이러한 독서 혁명이 있었지만 중국은 그렇지 못했다.

발전 가능성이 있는 문화는 지구상의 모든 좋은 것을 자신의 문화로 흡수할 수 있어야 한다. 그래야만 그 앞날이 밝다.

3. 더 많은 사람이 책을 사랑하게 하려면 도서관은 어떤 역할을 해야 할까?

추수칭: 객관적으로 장서루가 중국 문화에 끼친 가장 큰 공헌은 서적을 보관한 것이다. 장서루와 오늘날의 공공 도서관의 가장 다른 점은, 바로 전자는 책을 보관하는 것이 목적이지만 후자는 책을 이용하는 것이 목적이라는 점이다. 한때 인터넷이 넝마주이에게 도서관을 개방해야 하는가 하는 문제로 떠들썩한 적이 있었다. 그러나 이것은 명제 자체가 성립되지 않는다. 그들이 공원이나 공중 화장실에 가는 것은 문제 삼지 않으면서 왜 유독 도서관만 문제가 되는 것인가? 사실 넝마주이에게 도서관을 개방하는 것은 문제가 될 수 없다. 공공 도서관은 자유 복장으로 출입이 가능한, 사회 구성원 모두에게 열린 공간이기 때문이다. 현대의 도서관은 각계각층의 사람들이 자유롭게 드나들 수 있도록 해야 한다. 즉, 문화 앞에서 모든 사람의 평등을 실현하는 것이 도서관이 할 일이다. 도서관은 모두가 이용할 수 있는 공적 공간이다. 공짜로 책을 읽고 체계적으로 대량의 책과 정보를 접할 수 있는 진정한 공유의 공간인 셈이다.

실제로 공공 도서관은 인간의 평생 교육과 사회 교육의 중요한 역할을 맡고 있다. 학교 교육이 끝나면 우리에게는 도서관이 있다. 이곳에서는 평생 교육이 이루어진다. 실제로 도서관은 기존의 책만 읽던 장소에서 학습의 장소로 바뀌며 그 개념도 훨씬 넓어졌다. 도서관에서 우리는 모든 방법과 내용을 망라한 다양한 학문에 관한 책을 찾을 수 있다. 때문에 우리는 도서관을 제3의 문화 공간으로 만들어야 한다. 여기에서 말하는 제3의 문화 공간이란 가정과 회사 다음의 문화 교류가 가능한 장소이다.

제3의 문화 교류 장소인 도서관은 자유롭고 편안한 분위기에, 풍부하고 다원적인 내용이 가득하고 정취도 있어야 한다. 여기에서는 나이와 성별, 신분, 직업적 배경을 모두 잊을 수 있다. 이야말로 미래 도서관의 대표적인 모습일 것이다. 집이나 회사를 벗어나 가장 먼저 찾고 싶은 곳이 바로 도서관일 수 있도록 말이다. 어디에서, 누구와 함께 책을 읽느냐 하는 것은 일종의 문화이며 향유이다. 이처럼 독특한 문화를 가져야만 도서관만의 매력으로 인터넷이나 전자 도서를 이기고 그 명맥을 이어 나갈 수 있다.

우젠중: 도서관은 조용하고 편안한 환경을 제공해 준다. 흔히 책을 읽을 때 우선 마음을 가라앉히라고 말한다. 차분하고 조용하게 책을 읽는 것은 매우 중요하다. 얄팍한 독서는 경솔한 인생을 야기할 수밖에 없다. 단편적인 지식만을 습득했기에 진정 좋은 습관을 만들지 못하기 때문이다. 일생 동안 공부하기에 가장 좋은 시기는 바로 초등학교부터 대학교 때까지이다. 다시 말해 스무 살 이전에 모든 정력을 공부에 쏟아부어야 한다는 뜻이다. 또 이 시기에는 개인의 세계관이 형성되기도 한다. 그렇기에 어떤 책을 읽느냐에 따라 사상이 달라질 수밖에 없다.

　이런 이유로 청소년기에는 반드시 좋은 책을 바르게 읽는 습관을 들여야 한다. 시간을 내어 책을 읽으면 반드시 좋은 결과가 따른다. 책을 통해 습득하는 지식과 앞으로 닥칠 문제를 해결하는 능력은 비례하기 때문이다. 습득하는 지식이 많을수록 문제 해결 능력은 더욱 강해진다.

리공전: 과학 기술의 발전에 따라 종이로 된 책을 읽는 사람이 점점 줄어들고 있는 추세이다. 대중교통을 이용해 보면 대부분의 사람이 휴대폰을 보고 있다. 현재 중국에서는 서점도 점점 줄어들고 있다.

반면 독일은 어디에서든 서점을 볼 수 있다. 독일에는 모두 6,000개의 서점이 있다고 한다. 독일 인구는 대략 8천만 명 정도이다. 작은 규모의 서점을 모두 합치면 인구 1만 명당 1개의 서점을 보유한 셈이다. 도서관은 인구 1만 명당 1.7개로 더 많다. 독일인들은 지금도 종이로 된 책을 즐겨 읽는다. 독일에서는 어딜 가나 책 읽는 사람을 쉽게 볼 수 있는데, 중국과는 너무나 다른 풍경이다. 또 독서 토론회나 낭독회처럼 다양한 독서 활동이 펼쳐진다. 낭독회란 신간이 나오면 작가가 직접 청중에게 책을 읽어 주는 이벤트성 독서 활동이다. 그뿐만 아니라 신문 광고란에는 독서회에 관한 내용이 심심찮게 눈에 띈다. 독서를 즐기는 독일인들은 종이로 된 책을 유난히 아낀다. 독일의 도서관은 상당히 인간 중심적이다. 누구든 10유로만 내면 도서 대출증을 만들 수 있는데, 전국 어디에서나 통용이 가능하다. 도서관이 모두 네트워크화 되어 있기 때문에 어디서든 책을 빌릴 수 있는 것이다. 독일에서 책을 빌리는 것은 맥주를 사는 것만큼 편리하다는 말이 있을 정도이다.

왕신차이: 외국의 도서관 보급률은 매우 높다. 5킬로미터마다 반드시 5,000권 이상을 갖춘 도서관을 보유해야 한다고 정해 놓고 모든 사람에게 책을 제공한다. 그중에서도 그들이 가장 중요하게 생각하는 것은 아이들에게 책 읽는 습관을 만들어 주는 것이다. 서양은 부모가 매일 일정한 시간을 들여 아이들과 함께 책 읽기를 권유한다. 부

모가 책을 읽어 주면 아이들은 어렸을 때부터 독서에 대한 흥미가 생긴다. 그런 다음 자연스럽게 아이들을 도서관으로 데리고 간다. 그래서인지 서양의 도서관에는 대부분 아이들을 위한 장소가 따로 마련되어 있다. 책뿐 아니라 아이들의 흥미를 끌 만한 놀잇감들도 구비되어 있다. 아이들은 편안한 분위기 속에서 자연스럽게 독서 습관을 형성해 나간다.

베스트셀러

베스트셀러의 기원은 미국이다. 한 시대 혹은 일정한 시간 안에 가장 인기가 있는 책을 바로 베스트셀러라 부른다. 베스트셀러의 가장 큰 특징은 당시 사람들의 입맛에 가장 부합한다는 것이다. 물론 베스트셀러라고 해서 모두 좋은 책은 아니다. 그럼에도 베스트셀러가 되는 책이 있다면 오랜 시간을 들여 그 책의 실제 가치를 검증해 봐야 한다.

동양에서도 엄청난 파급 효과를 내는 베스트셀러가 등장했다. 바로 『논어』이다. 『논어』는 공자와 그 문하생들의 언행집으로, 유가 사상의 경전으로 꼽힌다. 이 책에는 공자의 인문사상과 정치적 관념, 사회적 이상이 모두 녹아 있다. 사마천은 이 책을 '공씨서孔氏書'라고 부르기도 했다. 『논어』는 세상과 민족을 구하고자 하는 공자의 사상이 모두 담겨 있다. 근대의 신문화 운동 이전, 2천 년 역사 속 통치자들은 모두 유가 사상을 숭상했다. 덕분에 『논어』는 중국 지식인들의 필독서로 꼽혔다. 『논어』가 세상에 나온 뒤부터 과거제가 폐지된

2천 년 동안 이 책을 읽은 사람은 셀 수가 없을 정도로 많았다. 활자 인쇄술이 발명된 후 서적 출판이 공전의 발전을 이루었던 송나라 때부터만 계산해 보아도 그 판매량은 분명 놀라웠을 것이다. 그 800년이라는 시간 동안 지식인들이 출세할 수 있는 길은 오직 과거시험에 참가하는 것뿐이었고, 그때 빠질 수 없는 교재가 바로 『논어』였기 때문이다. 과거 중국에 통계라는 개념이 없었던 것이 아쉬울 뿐이다. 지금까지의 발행량은 '책을 나르는 소가 땀을 흘리고, 쌓아 두면 지붕에 닿을 정도'로 많았다.

이 책은 어록체 산문으로서 개인의 수양과 인격부터 나라를 다스리는 법까지 그 내용이 상당히 광범위하다. 처세를 기본으로 하는 사상은 사대부와 임금은 물론이고 평민들의 인격과 도덕적 행위에 큰 영향을 미쳤다. 또 동양인의 품격과 심리 이론의 기초가 되기도 했다. 북송의 정치가 조보趙普는 "논어를 반만 읽어도 천하를 능히 다스릴 수 있다."라고 말할 정도였다. 이처럼 중국 사회에서 『논어』의 영향력은 어마어마했다.

1980년대 말, 75명의 노벨상 수상자들이 프랑스 파리에서 다음과 같이 선언했다. "인류가 21세기에도 계속 생존하려면 반드시 2,500년 전 공자의 지혜를 섭취해야 한다." 『논어』가 21세기 과학기술의 거센 물줄기에 휩쓸려 가는 대신, 독특한 매력으로 현대인들의 수양과 가치 규범 형성에 영향을 끼치고 있음을 알 수 있는 대목이다. 깊은 문화의 저력으로 무장해 현실적인 가이드를 제시해 주는 통찰력 있는 『논어』는 중국뿐만 아니라 전 세계, 그리고 미래의 베스트셀러임이 분명하다.

인류 문화사상 베스트셀러를 꼽으라면 『성경』을 빼놓을 수 없다. 『성경』은 늘 독보적인 베스트셀러였다. 실제로 인류 역사상 어떤 책보다 많이 발행되었으며, 독자층도 가장 많고 광범위하다. 전 세계 6,500개 언어 중 이미 2,300개의 언어로 번역되었고, 현재 번역이 진행 중인 언어만 700여 개라고 한다. 매년 전 세계에서 6천만 권이 발행된다고 하니 세계적인 베스트셀러들을 훨씬 뛰어넘고도 남는다.

『성경』이 이토록 인기 있는 이유는, 각종 문학 양식을 섭렵한 세계적인 대작이기 때문이다. 문학서는 아니지만 독특하고 우아한 필치 덕분에 수많은 문학 대작들의 소재가 되기도 했다. 또 철학서는 아니지만 철학자들이 가장 많이 인용하고 토론의 주제로 삼는 책이기도 하다. 역사서도 아니지만 고대 유대인의 역사가 상세하게 기록되어 있는데, 그 신뢰도는 다른 민족의 고대 역사서를 훨씬 뛰어넘는다.

한 독일의 철학가는 성경을 이렇게 평가했다. "성경은 지식의 바다이다. 누구든지 이 바다에서 자신이 원하는 것을 얻을 수 있다. 무엇을 얼마나 흡수하든 바다는 절대 마르지 않는다." 『성경』의 가치가 얼마나 뛰어난지 알 수 있는 평가이다. 작가는 『성경』의 깊고 풍부한 묘사를 통해 영감을 얻을 수 있다. 많은 시인, 극작가, 소설가가 직, 간접적으로 성경 속 이야기를 차용했고, 노벨상 수상자들 중에도 『성경』에서 영감을 얻은 이들이 꽤 있었다. 물론 보통

사람도 『성경』 속 풍부한 철학적 의미를 통해 생활의 진리를 찾을
수 있다.

수천 년간 인기를 누리며 전 세계적으로 유행했던 베스트셀러들
을 보면 문학, 역사, 교육, 윤리, 사회, 종교를 불문하고 독보적이며
퇴색되지 않는 가치를 가지고 있음을 알 수 있다. 이러한 책들은 '취
取해도 다하지 않고, 써도 마르지 않는' 무한한 가치를 보유한 보물
로서 어떤 시대, 어떤 인간 군상에게도 모두 적용 가능하다.

4

책 읽는 인생

중국의 천 년 역사를 돌이켜 보면 한적한 시골에서 활동했거나,
인재 교육에 힘쓴 이들, 아픈 사람을 치료하거나
혹은 과거에 낙방하고 책 쓰는 데만 몰두했던 사람들 모두
후대에 큰 영향력을 끼쳤다. 특히 이어李漁, 홍승洪昇, 고염무顧炎武,
김성탄金聖嘆, 황종희黃宗羲, 오경재吳敬梓, 포송령蒲松齡 같은 이들은
각 분야의 대가가 되었다. 이들은 한결같이 책 읽는 지식인으로서
자신의 생각과 포부를 밝혀 중국 문명의 단단한 밑거름이 되었으며,
오랜 풍파 속에서도 스러지지 않는 문명의 지지대가 되어 주었다.

'진사제명패進士題名牌(베이징의 공자 묘 안에 있는 원, 청, 명 시대 과거 급제자
198명의 이름을 새겨 넣은 비석—역주)'에 이름을 남긴 이들은
좁디좁은 새장 안에서 자신의 명예를 위한 여정을 시작했다.
수나라 대업大業 3년, 즉 607년에 과거제가 탄생하자
중국 대륙 전역에 과거시험장이 생겨났다.
세대를 거듭하며 수많은 지식인이 이 좁은 공간을 통해
벼락출세를 하거나 일생을 허비하기도 했다.

논에서 자라는 피는 벼와 비슷하게 생긴 잡초이다. 많은 사람의 눈에 비친 위슈화余秀華의 인생은 마치 그의 시 속에 등장하는, 영원히 열매를 맺지 못하는 피와 다르지 않았다.

1976년, 위슈화는 역아逆兒로 태어나 산소 부족으로 말미암은 뇌성마비를 앓게 되었다. 평생 말과 행동이 어눌했던 그는, 여섯 살이 되자 부모님 등에 업혀 학교를 다녔다. 고등학교 2학년이 되어서는 그마저도 힘들어 학교를 그만둘 수밖에 없었다. 늘 자신을 따라다니는 불행 속에서 독서는 위슈화의 유일한 취미이자 버팀목이었다. 물론 그의 취미 생활은 가족들의 포용과 지지가 있었기에 가능했다.

위슈화

엄청난 양의 독서는 위슈화의 표현 욕구를 자극하기에 충분했다. 하지만 거동이 불편했던 그는 정제된 내용의 시를 자신만의 표현 방식으로 삼았다. 삐뚤삐뚤 써 내려간 그의 시는 생명에 대한 진정성 있는 외침이요, 행복에 대한 갈망이었다. 소박하고 직설적인 위슈화의 시는 흙의 온기와 힘을 담고 있다. 이러한 시풍은 그가 가장 좋아하는 『시경』의 "一是一, 二是二.(하나면 하나이고, 둘이면 둘이다.−역주)"이라는 구절에서 잘 드러난다.

위슈화의 『搖搖晃晃的人間비틀거리는 인간』과 『月光落在左手上왼손 위로 내려앉은 달빛』

쉬지 않고 시를 발표한 덕분에 위슈화의 이름도 대중들에게 익숙해지기 시작했다. 2015년 출간된 시집 『搖搖晃晃的人間(비틀거리는 인간−역주)』과 『月光落在左手上(왼손 위로 내려앉은 달빛−역주)』을 통해 대중들은 위슈화의 가슴 깊은 곳에서 뿜어져 나오는 외침을 들을 수 있었다. 지난한 인생 속에서 독서는 위슈화에게 희망의 불씨나 다름없었다. 열매를 맺지 못하는 피와 같았던 그의 인생에 풍성한 열매와 인생의 의미를 더해 준 것도 바로 독서였다.

시경詩經

최초의 시가집인 『시경』은 서주西周부터 춘추 시대 중엽(기원전 11세기−기원전 6세기)까지의 시가를 수집한 책으로, 모두 311편으로 구성되어 있다. 주나라 초기와 말기 500년간의 사회 모습이 잘 드러나 있다.

서주의 장수이자 문학가이기도 한 윤길보尹吉甫가 수집하고, 공자가 이를 추려 편찬하였다고 전해진다. 내용에 따라 풍風, 아雅, 송頌 세 부분으로 나눌 수 있다. '풍'은 주나라 지방 가요이며, '아'는 궁중음악, '송'은 왕실과 귀족들의 제사음악이다. 공자는 일찍이 『시경』을 '사무사思無邪(생각이 바르므로 사악함이 없다.−역주)'라고 평가했으며, 제자 교육에 사용하기도 했다.

    2012년 6월, 1천만 명의 대입 응시자들이 인생의 첫 번째 관문에서 주저하고 있을 때 『站着上北大(서서 베이징 대학에 들어가다—역주)』라는 제목의 책이 홀연히 대형 서점의 서가에 모습을 드러냈다. 마침 대입 시험을 앞둔 때라 언론은 이를 놓치지 않고 홍보에 열을 올렸다. 그해 여름, 독서와 개인의 운명에 대한 화제가 더욱 뜨겁게 달아올랐다.

    책 표지를 장식하고 있는 젊은 경비원이 바로 이 책의 저자 간샹웨이甘相偉이다. 후베이 성 광수이廣水 시 어느 산골에서 태어난 청년 간샹웨이는, 2005년 직업학교를 졸업한 후 광둥廣東에서 일자리를 구했다. 화려한 도시 생활에서도 그는 자신의 오랜 꿈을 잊지 않았다. 그리고 2007년, 간샹웨이는 고향 친구의 소개로 베이징 대학교의 경비원 자리를 얻었다. 책을 읽을 수 있다는 것이 바로 보수가 두둑한 직장 대신 평범한 경비원을 택한 유일한 이유였다.

    2008년 정식으로 대입 시험을 본 간샹웨이는 베이징 대학교 중

『站着上北大(서서 베이징대학에 들어가다—역주)』

문과에 입학했다. 학생과 경비원을 겸한 독특한 신분의 소유자가 베이징 대학교에 들어온 것이다. 몇 년 후, 졸업을 앞둔 간샹웨이는 자서전『서서 베이징 대학에 들어가다』를 출간했다. 책의 서문을 베이징 대학의 총장이 직접 써 화제가 되기도 했다. 곧 간샹웨이는 '중국 교육계의 10대 영향력 있는 인물'로 선정되었다.

책이 출간된 후 시멘트 작업공, 판촉원 등을 전전했던 베이징 대학교의 경비원은 보통 사람들의 우상이 되었다. 그를 '베이징 대학 최고의 집념의 사나이'라고 하는 사람도 있었고, 그의 책을 '살아 있는 보통 사람들의 전기'라고 부르기도 했다. 그의 일생을 '지식이 운명을 바꾼 전형적인 사례'라고 평가하는 이들도 있었다.

황제를 위한 책 읽기

1

風聲, 雨聲, 讀書聲, 聲聲入耳,(바람소리, 빗소리, 책 읽는 소리, 가리지 않고 귀에 들어오듯)

家事, 國事, 天下事, 事事關心.(집안일, 나랏일, 천하의 일, 어느 것 하나 소홀히 하지 않고 관심을 가져야 하느니─역주)

수백 년 동안 중국 지식인들의 마음을 사로잡았던 이 시는 명나라의 유명한 사상가 고헌성顧憲成의 작품으로, 지금도 장쑤江蘇 성 우시武錫의 동림서원東林書院 의용당依庸堂 내에 걸려 있다.

1604년, 고헌성과 그의 동생 고윤성顧允成, 저명한 문인 고반용高攀龍은 버려졌던 동림서원을 복원했다. 이곳에서 제자들을 양성하고 정치 문제를 토론했는데, 이때부터 동림서원은 명나라에서 가장 유명한 서원이 되었다. 동림서원 출신의 지식인들이 대거 명나라 조정의 권력 중추로 입성해 중요한 정치적 역량이 되었고, 사람들은 그들을 '동림당'이라고 불렀다.

동림서원의 옛 흔적

동림서원 정심정

서원은 당나라 때에 생긴 일종의 교육 기관이다. 역사적으로 번영과 쇠퇴를 반복하면서 청나라 말기에 이르러 신식 학당이 그 자리를 대신하기까지 천 년이나 지속되었다. 중국 역사를 살펴보면 서원의 부흥과 쇠퇴는 과거제의 흥망과 그 궤적을 같이함을 알 수 있다. 문민이 우위에 있던 시절에는 서원에 모인 수많은 학자가 비

만송서원萬松書院

바람 속에서도 전심으로 책 읽기에 전념했다. 몸은 강호 먼 곳에 있지만 마음만은 조정 높은 곳을 향하며, 언젠가는 나라를 위해 한 몸 바치길 기다렸던 것이다.

"學成文武藝, 貨與帝王家.(글을 배우고, 무예를 익혀, 나라에 공헌을 한다.-역주)" 동림서원 정심정正心亭에 걸려 있는 이 편액은 지식인들이 늘 자성하며 책을 읽었던 목적이기도 하다.

고대 중국에서 교육의 최종 목표는 정치 참여를 통해 조상과 가문을 빛내는 것이었다. 공자는 지식과 재주를 모두 익혔으면 응당 벼슬에 나가야 한다고 했다. 수나라와 당나라 이후 중국의 역대 왕조는 계속해서 과거제를 시행했다. 과거제는 관리를 뽑고 인재를 쓰는 가장 빠르고 쉬운 길이었다. _산시 사범대학 역사문화학원 왕샹화이 교수

빽빽한 글씨로 가득 채워진 이 종이는 청나라 시대 전시殿試의 시

험 답안이다. 옹동화는 함풍 6년 이 시험에서 장원 급제를 했다. 옹동화의 생가는 장쑤 성 창수의 옹가항翁家巷 안에 있다. 평범한 골목이지만 창수 사람들에게 이곳은 현지 문화의 성지이다. 옹동화가 장원 급제한 지 7년이 지난 후 조카 옹증원翁曾源이 그 뒤를 따라 창수 역사상 8번째 장원에 이름을 올렸다.

과거에서 장원을 한 시험 답안

모든 지식인이 그토록 바라 마지않던 월계관이 불과 7년 만에 한 가문에서 두 개나 나왔다. 옹씨 가문이 이런 행운을 누린 이유는 무엇일까?

"대대손손 은혜를 입으려면 선을 쌓는 것이 가장 좋고, 가문을 일으키려면 응당 책을 읽어야 한다." 옹동화는 분명 자신의 경험을 통해 이런 글을 남겼을 것이다. _창수 문화 전문가 첸원후이

"가문을 일으키려면 반드시 책을 읽어야 한다."는 말은 가장 정확한 답안이었다. 그리고 이는 천 년간 중국 사회 전반에 깔려 있었던 신념과도 같았다.

과거科擧

시험을 통해 관리를 선발하는 제도. 과를 나누어 인재를 선발했기 때문에 과거라 부른다. 수나라 대업 3년(607년)부터 시행되었으며, 청나라 광서 31년(1905년) 진사 시험을 마지막으로 1,300년 역사의 마침표를 찍었다.

옹씨 가문 옛집의 채의당宋衣堂

옹씨 가문 옛집의 지지재

옹동화의 부친 옹심존은 지지재라는 장서루를 가지고 있었다. 옹동화는 어렸을 때부터 이곳에서 온갖 진귀한 책을 읽었다고 한다. _창수 문화 전문가 첸원후이

고대 중국의 교육은 관학파와 사학파로 나눌 수 있다. 사학파 교육의 대부분은 가족 중심의 가정 교육을 일컫는데, 대가족의 가정 교육은 매우 체계적으로 잘 이루어져 있었다. 대부분의 가정 교육에는 가풍과 전통 그리고 가정교사가 있었다. 이들은 가족문화 계승과 가문의 발전에 큰 영향을 끼쳤다. _산시 사범대학 역사문화학원 왕샹화이 교수

중국 역사에 큰 업적을 남긴 인물은 보통 한 세대에 갑자기 나오는 것이 아니다. 두 세대, 세 세대를 거쳐 누적되다가 가장 마지막, 최고봉에 다다랐을 때 탄생한다. 소식蘇軾이 그렇다. 조부모와 아버지 대에서 유명세를 떨치다가 소식 때가 되어 절정에 이른 것이다. 구양수歐陽修도 마찬가지였다. _후베이 성 사회과학원 부원장, 류위탕 연구원

책 읽기를 중시하는 가풍 덕에 옹씨 가문은 중국 역사 속에서도 유명한 학자 집안이 되었다. 옹동화의 부친이자 옹증원의 조부인 옹심존은 도광道光 2년에 진사에 급제했다. 함풍제와 동치제 시절 대학사를 지낸 그는 젊은 시절 상서방上書房의 총사부總師傅가 되었고, 함풍제 혁저奕詝와 공친왕恭親王 혁흔奕訢 등을 가르쳤다. 나이가 들자 태후와 황제는 그를 직접 동치제의 스승으로 뽑았다. 동치 4년, 부친을 이어 옹동화가 가문에서 2번째로 황제의 스승이 되었다. 동치제가 병으로 세상을 떠나자 그때부터 무려 20여 년간 광서제를 가르쳤다.

동치제와 일반적인 사제 관계가 아니었던 그는 만청의 내정과 외교에서 중요한 역할을 담당했다. 변법자강 운동의 강령적 성격을 띤 〈명정국시조明定國是詔〉의 초안을 쓰기도 했으며, 중프전쟁과 중일전쟁의 정책 결정에 참여하기도 했다. 그런 그를 강유위는 '중국 유신 제일의 스승'이라 추어올렸다.

부친은 황제의 스승이었으며, 자신은 조카와 함께 장원을 했던 옹동화의 가문은 고대 중국 지식인과 관료들에게 최고의 흠모 대상이었다. 옹씨 집안의 예는 독서를 통해 가문과 국가의 운명을 바꾼 전형으로 꼽힌다.

베이징의 공자 묘 대성문大成門 밖에는 198개의 돌비석이 질서 정연하게 세워져 있는데, 그 모습이 장관이다. 돌비석에는 1315년부터 1904년까지, 원나라와 명나라, 청나라 3개 왕조의 진사 급제자 51,624명의 이름과 고향, 등수가 기록되어 있다. 진사는 고대 중국의 과거제도 중 가장 마지막 시험인 전시를 통과한 사람으로, 작위를 부여받을 수 있는 사람을 뜻하기도 한다. 진사가 되면 중, 고급

베이징의 공자 묘

가정嘉定 공자 묘의 과거 시험장

관리가 되는 기본 조건을 갖춘 셈이라 할 수 있다. 우리가 잘 아는 장원이나 방안榜眼, 탐화探花는 진사에 급제한 1, 2, 3등을 가리키는 특수한 칭호이다.

'진사제명패進士題名牌(베이징의 공자 묘 안에 있는 원, 청, 명 시대 과거 급제자 198명의 이름을 새겨 넣은 비석─역주)'에 이름을 남긴 이들은 이렇게 좁디좁은 새장 안에서 자신의 명예를 위한 여정을 시작했다. 수나라 대업大業 3년, 즉 607년에 과거제가 탄생하자 중국 대륙 전역에 과거 시험장이 생겨났다. 세대를 거듭하며 수많은 지식인이 이 좁은 공간을 통해 벼락출세를 하거나 일생을 허비하기도 했다.

인재 선발 제도는 고대의 선고제도先考制度부터 구품중정제九品中正制를 거쳐 마지막 과거제에서 완성됐다. 과거제는 중국의 문관제도와 밀접한 관계가 있는데, 세계적으로도 위대한 중국의 발명품이기도 하다.

_우한 대학 국학원 원장, 중국철학사학회 부회장 궈치용

과거제는 수 문제 시기에 정식으로 탄생했다. 당 태종 이세민은 수많은 과거 응시자들을 보고 "천하의 영웅들이 모두 나의 '구彀' 중으로 들어오는구나."라고 말했는데, 여기에서 '구'란 화살의 사정거리를 뜻하는 말로 덫을 의미하기도 한다. 천하의 인재를 쓸 수 있다는 자신감이기도 하고, 그들을 자신의 통제 하에 두겠다는 결심이기도 한 것이다.

_난카이 대학 문학원 교수, 톈진天津 시 문화예술연합 천훙陳洪 주석

과거제의 등장으로 수당 시대 이전까지 오직 귀족만이 관리가 될 수 있었던 전통이 바뀌었다. 과거제로 평범한 가문 출신의 지식인들

이 권력의 중추로 향할 수 있는 문이 활짝 열렸으며, "낮에는 밭을 가는 농부였지만, 저녁에는 천자 누각에 오르는朝爲田舍郎, 暮登天子" 꿈이 실현될 수 있었다.

과거제도는 중국의 문명적 제도 정착을 위한 위대한 창조물이라고 할 수 있다. 이 제도의 가장 큰 특징은, 신분이 아니라 철저하게 능력과 지식의 정도에 따라 관리를 임용한다는 점이다. 이렇게 선발된 사람은 조정의 중요한 직책을 맡을 수 있었다. _우한 대학 펑톈위 교수

과거제도로 별 볼 일 없는 가문의 지식인들과 평민들이 관직으로 나갈 기회가 생겼다. _후베이 성 사화과학원 부원장 류위탕 연구원

표준적이고 공정한 과거제는 사회 하층의 지식인들이 신분 상승을 꿈 꿀 수 있는 지름길이 되었다. 사회적 공평의 실현이나 사회 계층의 상 하 교류에서 과거제는 매우 긍정적인 의미를 가진다. _난카이 대학 문학원 교 수, 텐진 시 문화예술연합 천훙 주석

어떻게 보면 과거제의 시행은 집정자가 민간의 엘리트들을 발굴 하고 통제하는 가장 효과적인 수단이라 할 수 있다. 또 과거제는 사 회적 갈등을 해결하고 통치 계층의 집정 능력을 제고하는 데 매우 긍정적인 역할을 했다. 때문에 송나라의 진종眞宗은 〈여학편勵學篇〉 을 통해 백성들의 과거 참여를 직접 독려하기도 했다.

덕분에 중국의 유생들은 황제에게 긴밀하게 협조했다. 과거제도라는

과거 시험 문제   과거제 공고문

유대감 때문인지 지식인들은 물론 평민까지 황권을 위해 일했다. 상
당한 재능과 지식을 갖춘 그들은 독서를 통해 나라와 백성을 다스리는
이치에 통달했기 때문에 황권 보호에 큰 힘을 보탰다. _화중 과학기술대학 철
학과 덩샤오망 교수

상당한 인문학적 소양을 갖춘 지식인들은 문관의 자격으로 통치 집단
에 합류했다. 과거제가 역사 속에서 매우 진보적인 역할을 한 것은 사
실이지만, 그 때문에 남다른 생각을 하는 인재들은 거의 없었다. 군주
가 지식인들을 효과적으로 통제하게 된 것이다. 과거제 때문에 교재뿐
아니라 지식인들의 사상도 통일된 셈이다. _난카이 대학 문학원 교수, 톈진 시 문화
예술연합 천훙 주석

과거제도는 공정함과 개방성이 결합된 제도이다. 이러한 제도 하에서
통치와 사회 문화 융합의 목적을 성공적으로 이룰 수 있다. 과거를 큰
무대로 비유할 수 있다. 이런 문화의 무대 위에서 사회 각계의 이익 계
층 혹은 이익 단체가 평등하게 겨루는 것이다. 이 경쟁의 과정에서 필

요한 것이 바로 평등이다. 조정 관료체제의 조직 하에서 경쟁을 거쳐 최후의 균형에 도달한다. 그리고 그 결과는 모든 사람이 인정해야 한다. 이 모두는 매우 과학적인 요소를 포함하고 있다. _난카이 대학 왕셴밍 교수

1,300년간 지속된 과거제도는 중국의 2,000년 제국 역사의 5분의 3을, 5,000년 문명사의 3분의 1을 차지한다. 수당 시대부터 청나라 말기까지 과거제도로 700명의 장원, 11만 명의 진사, 수백만 명의 응시자들이 배출되었다. 수많은 우수한 지식인이 과거제를 통해 정계로 진출했다. 이들은 자신의 인생을 바꾸었음은 물론이고 사회 문명의 진보를 촉진시키기도 했다.

『샤오싱의 역사紹興史志』를 편집하면서 진사에 대한 통계를 찾아본 적이 있다. 당나라 때부터 청나라 말기까지 샤오싱에서 2,300명의 진사가 배출되었는데, 그중 명나라는 600명, 당나라는 700명이나 되었다. 문과와 무과의 장원은 28명이었으며, 탐화, 방안을 합하면 50명이 넘었다. _샤오싱紹興 역사문화학자, 『샤오싱의 역사』 편찬연구원 런구이첸任桂全

당송 8대가는 모두 과거제를 통해 배출된 인물들이다. 당송 시대의 과거제는 사회 문명의 진보, 국가의 번영, 문화와 교육의 보급 그리고 중국의 번영과 밀접한 관계가 있다. _산시 이공대학원 역사문화학원 량중샤오 원장

어떤 이들은 과거제를 고대 중국의 5대 발명이라고 평가하기도 한다. 다른 4대 발명과 마찬가지로 중국에서 탄생한 과거제도는 송나라와 원나라 이후 동에서 서로 전파되었는데, 베트남, 일본, 한국

장원제壯元第

도 꽤 오랜 시간에 걸쳐 중국을 따라 과거제도를 시행했다. 후에 프랑스, 미국, 영국 등 국가에서 탄생한 관리 선발제도 역시 중국의 과거제의 영향을 받았다고 할 수 있다.

> 서양의 문관제도는 중국의 과거제에 직접적으로 영감을 얻어 만들어진 것이다. 서양의 문관제도 역시 시험을 통해 인재를 뽑았다. _후베이 성 과학원 부원장 류위탕 연구원

> 과거제는 서양인들에게 큰 깨달음을 주었다. 서양의 문관제도, 시험제도 모두 동양에서 흡수한 요소들이다. _화중 과학기술대학 철학과 덩샤오망 교수

문관제도가 부흥하자 영국의 정치는 안정되었고 질서를 갖출 수 있었다. 모두 중국의 과거제도에서 깨달음을 얻은 덕분이다. _화중 과학기술대학 장량가오 교수

지금의 눈으로 보면 과거제에도 많은 폐단이 존재했다. 특히 과거제 시행 후기 경직된 시험 방법과 내용은 지식인들의 사상을 옭아맸고, 인간의 본성을 왜곡시켰다. 하지만 과거제는 오랫동안 중국 대륙의 독서 열풍을 이끌어 낸 장본인이기도 하다.

상당한 양의 공부를 했고, 시험 조건에 부합하기만 한다면 모두 응시가 가능했다. 과거제 덕분에 수많은 백성이 책을 읽으려고 했다. _후베이성 사회과학원 부원장 류위탕 연구원

중국인들의 독서는 매우 감성적이었다. 중국인들은 대대로 농사와 공부를 병행했는데, "門前萬竿竹, 家藏萬卷書.(문 앞에는 대나무가 가득하고, 집안에는 책이 넘쳐나네.-역주)"와 같은 생활 방식을 좋아했다. 이는 송나라 때 과거제도가 성행한 이후 형성된 풍조이다. _산시 이공대학원 역사문화학원 량중샤오 원장

서양의 문관제도

영국의 영향을 받은 캐나다와 미국은 각각 1882년과 1883년에 자신들만의 문관제도를 수립했다. 오랫동안 봉건 관료제의 흔적이 남아 있었던 독일, 프랑스, 일본은 제2차 세계대전이 끝나고 나서야 현대적인 문관제도가 확립되었다. 이에 따라 제3세계의 일부 민족독립 국가들도 자본주의 국가의 경험을 빌려 자국만의 문관제도를 만들었다.

과거 제도는 신분 상승을 위한 수단이자 지시와 표지 역할을 했다. 과
거제는 중국 백성들의 책 읽기에 중요한 동기부여가 되었다. _우한 대학 펑
톈위 교수

2

문명의 기반

642년, 아랍의 명장 아므르Amr ibn al-As가 알렉산드리아를 점령했다. 학자들은 정복지의 진귀한 서적들을 보호해야 한다고 주장했지만 아므르는 이렇게 대답했다. "책의 내용이 우리가 가르치는 것과 같다면 존재할 필요가 없다. 반대로 우리의 것과 다르다면 더더욱 태워 버려야 하지 않겠는가?" 이렇게 공동 목욕탕의 땔감으로 사용된 진귀한 책들은 무려 6개월 동안이나 타올랐다고 한다. 100년 후, 바그다드에 엄청난 자금을 들여 알렉산드리아 도서관에 버금갈 만한 학술 기구가 세워졌다. 바로 '지혜의 집'이라는 뜻의 바이트 알히크마Bayt al-Hikmah이다.

이와 같은 대규모의 분서焚書 사건이 역사적으로 처음은 아니었다. 제국의 강한 권력보다 더 강했던 책의 힘에 맞서기 위해 진 시황제는 '분서갱유焚書坑儒'를 택했다. 유럽의 암흑시대, 교황 그레고리 1세Gregory the Great는 지식이 신앙에 복종해야 한다는 이유로 장서가 풍부했던 고대 로마의 도서관을 불태울 것을 명령하기도 했다.

알렉산드리아 도서관 상상도

   그런데도 책에는 마력 같은 것이 있었다. 마치 채 타지 않은 잡초처럼 대항해 시대의 출현을 가속화시킨 책 덕분에 세계는 작아졌다. 서로 다른 지역, 다른 민족의 교류가 나날이 늘어났기 때문이다. 늘 폐쇄적이었던 생존의 상태는 새로운 힘 앞에 무너졌다. 각자 분산되어 있던 여러 민족의 역사는 결코 저항할 수 없는 힘 앞에서 같은 세계사로 발전해 나갔다.

   이처럼 한 권의 책이 역사를 바꾸는 때도 있다.

   1852년 미국 동부의 도시 보스턴에 신기한 일이 벌어졌다. 그해 태어난 여자아이들 중 무려 300명이 '에바'라는 이름을 신청한 것이다. 동부 도시에서 출생한 여자아이들 중 많은 수가 같은 이름을 선택한 이유는 무엇일까? 이는 스토Harriet Beecher Stowe 부인의 소설과

무관하지 않았다. 1852년, 평범한 가정주
부였던 스토 부인이 노예제도에 반대하
는 잡지 〈내셔널 이러National Era〉에 연재
했던 소설이 한 출판업자의 주의를 끌었
다. 스토 부인은 무명작가의 작품을 책으
로 사볼 사람이 없을 거라 걱정했지만 곧
모험을 해 보기로 결심했다. 예상 외로
책은 대단한 인기를 끌었다.

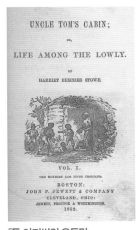

『톰 아저씨의 오두막』

출간된 첫해 『톰 아저씨의 오두막Uncle
Tom's Cabin』은 미국에서 30만 부가 팔려나
갔다. 작품이 발표되고 10여 년간 수많은 평론가들은 여성작가가
쓴 감상적인 소설을 부정하고 비평했다. 이 베스트셀러가 세상에
나온 지 10년째 되던 해, 미국 역사 유일의 내전인 남북 전쟁이 일
어났다. 책의 영향력은 전쟁 중에 더욱 배가되었다. 전쟁 후 통계에
따르면 『톰 아저씨의 오두막』 덕분에 미국의 노예제도 폐지 운동에
2백만 명의 지지자가 생겼는데, 이는 미국 인구의 3분의 2에 해당
하는 수이다. 1862년, 남북전쟁이 끝나갈 무렵 링컨Abraham Lincoln
대통령은 스토 부인을 백악관으로 초청했다. 대통령은 책의 속표지
에 의미심장한 글을 남겼다. "한 권의 책이 전쟁을 불러왔다." 이 책

스토 부인

1811-1896년. 목사 가정에서 태어나 아이들을 가르치기도 했다. 18년간 노예주와 강 하
나를 사이에 둔 신시내티Cincinnati에서 살았다. 그 때문에 우연히 도망쳐 나온 흑인 노예를
만나기도 했다. 직접 남쪽으로 가 목격한 노예들의 비참한 현실에 깊은 동정을 느껴 『톰
아저씨의 오두막』을 지었다.

은 19세기 미국에서 가장 인기 있는 소설이 되었
고, 『성경』 다음으로 베스트셀러가 되었다. 한 권
의 소설이 미친 파급력은 그 후에도 따라잡은 이
가 거의 없을 정도로 대단했다.

조시아 헨슨Josiah Henson,
톰 아저씨의 실제 모델

소설 속의 에바는 대여섯 살의 백인 여자아이였
다. 늘 흑인 노예들에게 사랑과 용서에 대해 이야
기했던 아이는 고집쟁이 노예 소녀 톱시에게도 자
신이 사랑받을 가치가 있다고 믿게 만들었다. 날
개 없는 천사 에바가 죽었을 때 독자들은 눈물을
참을 수가 없었다. 당시 감정 전이를 느낀 독자들은 자신들의 아이
에게 에바라는 이름을 지어 주었다.

수십 년이 지난 후, 놀라운 판매량을 기록한 소설은 똑같이 놀라
운 영향력을 가진 부산물을 내놓았다. 스토 부인은 모성이야말로
'모든 미국인의 도덕과 윤리의 모범'이라고 말했다. 그는 오로지 여
성만이 노예제도라는 악마의 손아귀에서 미국을 구해 낼 수 있는
도덕적 권위를 가진 유일한 존재라로 믿었다. 이는 『톰 아저씨의 오
두막』의 또 다른 주제, 다름 아닌 여성의 도덕적 힘과 성스러움에서
도 잘 나타난다.

막강한 영향력을 가진 책에서 여성의 중요성을 강조한 덕에 수십
년이 지난 후 이 소설은 여권주의 운동의 터전을 닦는 데 큰 역할을
했다. 늘 시대를 선도하는 미국에서 한 권의 책이 탄생했다. 마치
나비의 작은 날갯짓이 예상치 못한 결과로 이어지듯, 이 책의 탄생
으로 전 세계의 정치 시스템에 거대한 변화가 생겼다. 저항할 수 없
는 힘이 인류를 현대화로 가는 고속도로로 밀어냈다.

각기 다른 버전의 『요재지이』

한편, 동양에서는 더욱 부드럽고 지속적인 독서의 힘이 형성되는 중이었다. 먼저 또 다른 베스트셀러부터 이야기해 보자. 그림은 각기 다른 버전의 『요재지이聊齋志異』로, 여러 언어로 번역되어 세계 각지로 전파되었다.

『요재지이』의 성공과 달리 이 책의 저자인 포송령浦松齡은 철저한 실패자였다. 평생을 과거 시험에 매달렸지만 번번이 낙방만 하다가 71세가 되어서야 겨우 세공생歲貢生이 되었기 때문이다.

포송령은 생계를 위해 같은 현의 서포西埔 촌 명문가 필畢씨 집안에서 30년간 개인 선생으로 지냈다.

요재지이聊齋志異

『요재』라고도 하며 속칭 『귀호전鬼狐傳』이라고도 한다. 청나라 시기 유명한 소설가 포송령이 지은 문언 단편소설집이다. 모두 491편의 단편소설로 이루어져 있는 이 책은 소재가 다양하고 내용이 풍부하여 예술적 가치가 높다. 다양한 예술 전형의 형상화, 생동감 있는 인물 표현, 복잡하고 기이하게 얽힌 줄거리, 빈틈없는 구조와 간결한 문체, 세밀한 묘사로 중국 고전 단편소설의 최고봉으로 꼽힌다.

필씨 집안에서 보낸 30년은 포송령에게 매우 중요한 시간이었다. 포송령에게 학생을 가르치는 일보다 중요한 것은 바로 과거를 준비하는 것이었다. 마음껏 책을 읽을 수 있는 필씨 가문의 장서루는 애타는 공부의 과정이기도 했다. _쯔보淄博 시 포송령연구소 부소장 양하이루楊海儒 연구원

필씨 집안은 현지의 명문가였다. 포송령을 고용한 필제유畢際有는 명나라 말기 호부상서戶部尙書 필자엄畢自嚴의 아들로, 시서를 좋아해 집안에 장서루를 짓고 다양한 책을 수집했다. 책 읽기를 즐겼던 포송령은 수업이 없을 때는 물 만난 고기처럼 장서루에서만 시간을 보냈다. 이렇게 필씨 집안에서 보낸 30년은 훗날 그가 훌륭한 책을 쓰는 데 기름진 밑거름이 되었다.

할아버지는 필씨 가문에 들어간 후 물 만난 물고기처럼 수많은 장서를 즐겨 보셨는데, 30년 동안 읽었던 책을 반복해서 읽었다고 한다. _포송령 11대손 푸장쥔蒲章俊

이렇게 독서를 통해 풍부한 소재를 수집한 포송령은 『요재지이』에서 많은 이야기를 풀어냈다. 그가 쓴 민간의 가곡, 잡서 역시 장서루에서 읽은 글들을 소재로 삼은 것이다. 평생 쪼들린 삶을 살았지만 필씨 집안의 장서루에서 엄청난 양의 독서를 했기 때문에 가능한 일이었다. _쯔보 시 포송령연구소 초대 소장 성웨이盛偉

포송령은 오늘날 산둥山東 성 쯔보 시 쯔보 구 푸자좡蒲家庄 사람이다. 옛 정취가 남아 있는 이 거리가 바로 포송령의 탄생지이자 그의

포송령 동상

서재 '요재'가 있는 곳이다. '요재'에서 멀지 않은 곳에 류천柳泉이라
는 곳이 있다. 포송령은 사방이 뻥 뚫린 이 길 한가운데 자리 잡고
앉아 오가는 사람들에게 차를 따라 주며 귀신과 여우 등 민간에 전
해지는 이야기를 듣고 글의 소재로 삼았다고 한다. 덕분에 그를 '류
천거사'라고 부르기도 한다.

『요재지이』가 세상에 나오자 귀족들은 물론 시정잡배와 여자, 어
린이까지 그 기묘한 이야기에 혀를 내둘렀다. 훗날 노벨상 수상자
이자 포송령과 동향 사람인 모옌莫言은 이런 말을 했다. "『요재』라는
책이 천고에 전해지니 10만 진사들이 먼지와 같구나." 어쩌면 하늘
이 포송령에게 허락한 또 다른 성공일지도 모른다. 과거에 합격했
다면 차를 끓이며 오가는 사람들에게 이야기를 청하지도 못했을 것
이고, 『요재지이』의 기묘한 이야기도 탄생하지 못했을 테니 말이다.

요재

잘 알려지지는 않았지만 포송령은 요괴와 귀신 이야기 말고도
『일용속자日用俗子』, 『농상경農桑經』, 『역자문歷子文』과 같은 책을 남겼
다. 제목만 봐도 알 수 있듯이, 모두 문화 보급과 관련된 읽을거리
였다. 포송령은 이 책들을 통해 자신에게 영감을 준 고향 사람들에
게 보답하고자 했을지도 모른다.

중국 역사 속 지식인의 대부분은 과거에 급제해 말을 타고 뽐내
며 저자를 누비지는 못했지만, 포송령처럼 벼슬길이 아닌 자신만의
길을 가며 위대한 업적을 남겼다. 그리고 역사에 이름을 새길 수 있
었다. 의약계의 거장 이시진李時珍, 문단의 기재 오경재吳敬梓도 그런
이들 중 하나이다.

시인과 과학자를 포함한 수많은 지식인이 과거 시험을 포기했다. 시험

포송령의 묘

에 낙방한 후 처절한 고통을 겪으며 다른 길을 가 보기로 마음먹은 사람도 꽤 있었다. 지금껏 하던 대로 하면 작은 보상이나마 받을 수 있겠지만, 그 길을 과감히 포기하고 좋아하는 일을 하기로 한 것이다. 수많은 자연 과학자와 의학자, 이백李白, 두보杜甫와 같은 유명한 시인들이 그랬다. 벼슬길로 향하는 시험에서 낙방하고 절망한 그들은, 사지에서 일어나 비로소 앞으로 나갈 수 있었다. 그리고 각 분야에서 탁월한 업적을 남긴 대가가 되었다. _후베이 성 사회과학원 부원장 류위탕 연구원

유명인이 되어 가문을 빛내지는 못했지만, 과거 낙제생들과 지식인들은 고대 중국 사회에서 독보적인 기능을 했던 향신鄕紳 계층을 형성했다. 이들은 사회 질서와 전통문화의 명맥을 유지하고 백성들을 일깨우는 데 큰 역할을 했다.

이시진, 오경재, 이백, 두보의 초상화

향신에 대한 적절한 비유가 없을까 생각해 보았다. 향신은 중국 사회 조직 속의 작은 연못과 같다. 그들은 상위 계층과 하위 계층에서 오는 압력을 완충하는 역할을 했다. 백성들의 불만을 한데 모아 이성적으로 분석한 후, 한결 완화하여 윗사람에게 전해 주었다. 또 위에서 내려온 무미건조한 명령과 조례들을 백성의 언어로 바꾸어 이야기해 주었다. 안으로는 문화의 대변인으로서, 도덕과 교육을 통해 백성들과 그 문화 최하위층의 인물들을 한데 모았다. 향신의 공은 무척 컸다. _문화학자 샤오 원루

향신 계층은 수천 년 동안 지속된 과거제도 속에서 국가 안정을 위해 큰 역할을 담당했다. 그렇게 큰 국가를 황제가 다 관리할 수는 없었기 때문이다. _화중 과학기술대학 덩샤오망 교수

"出之爲士, 退之爲紳.(선비로 나아가, 물러서 향신이 되었다. -역주)"이라는 말처럼, 어떤 면에서는 지도자 역할을 했던 향신은 사회와 문화 속에서 위와 아래를 이어 주는 역할을 했다. _난카이 대학 왕셴밍 교수

퉁리同里**의 옛 마을, 퉁리구전**同里古鎮

　누군가가 꽤 흥미로운 리스트를 만든 적이 있다. 장원으로 과거에 급제한 수재들과 시험에 떨어지고 각 분야에서 공을 세운 인물들을 조사한 것이다. 이 리스트를 보면 한적한 시골에서 활동했거나, 인재 교육에 힘쓴 이들, 아픈 사람을 치료하거나 혹은 과거에 낙방하고 책 쓰는 데만 몰두했던 사람들 모두 후대에 큰 영향력을 끼쳤다. 특히 이어李漁, 홍승洪昇, 고염무顧炎武, 김성탄金聖嘆, 황종희黃宗羲, 오경재吳敬梓, 포송령蒲松齡 같은 이들은 각 분야의 대가가 되었다. 이들은 한결같이 책 읽는 지식인으로서 자신의 생각과 포부를 밝혀 중국 문명의 단단한 밑거름이 되었으며, 오랜 풍파 속에서도 스러지지 않는 문명의 지지대가 되어 주었다.

대대로 흥성한 집안

그야말로 신기한 힘이 서려 있는 가훈이었다. 이 가훈을 통해 중국 역사 속에서 천 년 이상 명성을 이어 온 명문가가 탄생했으며, 수백 명의 과학자, 문학가, 정치가가 세상에 이름을 남겼다. 523자 밖에 되지 않는 이 가훈에는 한 가문이 오랫동안 흥성할 수 있었던 신기한 비결이 담겨 있다.

이 가훈을 처음 만든 사람은 전류錢鏐이다. 당나라 말기, 난세 중에 임안臨安에서 세력을 형성한 그는 훗날 5대 10국 중 오월국吳越國을 세운 인물로, 사후에 무숙왕武肅王이라는 시호를 받았다. 저장 지역에서는 그를 전왕錢王이라고 부르기도 한다.

농민 출신이었던 전왕은 소금을 팔다가 전쟁에 참여했다. 전장에서 누구보다 용맹했던 그는 몇 년 만에 큰 공을 세울 수 있었다. 당시 황제는 그를 절도사로 임명하기도 하고 왕의 작위를 주는 등 갖가지 봉작을 내렸는데, 마지막에는 오왕으로 봉해졌다. _우시 첸씨錢氏 연구소 부회장 일생을 전장에서 보냈던 전류는, 죽기 전 자손들에게 『전씨가훈錢氏家訓』이라는 책을 남겼다. 개인과 가정, 사회, 국가 네 부분으로 구성된 이 책에는 전씨 가문 자손들의 입신과 처세, 그리고 가정과 국가를 지키기 위한 사상과 행위에 대한 규범이자 가르침이 담겨 있다.

우리 집안사람이라면 반드시 가훈을 외워야 했는데, 그러지 못하면 무릎을 꿇는 벌을 받았다. 우리 아버지도 그 벌을 받았다. _첸무錢鏐, 첸웨이창錢偉長 생가 첸위錢嶽淼 관장

그의 책에 아주 유명한 말이 나온다. "자손이 비록 우둔하더라도, 경서를 읽지 않으면 안 된다." 멍청하든 재능이 있든 반드시 책을 읽어야 한다는 뜻이다. _우시 첸씨 연구소 부회장 겸 사무장 . 전왕 36대손 첸정

가정 교육은 중국 문화 속 가장 기본적인 교육이다. 사회로 나가기 전 우리는 모두 가정 교육을 받게 된다. 오랜 시간 동안 축적되어 온 우리의 가훈과 가정 교육은 하나의 문화를 형성했다. _우한 대학 국학원 원장, 중국철학사학회 부회장 궈치융

"자손이 비록 우둔하더라도, 책을 읽지 않으면 안 된다."는 말은 전류가 자손들에게 남긴 당부였다. 그는 모든 자손으로 하여금 책을 읽게 하려고 구체적인 방법을 제시했다. "부유할 때는 가문의 종

『전씨가훈』

족들을 돌보아 글방과 공전公田을 만들고, 흉년이 들었을 때는 친척
과 친구들을 구제해 인과 의의 열매를 준비하라.”

　　우리 가문의 파는 모두 사설 글방이 있었다. 글방을 만드는 데 드는 자
금은 공전에서 충당했는데, 농촌에서는 이를 영전영산營田營産이라고
한다. _첸웨이진錢偉進

전씨가훈

『전씨가훈』은 후당 시기 오월왕이었던 전류가 자손들에게 남긴 정신적 유산으로, 함부로
그 가치를 매길 수 없는 보물이다. 인편人篇, 가정편家庭篇, 사회편社會篇, 국가편國家篇으로
나누어진 이 책은 자손들에게 입신과 처세, 가정과 국가를 다스릴 때 필요한 사상과 행위
에 대한 규범을 가르쳐 준다. 『전씨가훈』은 전씨 가문뿐 아니라 중국인에게 남겨진 보물과
같은 정신적 유산이기 때문에 열심히 배우고 익힐 필요가 있다.

전씨의 자손들은 선대의 당부를 철저하게 지켰다. 의장義庄(가난한 사람을 돕기 위한 농장)을 지어 경제적으로 궁핍한 가문 사람들의 공부를 도왔다. 1895년, 장쑤 성 우시 전씨 고택에서 첸무가 태어났다. 열두 살에 느닷없이 아버지를 잃고 어머니와 단둘이 남게 되자 가정 형편은 극도로 어려워졌다. 하지만 어머니는 아들에게 끝까지 공부할 것을 당부했다. "선조들이 그랬듯 우리 가문을 위해 공부의 씨앗은 남겨 두자꾸나."

마을 사람이 첸무에게 일자리를 소개시켜 주려 했지만 첸무의 어머니는 완강했다. 집안에 홀로 남은 아들이 가문을 위해서라도 계속 공부를 해야 한다는 이유에서였다. 그 덕분에 첸무는 장사를 하거나 기술을 배우는 대신 계속 공부를 할 수 있었다. _우시 첸씨 연구회 부회장 겸 사무장 첸정

첸무는 어머니의 지지와 가족 농장의 지원으로 계속 공부를 할 수 있었다. 그리고 그 기회를 무척 소중하게 여겼다. 운명은 마치 그의 의지를 시험하는 것 같았다. 1911년 신해혁명辛亥革命 발발 후 첸무는 더 이상 공부를 할 수 없었다. 하지만 갖은 역경 속에서도 항상 책을 읽으며 독학에 매달렸다. 얼마 후, 같은 불행이 조카 첸웨이창에게도 찾아왔다.

1928년, 15살의 첸웨이창이 막 쑤저우 고등학교에 입학시험을 치렀을 때였다. 갑자기 아버지가 돌아가시는 바람에 더 이상 학교를 다닐 수가 없었다. 당시 첸웨이창의 숙부였던 첸무는 한 고등학교에서 아이들을 가르치고 있었다. 소식을 들은 그는 조카가 대학에 들어갈 때까지 학비를 지원해 주기로 했다. 그 후로 몇 년간 첸

무는 박봉을 쪼개 조카의 학비는 물론 가족들의 생활비까지 대 주었다.

> 당시 첸웨이창은 고등학교에서 아이들을 가르치는 삼촌을 따라 무사히 학업을 마칠 수 있었다. _첸무. 첸웨이창 생가 관장 첸위

1930년, 줄곧 독학을 했던 첸무는 《류향흠부자년보柳向歆父子年譜》를 발표하고 곧 유명인사가 되었다. 구제강顧頡剛의 추천으로 옌징燕京 대학교 국문학 강사 자리를 얻었는데, 이듬해 '문학과 역사 우등생' 첸웨이창 역시 칭화淸華 대학에 입학했다.

> 첸웨이창은 6개의 대학에 동시에 합격했는데, 삼촌 첸무의 추천으로 명문 칭화 대학을 최종 선택했다. _첸무. 첸웨이창 생가 관장 첸위

그 후 삼촌과 조카는 승승장구했다. 여러 명문대학에서 강의를 하는 한편, 쉼 없이 집필 활동을 했던 첸무는 국학의 대가가 되었다. 문학 대신 항공우주 분야를 선택한 첸웨이창은 다양한 연구 작업과 실험에 참여해 마침내 중국의 근대 역학, 응용 수학의 아버지로 불리게 되었다.

독서를 중시했던 가문의 전통 덕에 삼촌과 조카는 인생의 눈부신 성과를 이룰 수 있었다. 첸씨 가문에는 대단한 업적을 남긴 인물이 유난히 많다. 특히 근대에는 훌륭한 인재들이 폭발적으로 쏟아져 나왔다. 첸무와 첸웨이창 외에도 신문화 운동의 선구자 중 하나인 첸쉬안퉁, 과학계의 '3첸' 중 첸쉐선錢學森과 첸산창錢三强, 동서양

1940년 첸웨이창과 친구들. 앞줄 가운데가 첸무, 그 오른쪽이 첸웨이창이다.

의 학문에 통달한 첸중수錢鐘書, 노벨 화학상 수상자 첸융젠錢永健 등
이 모두 첸씨 가문의 후손이다. 누군가가 첸씨 가문을 "한 명의 노
벨상 수상자, 두 명의 외교관, 세 명의 과학자, 네 명의 국학 대가,
다섯 명의 전국인민정치협상회의(이하 전국 정협이라고 함) 부주석, 18
명의 중국 과학원과 중국 기술원의 연구원."이라 정의하며 그 자손
들의 전성기를 형용하기도 했다.

　정확한 통계는 아니지만 지금까지 첸씨 가문에서 배출한 과학자
와 연구원이 모두 100여 명이며, 세계 50개 국가와 지역에 퍼져 있
다고 한다.

　중국에는 가학(家學)이라는 학문이 있다. 종종 가학이 깊다는 말을 하는
데, 중국의 문화를 다루는 사람이라면 반드시 이 개념을 알아야 한다.
가학은 가족의 윤리와 가치관, 사상을 계승한 것이다. 중국 문화 전승

『전씨가훈』을 암송하고 있는 아이들

의 매우 중요한 구성 요소이기 때문에 깊이 연구해봄 직하다. _시안 교통
대학 한펑제 교수

성저우 시 창러長樂 진은 전류의 후예들이 가장 많이 살고 있는 지
역이다. 마침 촬영하던 날이 창러 진鎭 첸씨 집안의 족보를 다시 쓰
는 날이었다. 중요한 기념 행사를 치르기 전 가문의 어른은 아이들

산첸三錢

'산첸'은 중국 미사일의 아버지 첸쉐선, 역학의 아버지 첸웨이창 그리고 원자탄의 아버지
첸산창을 가리키는 말로 마오쩌둥毛澤東이 가장 처음 사용했다. 1956년 중국이 제1차 12
년 과학계획을 제정할 당시 저우언라이周恩來 총리가 세 사람을 '산첸'으로 부르기도 했다.
'산첸'은 중국 과학계의 유명 인사이자 세계 최고의 과학자이다. 세 사람은 중국의 항공 우
주 산업 분야에 혁혁한 공을 세웠다.

과 함께 『전씨가훈』을 암송한다.

　훌륭한 재상이나 장군이 되려 했던 지식인은 '물경천택'의 섭리 앞에서 좌절하고 말았다. 그들은 답답하고 분한 마음에 책으로나마 자신들의 목소리를 내려 했다. 그리고 뜻밖에도 그들로 인해 새로운 시대가 열렸다.

　책은 가끔은 나약하다. 비바람을 이길 수 없고 쥐와 벌레에도 맥을 못 춘다. 그러나 거역할 수 없는 위력을 발휘할 때도 있다. 그래서 최고 권력자들이 철저하게 불사르기도 한다. 책은 구속에서 벗어나게 하는 힘이 있다. '보이지 않는 손'으로 조용히 인생을 바꾸며 역사를 밀고 나아간다.

독서를 할 때
어떤 책을 읽어야 하는가?

궈치융(우한 대학 국학원 원장, 중국철학사학회 부회장)
왕셴밍(난카이 대학 교수)
런구이쳰任桂全(샤오싱 역사문화학자, 〈샤오싱의 역사〉 편집장, 연구원)
쳰정(우시 쳰씨 연구회 부회장겸 사무장, 전왕 36대손)
쳰웨이(우시 젼류 연구회 부회장, 쳰무, 쳰웨이창 생가 관장, 쳰웨이창의 당질, 전왕 36대손)
야오푸쿤姚富坤(장쑤 쑤저우 우장吳江 카이셴궁開玄弓 주민)
쳔위넝陳玉能(시수이淅水 현 역사문화학자)
추스슝裘士雄(샤오싱 루쉰 기념관 관장, 연구원)
류징柳晴(선전深川 우수도서 알림이)
위안번양袁本陽(선전 우수도서 알림이)

1. 현대 중국인들에게 가장 필요한 책은 무엇인가?

궈치융: 내가 중학생이던 시절, 학생들은 학업을 관두고 시골로 가야
했다. 늘 배움에 허덕였지만, 우리는 서양과 중국의 고전을 읽었다.
특히 러시아 소설 톨스토이Leo Tolstoy, 숄로호프Michail Sholokhov, 프
랑스의 빅토르 위고Victor Hugo, 스탕달Stendhal의 작품들을 많이 읽었
던 것 같다.

지금의 아이들은 아주 똑똑하다. 하지만 이과 계열의 학생들은
고등학교 때부터 과를 나누다 보니 언어 기초가 많이 부족하다. 이
런 아이들은 국어 기초를 다지기 위한 독서를 해야 한다. 국어의 기

초가 가장 잘 드러나는 것 중 하나가 바로 가훈 문화이다. 고대 중국에서는 가정 교육을 받았는지 여부를 보면 그 가문의 가훈 문화 유무를 알 수 있었다. 현대도 마찬가지이다. 누군가로부터 가정 교육을 받지 못했다는 소리를 들으면 굉장히 불쾌하다. 이처럼 가정 교육은 중국 문화에서 가장 기본적인 교육이었다.

사람들에게 잘 알려진 가훈에는 『치가격언治家格言』, 『주자가훈朱子家訓』 등이 있다. 그중 세계적으로 가장 많이 발행된 『주자가훈』은 의외로 1,000자 내외의 한두 페이지 정도를 차지하는 간단한 내용이다. "勿以善小而不爲, 勿以惡小以爲之.(선이 작다 하여 행동하지 않으면 안 되고, 악이 작다 하여 행동으로 옮겨서는 안 된다.-역주)"처럼 유명한 격언은 오랜 시간 전해 온 우리의 가훈이자 교육 문화의 축적물이다. 이처럼 가훈 문화는 다음 세대의 아이들을 키우는 데 무엇보다 필요한 중국 문화의 묵직한 저력이다.

2. 독서가 한 집안의 가풍이나 사회 풍조를 만들 수 있다고 생각하는가? 지식인은 당시의 독서 역사에 좋은 영향을 끼쳤는가?

왕셴밍: 옛날 중국에는 향신이라는 계급이 있었다. 향신은 대부분 과거에 급제했지만 벼슬을 얻지 못했거나 시험에 낙제한 선비, 지식을 갖춘 중소 지주, 은퇴하고 요양을 위해 낙향한 관리, 가문의 원로 등이었다. 책 읽는 지식인으로 상당한 교양을 갖춘 이들은 사회와 문화 구조에서 전달자 역할을 했다.

전통 중국 사회는 계층의 구분이 엄격했다. 그렇다면 감히 관리의 얼굴조차 쳐다볼 수 없었던 백성들이 어떤 방법으로 자신들의 의견을 관부에 전달했을까? 여기에서 중요한 역할을 했던 이들이 바로 향신 계급이다. 관리를 대면할 때도 무릎을 꿇을 필요가 없었던 향신은 민중의 대변인이자 관부의 전달자이기도 했다. 중앙에서 지시사항이 내려올 경우 가가호호 돌며 전달하는 것은 불가능하다. 그때 향신이 전달자 역할을 했다. 향신은 관부와 백성, 국가와 사회 사이에서 누구도 대신할 수 없는 다리 역할을 했다. 향신은 또 아기의 백일이나 성인식, 결혼식 등 개인의 인생에 중요한 일이 있을 때도 함께했다.

향신은 전체 사회 모델에서 복제 가능한 가장 기본적인 요소이자 유전자였다. 그들은 문화를 계승하고 사회 모델을 복제함으로써 사회와 문화를 발전시켜 나갔다. 이러한 계승을 통한 연속의 과정을 거쳐 중국 사회는 앞으로 나아갔다.

산시 지역의 농촌을 탐방했던 적이 있었다. 그곳에선 돈이 있다고 무조건 향신이 될 수 있는 게 아니었다. 지역 사회에 상당한 기부를 하고 현지인들의 인정을 받는 것이 우선이었다. 그런 식으로 명성을 쌓아야만 향신이 될 수 있었다. 향신은 교육과 문화 분야에서 상당히 훌륭한 역할을 했다. 드라마나 문학 소설에 등장하는 향신은 지역 사람들에게 매우 존경을 받았다. 자녀들이 향신이 되기를 바라는 사람도 적지 않았다. 상당히 바람직한 사회 풍조였다. 향신에 대한 존경이 바로 문화의 계승을 반영하기 때문이다. 진정으로 오랜 시간 계승되고 영향력을 미친 문화는 바로 독서이다. 오직 책을 읽어야만 '부지런히 일하고 공부에 힘쓰는' 기본적인 사회 모델을 정착시켜, 세대를 거쳐 전달할 수 있기 때문이다. 이는 중국 문화의 특색이다.

런구이첸: 샤오싱은 아주 좋은 곳이다. 『샤오싱의 역사』를 쓰면서 통계 자료를 조사한 적이 있다. 당나라부터 청나라 말기까지 무려 2,400명의 진사, 28명의 문무 장원이 샤오싱에서 배출되었다. 거기에 장원과 방안, 탐화를 모두 합치면 50명이 넘었다. 명나라와 당나라 때만 각각 600명과 700명의 진사가 탄생했다. 이처럼 많은 인재를 배출한 것은 샤오싱의 현지 문화와 무관하지 않다.

이쯤에서 샤오싱의 사야師爺(관리들을 도와 일을 처리하던 문인학사—역주)를 언급하지 않을 수 없다. '사야'는 샤오싱 현지 문화에 큰 공헌을 했다. 그들은 관아에서 사건을 조사하거나 관리의 품행을 감시하는 중요한 일을 도맡았다. 매우 구체적인 직무를 수행함에도 불구하고 대중 앞에 모습을 드러내는 법이 없었다. 윗사람에게 능력을 과시하지 않았으며, 말할 때는 상대방의 안색을 먼저 살폈고, 아무리 복잡한 상황이라도 특유의 영민함으로 빠르게 적응했다. 오랜 시간 자신들만의 특징을 갖춘 사야들은 현지 백성에게 큰 영향력을 끼쳤다. 그래서인지 샤오싱 사람에게서는 많든 적든 사야의 모습이 드러난다. 독서를 중시한 지식인 사야들은 자신들도 모르게 사회의 관습을 주도했다.

첸정: 전씨 가문에서 가장 유명한 인물은 전왕이다. 왜 그를 전왕이라 부를까? 사실 농민이었던 그는 소금을 팔다가 전쟁에 참여했다. 어렸을 때부터 무예를 익힌 덕에 전쟁에서 수많은 공을 세웠고, 황제로부터 많은 관직을 하사받았다. 그래서 전왕이 된 것이다. 전왕은 《무숙왕유훈武肅王遺訓》, 《무숙왕팔훈武肅王八訓》 그리고 《전씨가훈》이라는 세 가지 가훈을 남겼다. 《전씨가훈》에는 "자손이 비록 우

둔하더라도 책을 읽지 않으면 안 된다."는 유명한 말이 등장한다. 그때부터 우리 가문은 독서를 매우 중요하게 생각했다. 부지런히 책을 읽고 농사를 짓는 것이 바로 당시 자손들이 지켜야 할 주요한 덕목이었다.

첸무의 아버지는 상하이의 다퉁大同 대학, 시난西南 연합대학과 같은 명문 학교에서 학생들을 가르쳤다. 마지막 근무지는 아마 화중 사범대학이었던 것 같다. 그를 비롯한 전씨 가문의 국학 대가들은 집에 엄청난 양의 책을 보유하고 있었다. 첸웨이창이나 첸중수에게 훌륭한 인재가 될 수 있었던 원인을 묻는다면, 분명 주저 없이 독서를 꼽을 것이다. 첸중수는 그 이름처럼 누구보다 책을 좋아했다. 태어난 지 갓 한 달을 넘긴 아기 첸중수가 집어 든 것은 보통 아이들이 좋아하는 장난감이 아닌 책이었다. 그러자 아버지는 아이의 이름을 중수鍾書라 지었다. 중鍾은 매우 좋아한다는 뜻이다.

중국 과학원과 기술원에서 우시 출신 연구원은 약 80명 정도라고 한다. 놀랍게도 그중 첸씨는 10명이나 된다. 러산樂山 현은 고작 100가구가 사는 작은 마을이다. 그런데 주민 대부분이 첸씨이다. 그중 6명이 이름난 사업가인데, 그들은 수백 만 위안을 기부해 가문 사람은 물론 형편이 어렵거나 가족이 중병에 걸린 학생들을 돕고 있다. 아주 오래 전 전왕이 지은 『전씨가훈』이 수백 년을 이어져 오며 지금까지 우리 가문은 물론이고 이 지역의 독서 문화 형성에 지대한 영향력을 끼친 것이다. 아마 당시 전왕도 이 정도의 결과는 예상하지 못했을 것 같다.

첸위: 우리 집안 가훈 중에 "禮義廉恥, 孝悌忠訓(예의염치, 효제충훈)"이

라는 글귀가 있다. 또 무왕武王이 남긴 유훈도 있는데, 첸씨 가문의 자손이라면 모두 외워야 했다. 만약 가훈을 암송하지 못하면 무릎을 꿇는 벌을 받았다. "자손이 비록 우둔하더라도, 책을 읽지 않으면 안 된다."는 가르침을 실천한 것이다. 몇 세대를 거쳐 전해진 가훈은 강한 힘으로 자손들을 이끌었다. 첸무 선생은 아버지와 할아버지의 영향을 많이 받았다. 빼어난 재능과 근성을 가졌던 첸무의 할아버지는, 여름이면 두 다리를 항아리 속에 넣고 책을 읽었다고 한다. 다리에 붙은 모기를 쫓느라 책 읽는 시간을 낭비하지 않기 위해서이다. 할아버지의 모습이 얼마나 큰 귀감이 되었겠는가. 첸웨이창도 마찬가지이다. 고등학교 입학을 앞두고 아버지를 여읜 그는 숙부인 첸무를 따랐다. 마침 고등학교에서 학생들을 가르치던 숙부 덕에 무사히 졸업까지 할 수 있었다. 졸업 후 첸웨이창은 6개의 대학에 동시에 합격했는데, 결국 숙부의 권유에 따라 명문 칭화 대학에 들어갔다. 이것이 바로 대대로 전해지는 문화의 계승이다.

야오푸쿤: 이곳 사람들은 페이샤오퉁 선생을 굉장히 존경한다. 그가 상당한 수준의 문화적 소양을 갖췄기 때문이다. 서민들은 지식인들을 숭상한다. 페이샤오퉁이 어렸을 때, 할머니는 손주가 글을 쓰고 버린 종이를 모아 조롱박에 넣었다가 함께 태우곤 했다. 손주가 글귀를 마음속 깊이 새기기를 바라는 마음에서였다. 예전에도 서민들의 생활은 녹록지 않았다. 특히 해방 이전(공산당의 중국 해방—역주), 우리와 같은 사람들은 책을 읽고 공부를 하고 싶어도 그럴 수가 없었다. 그래서 지식인을 존경하고, 문화적 소양을 갖춘 사람을 '선생'이라고 불렀는지 모른다. 우리 마을의 촌장도 겨우 중학교를 졸업했

지만, 촌민들을 위해 편지를 대필해 줄 수 있으니 그 정도면 꽤 양호하다. 사실 이런 일은 어느 정도 책을 읽고 교육을 받은 사람만이 해결해 줄 수 있는 문제이다. 백성들은 늘 배우기를 갈망했지만 능력이 없었다.

사람들은 페이샤오퉁을 선생이라 부르며 존경했다. 그의 머릿속에 든 게 많았기 때문이다. 그래서인지 페이샤오퉁이 하는 말은 모두 이야깃거리가 되었다. 책을 많이 읽은 사람은 집 안에 있어도 천하의 일을 알 수 있다. 사람들이 그를 존경하는 것은 사실 그의 지식과 독서를 존경하는 것이다. 지식인을 존경하기 때문에 가정 형편이 아무리 어려워도 아이들 교육에 매달릴 수밖에 없다.

천위닝: 현지의 향신 집안에서 태어난 원이둬闻—多 역시 지식인이었다. 그의 집에는 사설 글방은 물론 장서루도 있었다. 가문의 아이들은 4, 5세가 되면 사설 글방에서 공부를 시작했다. 아이들은 수많은 고서를 구비한 집안의 장서루에서 원 없이 책을 읽은 덕에 상당히 좋은 독서 습관을 만들 수 있었다. 독서를 중시했던 원씨 가문은 사설 글방 외에 외부에 학교를 짓기도 했다. 신해혁명 이후 각 지역에 학교가 설립되었다. 당시 우창武昌에서 사업을 했던 원씨 가문은 자녀들에게 수준 높은 교육을 받게 하려고 현지에 학교를 세웠다. 사설 글방에서 우창의 학교 교육까지, 매우 수준 높은 교육 체계가 형성된 것이다. 원이둬도 우창에서 4년 동안 공부를 마치고 칭화 대학에 합격했다.

추스슝: 샤오싱 사람들은 스승을 존경하고 교육을 중시한다. 실제로

샤오싱의 주택가를 걷다 보면 처마 밑에 걸린 "詩書傳家.(시서를 집안 대대로 전하다.-역주)"라는 글귀를 쉽게 볼 수 있다. 이를 가훈으로 삼고, 자손들에게 독서를 통해 얻은 지식으로 운명을 바꿀 수 있다고 당부하는 것이다. 루쉰의 고향이 바로 샤오싱이다. 어렸을 때부터 독서를 좋아했던 루쉰은 수많은 책을 읽고 연구하는 것도 모자라 아예 책을 사서 베끼기 시작했다. 그것마저 성에 차지 않았던지 결국 직접 책을 썼다. 그의 일생은 책과 깊은 관계가 있었다. 루쉰이 엄청난 양의 책을 읽고 수집할 당시, 먼 곳에 살던 당숙이 강유위나 양계초의 책은 절대로 읽지 말라고 신신당부를 한 적이 있었다. 그들이 나쁜 일을 꾸미고 다닌다는 이유 때문이었다. 하지만 아랑곳하지 않고 그들의 책을 읽은 루쉰은 진화론을 비롯한 새로운 학문에 눈을 뜰 수 있었다. 서양의 다양한 서적들을 접한 루쉰은 자신만의 탄탄한 사상적 무기를 만들었다. 한 지역에서 이토록 위대한 지식인이 탄생했다는 것은 그 지역에 이미 책 읽기를 중시하는 문화와 전통이 흐르고 있음을 의미한다.

3. 종이로 된 책 읽기를 권하는 것이 과연 의미가 있을까?

류징: 현재의 학부모들은 이미 학교에서 독서 교육을 하는데 군이 집에서까지 할 필요가 있느냐고 반문한다. 또 학교 공부만 해도 넘쳐나는데 독서까지 하려면 정말 힘들다는 푸념을 한다. 이 모두는 독서에 대한 몰이해에서 비롯된 것이다. 실제 학교 공부와 독서는 매우 밀접한 관계가 있다. 그러나 선생님들은 시험과 관련된 책을 추천할 뿐이다. 책 읽기가 힘들다는 말은 더 이상 핑곗거리가 아니다.

독서 자체는 매우 흥미롭고 재미있는 일이기 때문이다. 실제로 요즘 우리가 읽어 주는 책은 많은 아이들이 좋아하는데, 매일 밤 적어도 서너 번은 읽어 주어야 잠이 든다고 한다. 이는 책의 내용이 아이들을 끌어들일 만큼 충분히 신기하고 재미있다는 것을 보여 준다.

지금 우리는 학교 전체에 독서 문화를 만들기 위해 노력하고 있다. 우리 반만 하더라도 매주 스토리 타임을 열고 있다. 아침 시간 20분을 이용해 아이들과 한두 권의 책을 읽고 난 후 북 크로싱 bookcrossing(공공장소에 책을 놓아 다른 사람도 읽게 하는 것—역주)을 진행한다. 매주 한 번 북 크로싱을 한 후 아이들은 세 권의 책을 집으로 가져갈 수 있다. 그리고 책을 다 읽으면 또 북 크로싱을 한다. 이 외에도 쉬는 시간마다 책을 읽을 수 있도록 교실 한쪽에 작은 책꽂이를 두어 입체적인 독서 활동을 진행하고 있다.

휴대폰, 컴퓨터, 텔레비전은 아이들에게 즉각적이고 자극적인 영향을 끼친다. 이런 감각기관의 자극은 종이로 된 책보다 훨씬 강하다. 그래서 휴대폰과 책이 동시에 주어지면 아이들은 망설임 없이 휴대폰을 택한다. 하지만 우리는 어른들이 책에 대한 흥미와 습관을 길러 주면 아이들에게 아주 안정적인 독서 습관이 형성된 사실을 알 수 있었다. 이런 아이들은 짬이 있으면 책을 펼치고, 여행을 가거나 밖에 놀러 갈 때도 자연스럽게 책부터 챙긴다. 이렇게 좋은 독서 습관이 생긴 아이들은 누가 일러 주지 않아도 스스로 휴대폰과 컴퓨터의 위해성을 느끼며 그런 물건에 시간을 빼앗기지 않는다. 대신 항상 책을 가지고 다니며 그 속에서 다디단 영양분을 섭취한다. 책을 읽는 어린이는 인터넷에 중독되거나 마음의 병을 앓지 않고 건강하게 자랄 수 있다.

216

위안번양: 책을 좋아하는 어린이가 훗날 책을 좋아하는 어른으로 자란다는 말은 내 경험으로 충분히 증명되었다. 반대로 어린 시절 책을 멀리하면 어른이 되어서도 책을 사랑하기 힘들다. 이미 다 자란 성인을 책벌레로 만드는 것은 불가능하기에, 가장 좋은 방법은 어릴 때부터 독서를 좋아하게 만드는 것이다. 어린 시절 만들어진 독서 습관은 평생을 따라다닌다. 아이들에게 훌륭한 독서 습관을 만들어 주는 것은 개인뿐 아니라 후대에 더 큰 영향을 끼친다는 데 의미가 있다. 독서 습관이 세대를 거듭해 축적되면, 사회 전체에 책 읽기를 즐기는 문화가 형성되기 때문이다. 물론 단기간의 노력으로 되는 일은 아니다. 유치원, 초등학교 때부터 아주 긴 시간 노력해 한 사람의 독서 습관이 바뀌면, 구성원 전체가 책을 좋아하는 사회로 변한다.

아이들에게 전자도서를 읽게 하는 것은 단편적 정보를 대량으로 주입하는 것과 같다. 아무것도 모르는 아이들에게 태블릿 PC를 들려 학교에 보내는 것처럼 말이다. 성인들도 가장 적합하고 엄선된 방법으로 대량의 정보를 여과하고 필요한 것을 선택하기 힘든데 아이들은 오죽할까? 그래서 아이들에게 종이로 된 책을 읽으라고 권한다. 현대 사회에서 우리가 할 일은 정보의 홍수에 휩쓸리지 않는 것이다. 그리고 가능하다면 최선을 다해 아이들에게도 물에 빠지지 않고 살아남는 방법을 가르쳐야 한다.

경세치용_{經世致用}의 중국 독서관

알다시피 세계와 인류의 문명은 모두 책 속에 담겨 있다. 책은 언제나 인류 정신 문명의 계승자 역할을 했으며, 사회 발전에 필수불가결한 지식과 감정 경험의 자원을 제공했다. 얇은 책장을 넘기면, 엘리스가 빠진 토끼 굴처럼 문자로 만든 신기한 세계로 떨어져 지금껏 경험하지 못한 세계의 다양한 면을 볼 수 있다. 천 명의 눈에는 천 명의 햄릿이 있다는 말이 있다. 인류는 대자연 속 최고의 지혜를 가진 생명체로서 언제나 독립적인 사상을 가지고 생존해 왔다. 생활 환경, 문화, 정치의 한계 때문에 사람들은 지역에 따라 자신들만의 독특한 독서 관념을 형성했다.

중국은 수나라 때부터 많은 사람이 책을 읽기 시작했다. 이전 시대에는 궁궐이나 관부에서 책을 소장하여, 보통 사람은 쉽게 책을 접하지 못했기 때문이다. 게다가 당장 먹고 살기 바빴던 백성들의 삶은 책과 동떨어질 수밖에 없었다. 그러나 605년 발생한 한 사건으로 상황은 완전히 바뀌었다.

수나라 대업 원년(605년), 문제文帝는 봉건 통치 계급의 정치 참여 요구의 확대를 위해 관리 선발권을 중앙으로 집중시켰다. 이를 위해 과거 시험을 시행해 관리를 선발했다. 그 후 1,300년 동안 지속된 과거제도는 중국인들에게 큰 영향을 끼치며 많은 학자의 독서 관념을 주도했다.

과거제도의 기본 원칙은 민간에서 인재를 선발하는 것이다. 세습이나 천거제도에 비해 공정하고 공개적인 제도였다. 송나라 때부터는 신분이나 빈부를 따지지 않고 누구나 참여할 수 있었다. 덕분에 나라는 더욱 폭넓게 인재를 선발할 수 있었고, 하층민 출신의 지식인들도 상류층으로 진출할 수 있게 되었다. 이를 증명하듯 명, 청 시대의 진사 중 절반은 지식인 가문이 아니거나, 지식은 있지만 관직에 오른 적이 없는 보잘것없는 집안 출신이었다. 배경이 없는 사람도 과거에 합격해 관리가 되면 몸값이 크게 뛰고 명성을 얻었다. 과거제도 덕분에 중국인들의 독서 관념이 바뀌었고, 평민들도 앞다투어 책을 읽었다.

북송의 유명한 학자 왕수汪洙는 〈신동시神童詩〉에 "모든 업종이 다 천한데, 오직 독서만이 바른 길이다.萬般皆下品, 惟有讀書高"라는 글을 남기기도 했다. 당시 사람들이 독서를 얼마나 중시했는지를 알 수 있는 대목이다.

하지만 명예와 이익을 얻기 위한 가장 강력한 수단으로 변질된 과거제는 지식인들의 사상을 옭아매기 시작했다. 착벽투광鑿壁偸光 (벽을 뚫어 옆집의 빛을 끌어오다−역주), 현량자고懸梁刺股(머리카락을 대들보에

묶고 허벅다리를 찌른다−역주), 동한포빙冬寒抱冰(한겨울에 얼음을 끌어안는다−역주), 하열악화夏熱握火(한여름에 불을 쥔다−역주) 등의 사자성어가 알려주듯이, 지식인들은 오직 과거 시험을 보기 위해 밤을 새워 책을 읽었다. 시험을 위해 수십 년 고생도 마다치 않았고, 일생 동안 꿈을 이루지 못해 한을 품은 사람도 부지기수였다.

그들은 무엇을 위해 책을 읽었을까? "春風得意馬蹄疾, 一日看盡長安花.(봄바람에 뜻을 얻어 세차게 말을 몰아, 하루 만에 장안의 꽃을 다 보았네.−역주)"와 같은 홀가분함을 위해서였을 수도 있다. 또한 "一日從此始, 相望靑雲端.(하루가 여기에서 시작되니, 서로 청운(벼슬)의 끝을 바라보네.−역주)"의 포부와 큰 뜻 때문일 수도 있으며, "十年寒窓苦, 一朝成名時.(십년을 추위에 떨며 고생하였더니, 하루아침에 명성을 얻었네.−역주)"의 갈망 때문일 수도 있다. 따지고 보면 그 모두는 명예와 이익 때문이었다.

수나라 이후부터 지식인은 누구나 과거에 응시했다. 그들 중에는 합격의 기쁨으로 눈물을 흘린 이도, 낙방의 고배를 마시며 쓴 눈물을 삼킨 이도 있었다. 어쨌든 오랜 시간 독서 기풍을 주도한 과거제도 덕에 당시 왕조에 큰 공헌을 했던 어진 신하와 훌륭한 장수들이 탄생했다.

반면, 독서의 길이 상당히 좁아지는 부작용을 낳은 것도 사실이다. 1840년 아편전쟁이 발발하자, 서구의 함선과 화포가 그동안 단단하게 빗장이 걸려 있던 중국의 문을 산산이 부숴 버렸다. 1897년 엄복은 천진에서 출판된 『국문회편國聞匯編』에 『진화와 윤리』의 번역본인 『천연론』을 게재했는데 그 반응이 엄청났다. 이를 기점으로 서양의 선진 사상이 밀물처럼 중국으로 들어왔다. 이 영향으로 오랫동안 중국의 지식인들을 옭아맸던 과거제도가 폐지되었고, 젊은 지식인을 중심으로 새로운 독서 관념이 형성되기 시작했다.

손중산孫中山(쑨원孫文-역주) 선생은 이렇게 말했다. "내 평생 관심을 둔 것은 혁명이 아니면 독서이다. 하루라도 책을 읽지 않으면 살아갈 수가 없다." 또 저우언라이는 "중국이 일어서려면 책을 읽어야 한다."고 외치기도 했다. 루쉰은 의학을 포기하고 글을 선택한 이유가 '사회와 인생을 바꾸기 위해서'라고 말했다. 교육가인 타오싱즈陶行知는 "스승은 학생에게 진리를 추구하라고 가르쳐야 하며, 학생은 진실한 자가 되기 위해 배워야 한다."고 했고, 소설가 린위탕林語堂은 "지혜로운 자들은 책을 읽으며 인생의 경험을 축적한다."라고 말했다. 이처럼 지식인들은 민족의 부흥을 위해 열심히 독서해야 하고, 책 속의 지혜를 사회 발전에 고스란히 투영해야 한다.

2000년 선전 웨이圳 시 정부는 대규모의 종합 독서 문화 활동을 개최했다. 매년 11월 1일부터 30일까지 한 달간 진행되는 독서의 달 행사이다. 세상을 다스리고 사회에 이바지하고자 했던 중국의 독서관은, 민주와 자유의 새로운 여정으로 들어섰다.

5

전 국민 책 읽기

국제독서협회International Reading Association의 보고에 따르면,
독서 능력은 한 국가와 민족의 미래에 직접적인 영향을 끼친다고 한다.
그러나 5천 년의 문명을 이어 온 국가에서
더 이상 주경야독하는 아름다운 광경을 찾아볼 수 없는 지금,
우리는 현재의 '독서 위기'를 직시해야만 한다.

"웨이보微博(중국인들이 가장 많이 사용하는 SNS 플랫폼, 중국판 트위터-역주) 독서를
찬성하는 것은 아니지만, 그 역시 거부할 수 없는 미래이다."
웨이보에서 웨이신微信(중국 최대의 모바일 메신저-역주),
웨이보 소설에서부터 웨이보 영화, 웨이보 여행, 웨이보 책 읽기까지
현대인들은 자신도 모르게 '웨이보 생활'에 속해 있다.
기술의 발전 덕에 예전의 사치품이 이제는 쉽게 구할 수 있는 물건이 되었다.
심지어 종이로 된 책을 읽는 것이 '과거의 습관'이라고 말하는 사람들도 있다.
하지만 사실은 이것이 사람들의 상상만큼 간단하지가 않다.

2013년 봄, 115명의 전국정협 위원들이 연합하여 〈전 국민 독서 전략 제정과 실시에 관한 제안〉을 발의했다. 그들은 제안을 통해 전국인민대표대회(이하 전인대)의 〈전 국민 독서법〉 제정과 국무원의 〈전 국민 독서 조례〉 제정을 건의했다. 소식이 전해지자 국민들의 반응은 뜨거웠다. 하지만 대부분은 독서처럼 극히 개인적인 일에 정부가 발 벗고 나서서 법제까지 만들어야 할 이유를 알 수 없다는 입장이었다.

중국은 유구한 독서 역사를 가진 나라이다. 제지술과 인쇄술의 발명은 현대의 책을 위한 튼실한 기초를 마련했고, "책을 펴면 유익함이 있다."라든가 "가슴속에 시서의 기개를 품어야 넓은 도량과 훌륭한 재능을 가질 수 있다."와 같이 수천 년을 이어 오며 전해진 명언은 중국인이 얼마나 독서를 좋아하는지를 잘 보여 준다. 그러나 양날의 검과 같은 현대 과학 기술의 홍수 앞에서 우리는 어떻게 대응해야 할까?

푸톈福田 도서관

아이들과 책을 보는 주융신朱永新

1958년 8월생으로 장쑤 다펑大豊 출신이다. 중국 민주추진회 중앙위원회 부서기장이자,
제12회 중국정협 부서기장 겸 상무위원회 위원이다. 이밖에도 중국교육회 부회장, 중국
예성타오葉聖陶 연구회 회장직을 겸하고 있으며, '신교육 실험' 운동의 발기인이기도 하다.

우한 충원崇文 서점

후베이 성 도서관

1

디지털 독서

'L'과 'O'. 이 두 개의 알파벳은 인류 역사상 한 시대의 시작을 대표한다. 1969년 10월 컴퓨터 공학자 레오나르도 박사Leonardo K가 로스앤젤레스에서 구식 컴퓨터를 이용해 샌프란시스코에 있는 동료에게 세계 최초의 전자 메일을 보냈다. 기술적 결함 때문에 단지 두 개의 알파벳만 보내졌지만, 많은 사람은 이를 인터넷 탄생의 효시라고 평가했다.

책이 없는 도서관, 예전에는 터무니없는 소리로 들렸지만, 오늘날 작은 모니터 덕분에 불가능이 가능으로 바뀌었다. 휴대가 가능한 태블릿 PC나 스마트폰을 이용해 우리는 언제 어디서든 책을 읽을 수 있다. 새로운 독서 시대의 도래는 논쟁의 여지가 없는 사실이다.

디지털 전달은 인류 문명과 정보의 전파 수준을 크게 끌어올렸다. 최근 수십 년간 누적되어 온 현대 문명은 이미 수천 년의 그것을 훨씬 뛰

228

어넘었다. _푸젠 사범대학 문학원 쑨샤오전 교수

사회가 발전하자 디지털 문헌도 나날이 증가했다. 새 시대의 젊은이들 중 디지털 문헌을 이용하는 숫자는 더욱 늘 것이며, 이런 추세는 누구도 막을 수 없다. _선전 도서관 관장, 선전 도서정보학회 이사장 우시吳晞

세계 최초의 전자 메일 속 'L'과 'O'를 'love'와 'obfuscation'으로 해석하는 이도 있었다. '사랑'과 '혼동'이라는 뜻이다. 인터넷이 불러올 엄청난 양의 정보에 대한 인간의 심정을 그대로 표현한 단어이기도 하다.

현대의 정보는 지나치게 많다. 하루는 예나 지금이나 늘 24시간이지만, 정보는 과거에 비해 대폭 늘어났다. 어떻게 하면 정보의 폭격에서 견뎌 낼 수 있을까? _상하이 교통대학 장샤오위안 교수

대부분의 사람은 정보의 홍수에서 익사할 수밖에 없다. 효과적인 대응 메커니즘이 없기 때문이다. _선전 우수도서 알림이 위안반양

지식이 폭발하는 이 시대에 질과 양의 문제를 해결하는 것은 무엇보다

웨이보

웨이보Weibo. 마이크로 블로그Micro Blog의 중국식 약칭이다. 팔로우를 통해 간단하고 즉각적인 정보를 공유할 수 있는 SNS 플랫폼이다. 2014년 3월 27일, 중국의 마이크로 블로그 영역의 독보적인 존재였던 시나웨이보가 그 이름을 웨이보로 바꾸었으며, 새로운 로고를 발표해 시나의 색채를 조금씩 지워 나갔다.

모바일 e—book과 리더기

중요하다. 어떻게 하면 외부의 지식에 위협 당하거나 잠식되지 않을 수 있을까? 또 어떻게 해야만 주체적 존재로서 독서를 할 수 있을까? 이를 해결하는 것이 우리에게 주어진 임무라고 생각해야 한다. _난카이 대학 문학원 천훙 교수

"웨이보微博(중국인들이 가장 많이 사용하는 SNS 플랫폼, 중국판 트위터—역주) 독서를 찬성하는 것은 아니지만, 그 역시 거부할 수 없는 미래이다."

웨이보에서 웨이신微信(중국 최대의 모바일 메신저—역주), 웨이보 소설에서부터 웨이보 영화, 웨이보 여행, 웨이보 책 읽기까지 현대인들은 자신도 모르게 '웨이보 생활'에 속해 있다. 기술의 발전 덕에 예전의 사치품이 이제는 쉽게 구할 수 있는 물건이 되었다. 심지어 종

딸과 함께 서점을 방문한 오바마 대통령

이로 된 책을 읽는 것이 '과거의 습관'이라고 말하는 사람들도 있다. 하지만 사실은 이것이 사람들의 상상만큼 간단하지가 않다.

2012년 크리스마스, 미국의 오바마Barack Obama 대통령이 여느 평범한 미국인들처럼 크리스마스 선물 구입을 위해 딸과 함께 한적한 서점을 찾았다. 인터넷 시대, 디지털 독서가 온 사회를 휩쓰는 지금, 종이로 된 책 읽기는 의미심장한 방식으로 거대하고 복잡한 변화를 보여 준다. 예민한 후각 덕에 늘 한발 앞섰던 인터넷 업계의 거장들도 이 문제에 대해서는 여러 번의 헛발질을 경험했다.

e-book은 2000년 당시 큰 인기를 끌었다. 하지만 우후죽순처럼 생겨난 고가의 e-book 브랜드들은 채 3년도 채우지 못하고 좀처럼 이윤을 남기지 못해 시장에서 사라졌다. 진정한 독서는 과연 무엇일까? 사람들은 독서를 타인과 공유하며, 아이들에게 전달해 주고자 한다. 덕분에 꽤 재미있는 장면이 출현했다. 판구소닷컴panguso. com(인터넷 검색 엔진)의 도서 카테고리에 '즉시 검색' 기능이 추가된 것이다. 소비자들은 이 기능을 통해 종이로 된 책을 더 쉽게 구입하게 되었다. 다양한 책과 더불어 다양한 선택 방식 덕에 도서 판매량은 더욱 늘어났다.

전통 서점에는 보기 좋게 디자인된 양장본 책들이 등장했으며, e-book 리더기도 함께 판매되기 시작했다. 이렇듯 전통 서점은 텔레비전 시대, 대형 체인 서점의 시대를 차례로 거쳐 디지털 시대에서도 고유의 독특한 방식으로 지식과 문화를 전달했다.

곰곰이 생각해 보면 한 가지 특별한 사실을 발견할 수 있다. 인류의 과학 기술이 빛의 속도로 발전하고 있는 반면, 인간의 사고 능력은 뚜렷하게 향상되지 않은 점이다. 물론 아리스토텔레스의 물리학 이론은 지금의 수준에서 보면 다소 유치하기까지 하지만, 그의 철학 이론은 함부로 평가하기조차 힘들 만큼 위대하다. 현대 사회는 아직도 축의 시대의 그늘 속에 있다. 인류 사회가 새로운 도약이나 위기에 마주할 때마다 사람들은 항상 과거 축의 시대에 탄생했던 선현들의 가르침을 되새김질하고 있지 않은가?

외국의 학자들은 디지털 독서가 'F'형 독서 방식*을 따른다고 꼬집는다. 책을 읽는 중에도 각종 방해와 곁가지들이 발생하니 완벽하고 체계적인 독서가 힘들다는 것이다.

소위 디지털 독서는 체험식 독서이다. 독서의 깊이가 없고, 정보는 모두 조각난 상태이다. _선전 도서관 장옌張巖 관장

정보화 시대의 정보 전달은 주기가 짧고, 효과가 빠르게 나타나며, 효율이 높다는 특징이 있다. 빅데이터 시대란 엄청난 양의 정보가 있는 시대를 뜻한다. 대량의 정보 중에는 거품이 많다. 특히 심각하리만치 조각난 내용들은 객관적 사물의 묵직함이 결여되어 있으며, 체계적인 관찰과 탐구가 부족하다. _칭화 대학 중국경제연구센터 창슈저 연구원

점에서 점으로 이동하는 정보는 지식의 계보를 구성할 수 없으며, 문화 전체의 힘, 더 나아가 문화의 논리적 힘 그리고 문화가 가져올 역사의 힘과 그에 수반되는 더 깊은 정신적 힘을 구성할 수가 없다. _저장 대학 황젠 교수

스마트폰과 인터넷 독서에 열중하다 보면 대뇌는 생각을 멈춘다. 사고는 굼뜨고 무기력한 사상만이 남을 뿐이다. 사상이 없는 민족은 미래가 없는 민족이다. _후베이 성 사회과학원 부원장, 류위탕 연구원

---

* 왼쪽에서 오른쪽으로 이동하다가 중간으로 내려오고 난 다음 몇 줄의 텍스트를 살핀 후 수직으로 내려오는 독서의 패턴.

초등학교에서 책을 읽어 주던 도중 9.11 테러 소식을 전해 들은 부시 대통령

　중국은 5천 년 역사 내내 역사의 흐름을 주도하는 독서 대국이
었다. 하지만 21세기 초, 중국의 독서 신화는 충격과 마주하게 되
었다.

　세계무역센터가 무너지던 그때, 조지 부시George Bush 미국 대통
령은 플로리다 주의 한 초등학교에서 아이들에게 책을 읽어 주고
있었다. 처음 테러 소식을 들은 대통령은 주저했다. 계속 책을 읽
어야 하는가, 사고 처리를 위해 즉시 자리를 떠야 하는가. 그것은
1997년 클린턴 정부가 '미국 독서 도전 계획'을 시행한 이후 대통령
들이 직접 몸으로 보여 준 장면 중 하나였다.

　조금만 더 시야를 넓혀 보면 한 가지 공통적인 현상을 쉽게 알 수
있다. 북유럽 국가의 청소년, 특히 12세에서 15세의 아이들이 여전
히 독서에 흥미를 갖고 있다는 점이다. 아이들이 탈 없이 사춘기를

극복할 수 있도록 정부와 사회 유명인들이 수시로 학교를 방문하고, 중학생들을 주축으로 큰 규모의 독서 행사가 열리는 것도 심심치 않게 볼 수 있다.

독일의 한 연구 결과에 따르면, 열세 살이나 적어도 열다섯 살 전에 독서 습관을 들이거나 책에 대해 좋은 감정을 느끼지 못한 사람은, 그 이후로 더 이상 독서의 즐거움을 찾을 수 없어 책 읽기로 들어가는 문이 완전히 닫혀 버린다고 한다. 각 분야에서 독보적인 공을 세웠던 대가들 대부분은 15, 16세 이전에 좋은 독서 습관을 만들어 풍부한 문화를 축적해 나갔다. 이러한 기본적인 힘은 청소년기 이후의 노력으로는 쉽게 메울 수 없는 부분이다. 독일 독서진흥재단의 하인리히 크라이비히Heinrich Kreibich 회장은 이렇게 말한다. "아이들에게 책을 읽어 주고 이야기를 들려 주는 것은 가장 간단하고 합리적인 미래 투자 방식이다."

예전에는 사설 글방이 있어서 어렸을 때부터 국학에 관한 상당한 지식을 쌓을 수 있었다. 근현대 사회의 학자들은 어린 시절『사서』를 공부할 때 중요한 내용이 나오면 외워야 한다고 배웠다. _시안 교통대학 인문학원 철학과 한펑제 교수

일생을 통틀어 공부하기 가장 좋은 시기는 바로 초등학교부터 대학교 때까지이다. 다시 말해 스무 살 이전에 공부에 모든 정력을 쏟아부어야 한다는 뜻이다. 또 이 시기에는 개인의 세계관이 형성되기도 한다. 그렇기 때문에 어떤 책을 읽느냐가 중요할 수밖에 없다. _상하이 도서관 우전중 관장

전국민 책읽기   **235**

2016년, 중국신문출판연구원이 제12회 전국 국민 독서 실태 조사를 벌였다. 조사에 따르면 2013년 중국 성인의 종이책 독서 비율은 58%이며, 일인당 하루 독서 시간은 14.11분, 연평균 독서량은 4.58권이었다. 한편, 한국과 프랑스, 일본, 이스라엘은 각각 11권, 20권, 40권, 60권을 기록했다.

보통 사람들이 업무상의 필요로 혹은 여가 시간을 보내기 위해 책을 읽는다면, 대학생들의 독서 습관은 어떨까? 푸단 대학의 조사에 따르면, 대학생들이 읽는 책 중 전공과목과 관련된 것은 약 15.2%, 인문사회과학 관련 저서는 22.8%, 외국 문헌은 5.2% 정도밖에 되지 않았다. 이것이 바로 중국 대학생들의 보편적인 독서 실태이다.

얼마 전에 한 외국인 친구가 나에게 위챗 메시지를 보내 왔다. 베이징에서 상하이까지 비행기를 타고 오는데 기내의 중국인 대부분이 태블릿 PC로 게임을 하거나 드라마를 보고 있더라는 것이다. 그 많은 사람 중 어째서 책을 읽는 사람이 단 하나도 없었는지 안타까워한 그 친구는 한 민족 전체가 이러한 상황에 빠진 것이 놀랍다고 말했다. _선전 출판그룹 대표, 선전 독서의 달 조직위원회 판공실 주임 인창룽尹昌龍

사실 우리 사회도 지난 세기 말, 특히 80년대에는 터미널이나 부두, 공항, 지하철이나 버스 정류장에서 책이나 신문을 들고 있는 사람을 어렵지 않게 볼 수 있었다. 하지만 지금은 전혀 그렇지 않다. 대부분의 사람들이 손에서 휴대폰을 놓지 않는다. 공공장소에서 책을 보는 사람은 거의 없다. _후베이 성 사회과학원 부원장 류위탕 연구원

사고전서

모스크바 사람은 일 년에 10권에서 20권 정도의 책을 읽는데, 상당히 많은 양이다. 모스크바의 지하철 승객 대부분은 책을 읽고 있다. 보스턴도 마찬가지이다. 문화의 도시로 꼽히는 이 도시에는 하버드나 MIT 같은 유명한 대학교가 있다. 덕분에 지하철 이용 승객은 대부분 교수나 학생들이다. 이들은 지하철 안에서 책을 읽거나 공부를 하는데, 심지어 숙제를 하는 학생들도 자주 보인다. _광둥성 문화학회 리밍화李明華 회장

국제독서협회International Reading Association의 보고에 따르면, 독서 능력은 한 국가와 민족의 미래에 직접적인 영향을 끼친다고 한다. 그러나 5천 년의 문명을 이어 온 국가에서 더 이상 주경야독하는 아름다운 광경을 찾아볼 수 없는 지금, 우리는 현재의 '독서 위기'를 직시해야만 한다.

레이니르 헤릿선이 촬영한 '최후의 책'

네덜란드의 포토그래퍼 레이니르 헤릿선Reinier Gerritsen이 베이징, 뉴욕, 파리, 런던의 지하철에서 각각 '최후의 책'이라는 주제로 사진을 찍었다. 사진을 보며 작가는 이 런 말을 했다. "우리의 공간은 지금 각종 전자 설비가 차지하고 있다. 어쩌면 2016년에 촬영하는 이 장면이 마지막일 수도 있다."

인터넷과 각종 전자 설비로 대표되는 현대적 생활 방식의 충격 속에서 독서의 위기는 비단 중국만의 문제가 아닐 것이다. 때문에 많은 나라는 지금 각자의 방법으로 대중들에게 다시 책을 집어 들 것을 호소하고 있다.

유태인의 '안식일'에는 모든 상점, 식당, 가게들이 문을 닫고 쉰다. 심지어 비행기조차 운행을 멈추는데, 신기하게도 전국의 서점은 문을 닫지 않는다. 헝가리에서는 버스가 어두운 터널을 지날 때 반드시 불을 켠다. 승객들이 책 읽는 데 방해가 되지 않도록 하는 배려인데 불문율처럼 지켜지고 있다. 미국은 1998년과 2002년 각

각 〈독서진흥법Reading Excellence Act〉과 〈낙오아동방지법No Child Left Behind Act〉을 통과시키며 독서를 통해 국민의 소양을 높일 것을 강조했다. 일본은 2001년 〈아동의 독서활동 추진에 관한 법률〉을 제정했으며, 한국도 1994년과 2009년에 각각 〈독서진흥법〉과 〈독서문화진흥법〉을 반포했다. 러시아는 2012년 법률적 의미를 가지는 〈민족독서강령〉을 제정하기도 했다.

이제 중국은 무엇을 해야 할까?

월스트리트의 현란한 투자 수단을 보고 감탄하며 세계 경제를 조종하는 석유달러Petro-dollar의 위력을 목격하면서 '보이지 않는 손'이 가진 신기한 마력에 대해 읽은 것을 떠올리는가? 혹시 또 '가장 합리적인' 투자를 포기한 것은 아닌가?

독서의 천국

저장 닝보寧波 시에 자리 잡고 있는 천일각은 명나라의 병부우시랑 범흠이 만들었다. 현존하는 중국 최고最古의 개인 장서루로, 세계적으로도 유구한 역사를 자랑한다. 청나라 건륭 37년, 즉 1772년 범흠의 8대손 범무주范懋杜는 『사고전서』 편찬에 필요한 638권의 진귀한 서적을 황제에게 진헌했다. 그러자 건륭 황제는 천일각을 본떠 '남북칠각'을 만들고 『사고전서』 일곱 벌을 각각 보관했다. 이때부터 천일각이 유명세를 타기 시작했다.

> 건륭제의 '남북칠각'은 그 모양뿐 아니라 '물로 불을 극복한다.'는 천일각의 장서 보호의 이념도 함께 따랐다. 때문에 문난각文瀾閣, 문연각文淵閣, 문진각文津閣, 문소각文素閣 등의 이름은 모두 물과 관련이 깊다.
>
> _닝보 천일각 박물관 허위홍賀宇紅 연구원

범씨 가문은 장서 보호를 위해 매우 엄격한 관리 규정을 만들었다. 수백 년의 비바람에도 진귀한 책들과 관리 규정은 비장하게 이 가문의 운명을 이끌고 있다.

> 술과 담배는 가지고 들어갈 수 없으며, 특히 화기는 절대 금지이다. 음주 후에 천일각에 발을 들일 수 없다는 것은 첫 번째 규정이다. 집안사람이라도 이유 없이는 들어갈 수 없는데, 이를 어기면 한 해 혹은 영원히 제사에 참여할 수 없다. 허락 없이 천일각의 책을 저당 잡히면 집안에서 내쫓기거나 제사에서 배제되었다. 여자들은 책을 만질 수도 없었다. _닝보 천일각 박물관 허위훙 연구원

이 밖에도 "분가를 하더라도 책은 나누지 않으며, 천일각 밖으로 책을 가지고 나갈 수 없다."라든가 "집안사람이 아니면 함부로 누각에 들어갈 수 없다."는 규정도 있었다. 이 규정은 청나라 강희 12년, 즉 1673년 유명한 사상가이자 역사학자인 황종의가 첫 번째로 천일각을 방문할 때까지 계속 지켜졌다. 그는 외부인으로서는 처음으로 천일각의 모든 책을 읽어 볼 수 있는 행운의 주인공이 되었다. 그 후 천일각을 방문한 사람들은 모두 높은 학식과 경륜을 갖춘 지식인들이었지만, 그 수가 열 명 남짓밖에 되지 않았다. 문헌에 남아 있는 중국 최초의 개인 장서루는 북위北魏의 것이었으며, 그 후 천년 동안 끊임없이 수천 개의 장서루가 탄생했다. 하지만 대부분은 천일각처럼 대중들에게 개방되지 않았다.

객관적으로 장서루가 중국 문화에 이바지한 것이 있다면 바로 책을 보관한 것이다. 장서루와 오늘날 공공 도서관의 가장 다른 점은 바로 전

천일각

천일각의 규정

242

자는 책을 보관하는 것이 목적이지만 후자는 책을 이용하는 것이 목적
이라는 것이다. _항저우 도서관 추수칭 관장

추 관장의 말처럼 공공 도서관은 대중을 위해 존재한다. 그가 근
무하는 항저우 도서관은 2013년 언론의 주목을 받았다. 넝마주이를
비롯해 노숙인처럼 책과는 무관해 보이는 사회 최하층민에게도 도
서관의 문을 활짝 열어 주었기 때문이다.

그들은 도서관에 들어오면 처음부터 책을 읽지는 않는다. 우선 화장실
로 달려가 손과 얼굴을 씻은 다음 누가 자신들을 보지는 않는지 두리
번거린다. 그런 다음 여기저기 돌아다니다가 시간이 좀 지나면 앉아
서 책을 읽기 시작한다. 그들이 읽는 책을 가만히 살펴보니 〈찬카오샤
오시(參考消息, 해외나 타이완, 마카오, 홍콩의 언론 보도와 소식을 다룬 신문)〉나 패션
잡지처럼 내용이 꽤 재미있고 그런대로 수준도 높았다. 그들을 보면서
어떤 계층에 속했다는 이유로 일상에 대한 추구와 세계에 대한 이해를
포기해서는 안 된다는 것을 깨달았다. _항저우 도서관 추수칭 관장

2008년 10월에 준공된 항저우 도서관 신관의 건축 면적은 5만
제곱미터로, 그중 90%가 이용객들을 위한 공간이다. 이곳은 현재
전 세계적으로 이용객을 위한 공간 개방 비율이 가장 높은 도서관
이며, 무료로 이용할 수 있는 가장 평등하고 제약이 없는 도서관으
로 꼽힌다.

우리는 단 한 번도 이용객들에게 가방 보관, 비용 지불, 카드 제시를

항저우 도서관

요구한 적이 없다. 이곳은 모든 사람이 자유롭게 출입 가능하다. 공공 도서관은 자유 복장으로 출입할 수 있다. 그것이 가능해야만 사회 각 층의 사람들이 이곳을 즐겨 찾을 수 있다. 말 그대로 문화 앞에 모든 사람이 평등한 상태인 것이다. _항저우 도서관 추수칭 관장

19세기 중엽, 서양 사회에 공공 도서관이 출현했다. 중국의 첫 번째 공공 도서관은 1910년 5월 16일, 미국인 엘리사벳Mary Elizabeth Wood 여사가 후베이 우창에 세운 문화서원공서림文華書院公書林이다. 그로부터 백 년 후 중국 전역에 공공 도서관이 속속 들어섰다. 문화부의 통계에 따르면 2012년 현재, 중국의 현縣급 이상 지역에 있는 독립 공공 도서관은 모두 3,076개라고 한다.

공공 도서관의 가장 중요한 역할은 평생 교육과 사회 교육을 담당하는 것이다. 학교 교육이 끝나면 도서관을 통해 평생 교육이 이루어져야 한다. _항저우 도서관 추수칭 관장

도서관은 사회의 완충기이다. 사람들이나 사회 간에 예민한 충돌이 일어날 때, 도서관은 공익적인 사회 기구로서 충돌을 완화해 구성원들을 화합시키는 사회적 역할을 수행할 수 있다. _선전 도서관 장옌 관장

아르헨티나의 시인 보르헤스Jorges Luis Borges는 이렇게 말했다. "천국은 분명 도서관의 모습일 것이다." 장서루에서 도서관까지 명칭의 변화 이면에는 독서에 대한 인간의 관념 변화가 있었을 것이다. 지혜와 힘을 지탱하고 있는 책은 더 이상 저 높은 누각이 아니라 보통 사람들의 일상 속에 녹아 있다.

토요일 새벽, 베이징 시 퉁저우通州 구에 살고 있는 쑨둔슈孫敦秀는 아침 일찍부터 본인의 서재에서 부산스럽게 움직이고 있다. 오늘은 그가 제자들에게 '한간漢簡(양한 시대의 죽간-역주)'의 서예에 대해 강연하는 날이다.

서예는 쑨둔슈와 평생을 함께한 취미생활이다. 15살 때에는 종이에 까맣게 먹을 칠하는 수준이었지만, 지금은 깊고 오묘한 경지에 이르렀다. 40년 동안 열심히 실력을 갈고 닦은 덕분이다. 많은 서예 애호가들이 한간 서예와 예서 분야에서 특히 두각을 보인 그를 찾아와 가르침을 청하고 있다.

쑨둔슈와 그의 서재

아이들을 데려오는 사람도 있고, 친구의 소개로 오는 사람도 적지 않
다. 나는 서예를 배우기 위해 찾아오는 사람을 절대 그냥 보내지 않는
다. 그들 중 소질이 있거나 발전 가능성이 있는 이들은 제자로 받아 교
육을 시키기도 한다. _민간 서예가, 장서가 쑨둔슈

120제곱미터 남짓한 집에 자리 잡은 서재는 쑨둔슈와 그의 제자
들이 가장 자주 찾는 곳이다. 2006년에 만든 이 서재에는 유명한 서
예가들의 서화와 함께 쑨둔슈가 오랜 세월 모은 만여 권의 책도 함
께 보관되어 있다.

서재에 가득 쌓여 있는 책을 보면 모두 놀라 입을 다물지 못한다. 대부
분 쉽게 찾기 힘든 희귀서적인데, 서예에 관한 사전과 이론서가 특히

많다. _판푸링樊芙玲, 쑨둔슈의 제자

이렇게 많은 책을 사려면 돈이 적지 않게 들었겠다고 넌지시 떠 보는 내게 그가 대답했다. "모두 담뱃값을 아껴서 샀지. 내가 담배나 술을 하지 않았다면 저 책도 못 샀을 걸." _장수샤張淑霞, 쑨둔슈의 부인

베이징 가정 장서 장원(1등)

많은 책과 엄청난 양의 독서는 그가 서예 분야에서 장족의 발전을 이루는 원동력이 되었다. 국제대회에서 여러 번 수상한 그는 서예를 하며 깨달은 점들을 한데 모아 『서화의 종류에 대한 지침』, 『중국 경필서예사』 등 12권의 책을 썼다. 2014년 독서에 대한 열정과 영향력을 인정받아 '베이징 10대 책 향기가 넘치는 가정'으로 선정되기도 했다.

중국 전역에 쑨둔슈 같은 독서 애호가들이 얼마나 많겠는가? 그들의 열정이 불씨가 되어 보통 사람들의 독서 열풍이 불기 시작했고, 덕분에 국가적인 지원 활동을 이끌어 낼 수 있었다. 2013년 봄, 115명의 전국정협 위원들이 전인대를 통해 〈전 국민 독서법〉의 제정을 촉구했다. 같은 해 3월, 국가신문출판방송총국을 중심으로 〈전 국민 독서 추진 조례〉의 초안이 작성되었으며, 2014년에 마침내 국무원에서 〈전 국민 독서 추진 조례〉를 제정하여 각계의 의견을 구했다.

정부에서 법률을 통해 국민에게 독서를 장려하는 것은 매우 의미 있고

효과적인 일이라고 생각한다. 이렇게 법제가 마련되면 공항이나 식당 같은 공공시설, 즉 공적인 자리에서 독서가 가능한 환경이 마련될 것이다. _후베이 성 전 국민 독서 판공실 야오중카이 전 주임

'전 국민 독서'에 관한 입법은 국민이 어떤 책을 읽고, 어떤 책은 읽지 말아야 할지 규정하는 것이 아니다. 주요 목적은 수도를 비롯한 각 지방 정부 차원에서 국민에게 독서 시설과 조건을 제공하는 것이다. 도서관을 짓고 책을 사는 데 정부의 재정을 투입하여, 일반인을 비롯해 특수 계층에게도 독서 서비스를 제공할 수 있다. 즉, 독서를 위한 기초 시설을 짓는 목적이 더욱 크다고 할 수 있다. _국가신문출판방송총국 우상즈吳尚之 부국장

이 법안이 먼저 시행되었던 일부 지역은 상당한 성과를 거두었다. 2015년 3월 1일, 〈후베이 성 전 국민 독서추진법〉이 정식으로 실시되었고, 〈장쑤 성 전 국민 독서 추진 결의〉도 반포되었다. 국가 차원의 〈전 국민 독서 추진 조례〉 역시 현재 추진 중이다.

중국 전 지역에 걸쳐 전 국민 독서지도위원회를 설립하고 독서 지수 조사를 실시하여 그 수치를 각급 인민 정부의 심사 지표에 반영할 것이다. 충분한 재정을 확보한 후 정부의 투입을 강화하고, 전 국민 독서에 필요한 경비를 재정 예산에 넣을 계획이다. _후베이 성 정부 법제 판공실 페이더핑費德平 부주임

2006년 처음 탄생한 '전 국민 책 읽기'는 중국 공산당 중앙선전부

왕신민

와 전前 국가신문출판총서 등 12개 부서에서 국제적인 경험을 바탕
으로 마련한 새로운 독서의 개념이다. 여러 가지 활동을 통해 대중
에게 독서를 권장하는 것이 기본 이념인데, 물론 이 활동은 도시에
만 그치지 않는다.

  1997년, 후베이 시수이添水 현 시마洗馬 진 양줴차오羊角橋 촌에
사는 왕신민汪新民은 교직에서 은퇴한 후 작은 도서관을 지었다. 처
음에는 명함을 만들어 하루 종일 자전거를 타고 돌아다니며 책을
구했다. 은퇴 후 편안히 쉴 법도 한데 스스로 고생길에 뛰어든 셈
이다.

  생활비의 3분의 1을 이 서점에 쏟아부었다. 어느 날, 나처럼 퇴직한 선
  생님이 자신이 읽던 책을 다 쓰러져 가는 상점에 팔았다는 사실을 알

게 된 나는 그 길로 당장 달려가 책을 모두 사 버렸다. 공교롭게도 큰 비가 내려 허겁지겁 겉옷을 책 위에 덮고 집으로 돌아왔는데, 그 모습을 본 아내가 벌컥 화를 내었다. "당신 건강이 중요해요? 아님 저 책들이 중요해요?" 그때 나는 허허 웃으며 이렇게 대답했다. "목숨도 중요하고 책도 중요하지. 하지만 책은 젖으면 말리기가 힘들잖소? 사람이야 병이 나면 약이라도 먹을 수 있지만 말이오." _전직 교사, 시수이 현 시마 진 양췌차오 시골 도서관 설립자 왕신민

도서관이 생기자 작은 마을은 조금씩 바뀌기 시작했다. 마작 소리가 줄어들고, 책을 보는 사람이 늘기 시작한 것이다. 작은 마을에서 시작된 변화는 점차 주변의 마을에도 영향을 끼쳤다.

다 외지로 돈 벌러 나갔기 때문에 우리 마을 사람은 겨우 500명 남짓 된다. 그러니 책 빌리러 오는 이가 몇이나 되겠는가? 그래서 주변 마을에도 책을 빌려 주기 시작했다. 조금이라도 안면이 있으면 무조건 책을 읽으라고 권했다. 지금은 주변의 30개 마을에서 이곳에 책을 빌리러 온다. _전직 교사, 시수이 현 시마 진 양췌차오 시골 도서관 설립자 왕신민

2008년, 왕신민의 시골 도서관은 촌村급 도서관에 당당히 이름을 올릴 수 있었다. 덕분에 이제는 나라에서 책을 지원해 준다. 2007년 국가사업으로 시행된 시골 도서관 건립으로 2015년 현재, 도서관의 수가 60만 449곳이 되었다. 여기에 지원된 재정만 180억 달러이며, 9억 4천만 권의 도서와 5억 4천만 부의 신문과 잡지, 1억 2천만 장의 음향자료, 60만 세트의 영상 설비와 독서 설비 등이 투입되었다.

나름 성공을 거둔 '시골 도서관'들은 농촌 사회의 문화 정보 발산지 역할을 톡톡히 하고 있다.

> 나에게는 세 가지 꿈이 있다. 첫째는, 시골 사람들이 부유해지는 것이고, 둘째는, 아이들이 책을 아끼고 지키는 것이다. 가끔 책을 빌리러 오는 아이들이 "할아버지 감사합니다."라고 할 때가 있다. 그 말을 들으면 말할 수 없이 기쁘다. 그 걸로 세 번째 꿈도 이룬 셈이다. _전직 교사.
>
> 시수이 현 시마 진 양쭤차오 시골 도서관 설립자 왕신민

왕신민의 도서관은 자택 안에 자리 잡고 있다. 주방에서 열람실까지 채 몇 발자국이면 도착할 수 있다. 어쩌면 이것이야말로 독서의 본질을 가장 잘 보여 주는 것이라 하겠다. 독서는 쌀이나 소금, 기름처럼 우리 생활의 일부분이 되어야 하기 때문이다. 더 이상 평범할 수 없는 시골의 독서 풍경은 중국 문명의 미래를 가리킴과 동시에 우리의 선조들이 수천 년 동안 간직했던 이상, 바로 '밭을 갈며 책을 읽는' 이상과 맞닿아 있다

3

도시의 책 향기

우한 시민 타오롄陶鍊 씨는 매일 지하철로 출퇴근을 한다. 티에지루
鐵機路에서 광구光谷 광장까지 12정거장을 가자면 여간 지루하지 않
다. 하지만 책이 있다면 지루함은 한순간에 나를 위해 즐기는 시간
이 될 수 있다. 그러나 책을 빌리는 것부터가 쉬운 일은 아니었다.

가끔 남편과 함께 성급 도서관에 책을 빌리러 간다. 하지만 주차장은
늘 만원이고, 거리도 차로 넘쳐난다. 이럴 바엔 도시 여러 곳에 도서관
을 나눠서 지으면 좋겠다는 생각을 늘 한다. _우한 시민 타오롄

2012년, 우한 시 지하철 그룹은 46개 지하철 역사에 무인 도서관
을 설치했다. 덕분에 지하철 이용객은 언제고 마음껏 책을 빌릴 수
있게 되었다. 타오롄과 같은 책벌레들에게는 여간 편한 일이 아니
었다.

우한의 지하철 서점

우리는 지하철 도서관에 8만 권의 책을 투입했다. 현재 등록된 회원은 1만 6천 명 정도로, 이들이 빌린 책의 누적 수량은 20만 권 정도가 된다. _우한 지하철 그룹 당위원회 마쥔루이[馬君瑞] 부서기

100위안을 내면 신분증을 도서 대출증으로 쓸 수 있다. 한 번에 2권의 책을 빌릴 수 있고, 반납 기한은 20일이다. 기한을 어기면 5편[分]의 연체료를 내야 한다. _우한 시민 타오렌

이제 지하철을 타기 전 책을 빌리고 반납하는 것이 타오렌의 일상이 되었다. 평소 책을 좋아했던 그는 지하철 도서관이 문을 연 후 가장 책을 많이 빌린 이용객 중 한 사람이다. 그에게 지하철 무인 도서관은 가장 편리하고 실용적인 서점이다.

지하철 노선을 따라 있는 원화文華 서점

남편의 신분증까지 이용해 한 번에 4권의 책을 빌린다. 덕분에 매일
책가방을 메고 출근한다. 손이 자유로워 아이를 챙기기도 쉽고, 책도
별로 무겁게 느껴지지 않기 때문이다. 물론 가방이 아무리 무겁더라도
마음은 항상 즐겁다. _우한 시민 타오렌

　지하철 무인 도서관 외에도 우한 지하철 그룹은 언론 매체와 손
잡고 매일 승객들에게 〈우한천바오武漢晨報〉를 제공하는 한편, 정기
적으로 지하철 신문을 발행하고 있다. 그뿐만 아니라 역사 내 모니
터를 통해 도서 공익광고를 내보내고, 좋은 시와 글귀를 역사 벽면
에 설치해 시민들이 독서에 흥미를 갖도록 다양한 노력을 기울이고
있다.

지하철에서 나누어 주는 〈우한천바오〉

책 향기 넘치는 지하철 : 승객들은 하루 평균 226권의 책을 빌려 간다

시민 독서는 도시 기능 중 매우 중요한 부분이다. 완벽한 시민 학습의
기능을 갖추는 것은 구성원 모두가 문화의 혜택을 받기 위한 중요한

전제라고 할 수 있다. _우한 시위원회 상임위원, 홍보부 리수융李述永 부장

'책 향기 넘치는 지하철'이란, 후베이 성의 '책 향기 넘치는 형초荆楚(후베이 지역의 옛 이름-역주), 문화 후베이 전 국민 독서 활동'의 브랜드 내용이다. 현재 중국 전역에서 이와 같은 독서 활동이 펼쳐지고 있다.

중국 전역에서는 '책 향기 넘치는 상하이', '책 향기 넘치는 베이징', '책 향기 넘치는 장쑤' 운동이 활발히 벌어지고 있다. 특히 선전과 산샹三湘(후난湖南의 별칭-역주)은 자체적으로 독서의 달을 지정했다. 뿐만 아니라 전국 400개 지급地級(중국의 제2급 행정구역-역주) 이상의 도시에는 전 국민 독서 활동이 광범위하게 펼쳐지고 있으며, 매년 약 8억 명 정도가 이 활동에 참여한다. _국가신문출판광고총국 우상즈 부국장

중국의 맨해튼이라 불리는 선전의 선난深南 중심가 비즈니스 거리에 사람들의 눈길을 끄는 건물이 있다. 도시 북중부의 요지에 자리 잡은 이 건물은 무려 9헥타르의 엄청난 면적을 자랑하는데, 놀랍게도 이곳은 비즈니스 센터나 쇼핑몰이 아닌 서점이다.

선전은 토지 자원이 풍부하지 않다. 그렇기 때문에 어떤 사업에 대한 정부의 지원 여부는 모두 땅에 대한 허가 여부와 직결되어 있다. 적어도 여기에서는 돈보다 땅이 더 중요하다. 너무 비싸기 때문이다. 그러니 셀 수 없이 많은 토지 매매상들은 늘 도시의 요지를 얻기 위해 안달이다. 제대로 된 땅만 손에 들어온다면 개인의 이익은 말할 것도 없

베이징 최초의 '책 향기 넘치는 지하철'

고 정부도 역시 큰돈을 벌 수 있다. 하지만 선전 시는 요지 중의 요지를 거의 공짜로 서점을 짓는 데 주었다. 이 과정에서 본 손해는 1, 2억이 아닌 수십억이 넘을 것이다. 시는 그것을 잘 알면서도 서점에 허가를 내 주었는데, 그것이 바로 그들의 안목과 전략에 부합하는 것이었기 때문이다. _선전 출판그룹 대표, 선전 독서의 달 조직위원회 판공실 주임 인창롱尹昌龍

도시 중심가에 엄청난 규모의 건물이 들어섰는데 그것이 다름 아닌 서점이라면 어떨까? 선전 시는 문화를, 바로 이 정신적인 장소를 도시에서 가장 중요하고 핵심적인 곳으로 만들었다. 정말 탁월한 식견이 아닐 수 없다. _호우위안后院 독서회 회장, 선전 시 언론인 왕샤오페이王小培

과거의 지주들은 귀한 신분을 드러내려고 본채의 한가운데에 수준 높

선전서점

은 글귀나 산수화를 떡하니 걸어 두었다. 가장 좋은 것, 신분을 가장 잘 나타낼 수 있는 것으로 거실을 장식한 것이다. 도시도 마찬가지이다. 가장 귀하고 좋은 것은 많은 사람이 볼 수 있도록 한가운데 두어야 한다. 그래서 선전 시가 도시의 거실에 서점을 세운 것이다. _선전 출판그룹 대표, 선전 독서의 달 조직위원회 판공실 주임 인창룽

'선전서점'은 전 세계에서 단독 면적으로는 가장 큰 서점이다. 8만 2천 제곱미터의 공간은 서점과 카페, 문화 상품을 파는 상점으로 나뉘어져 있고, 각종 전시회와 강좌가 열리는 공간도 따로 마련되어 있다.

선전도서관

오늘날의 서점은 문화의 종합체가 되었다. 책을 구입하는 것뿐 아니라 여가 활동을 위한 공간으로 변모한 것이다. 시민들은 이곳에서 책을 고르고, 강연을 들을 수 있으며, 웅변대회나 독서토론회를 열 수도 있다. _선전 출판그룹 대표, 선전 독서의 달 조직위원회 판공실 주임 인창룡

  선전 사람들이라면 모두 다 이곳을 좋아한다. 이곳에서는 곳곳에 앉아 책 읽는 사람을 쉽게 볼 수 있다. 하루 종일 앉아서 책을 보는 이들도 있는데, 선전 시민들은 이 서점을 '제2의 도서관'이라고 부른다.

  1995년, 유네스코UNESCO는 4월 23일을 '세계 책의 날'로 지정했

다. 이날은 스페인의 유명한 작가인 세르반테스Miguel de Cervantes Saavedra와 셰익스피어William Shakespeare가 세상을 떠난 날이기도 하다.

이때 막 15살이 된 중국의 첫 번째 경제특구 선전은 지금 최고의 발전기를 맞이하고 있다. 중국 전역은 물론 전 세계인들이 속속 선전으로 모여들고 있기 때문이다. 하지만 한때, 선전의 전통문화는 점차 사라지고 이방인들의 새로운 문화는 좀처럼 인정받을 수 없었다. 그로 인해 선전은 '문화의 사막'이라는 불명예를 안아야만 했다.

그러나 세계 책의 날이 지정되고 이듬해, 이 도시에 생각지도 못한 변화가 불어닥쳤다. 같은 해에 제7회 전국 도서 박람회가 선전에서 열린 것이다. 줄곧 중국의 경제 거점 역할을 했던 선전이 문화 사업을 위한 포문을 먼저 연 셈이다. 선전서점에서 열린 도서 박람회는 입장권을 사야 함에도 불구하고 하루 만에 10만 명의 관람객을 끌어모았다. 그 후 10일 동안 서점은 책 판매로 무려 2,177만 위안의 수입을 올릴 수 있었다. 예약 주문까지 포함해 모두 5개의 전국 기록을 세웠는데, '선전의 속도'는 가히 놀라웠다.

2000년 11월, 선전은 또다시 전국 최초로 '독서의 달'을 지정했는데, 이 사업은 지금까지도 계속되고 있다. 독서의 달에는 500여 개의 크고 작은 독서 활동이 벌어진다. 선전 시민들은 독서의 달을 '문화의 자명종'이라고 부른다.

독서를 생활의 일부로 만드는 것은 매우 중요하다. 스스로 책을 읽는 습관이 갖춰지면 도시와 사회 전체의 독서를 즐기는 분위기는 더욱 뜨거워지게 마련이다. _선전 출판그룹 대표, 선전 독서의 달 조직위원회 판공실 주임 인창룽

독서는 무지와 빈곤, 절망을 없애는 궁극의 무기이다. _전 국민 독서 활동 홍
보대사 주융신

독서는 늘 빠른 속도로 전진했던 이 도시에 깊은 문화의 저력까
지 더해 주었다. 선전 시는 전 국민 책 읽기 운동에 박차를 가하기
위해 독서를 사랑하는 시민을 뽑아 독서 알림이로 위촉했고, 각 사
업장에 '청년 노동자의 책방'이라는 이름의 도서관을 만들었다.

사실 우리가 지금 하고 있는 일들은 본인들의 업무와는 아무런 관련이
없다. 그래서 주로 여가 시간을 이용해 독서를 위한 공익 광고를 만들
고 있다. 우리가 바라는 것은 더 많은 가정과 더 많은 아이들이 책 읽
기를 사랑하고 즐기며 공부하는 것뿐이다. _선전 독서 알림이 류징

어릴 때부터 책을 좋아하도록 만드는 것은 그 사람의 일생에만 영향을
끼치는 것이 아니다. 어릴 때 책을 즐겨 읽으면 커서도 훌륭한 독서가
가 된다. 그러면 후대도 자연스럽게 책을 가까이하게 되고, 이런 식으
로 한 세대 한 세대, 책 읽기의 즐거움이 전해지는 것이다. _선전 독서 알림
이 위안번양

선전의 바이화얼루百花二路와 우루五路가 만나는 길모퉁이에 '물질
생활物質生活'이라는 작은 북 카페가 있다. 선전에서 독서의 달이 제
정되던 해에 생긴 이 카페는, 서점들이 속속 문을 닫을 때도 오히려
'세계에서 가장 영향력 있는 중국어 인문 서점'으로 이름을 날렸다.
카페의 이름은 선전 사람들의 공통적인 생각을 그대로 보여 준

선전 24시간 북 카페

다. 우리의 일상은 물질로만 채울 수 없다. 독서나 정신세계처럼 조
용한 공간이 반드시 필요하다.

선전 사람들은 물질적으로 많은 것을 향유하게 된 후, 스스로 정신적
인 가치관, 지식, 문화가 필요하다고 느꼈다. _호우위안 독서회 회장, 선전의 언론
인 왕샤오페이

나는 선전이 독서에 대한 열망이 강한 도시라고 생각한다. 이러한 열
망은 도시의 독특한 역사에서 기인한다. 경제가 고도로 발달한 선전은
중국에서도 매우 강한 경쟁력을 갖춘 도시이다. 이러한 경쟁력을 뒷받
침하려면 반드시 개인의 능력이 시험대에 오르게 마련이다. 학교에서
배웠던 지식은 이미 시대에 뒤떨어졌기 때문에 계속 공부하지 않으면
사회에서 낙오되고 경쟁에서 도태될 수밖에 없다. _선전 출판그룹 대표, 선전
독서의 달 조직위원회 판공실 주임 인창룽

어쩌면 중국 사회 전체가 그렇다. 경제가 발달한 도시는 그와 함께 문화도 천천히 번영하고, 마지막에는 구성원들의 정신세계도 함께 발전한다. 중국의 미래가 바로 이러한 추세로 흘러가고 있다고 생각한다.

_호우위안 독서회 회장, 선전의 언론인 왕샤오페이

    지식의 축적은 개인의 수준을 결정하며, 도시가 존재하는 궁극의 의미를 결정한다. 전 국민 독서 활동의 장점을 몸소 체험한 선전 시민들은 무려 24년간 1인당 책 구매량 전국 1위라는 수치로 이를 증명하고 있다.

    한때 선전 시민들은 '시간은 금이요, 효율은 생명이다.'라고 외쳤다. 하지만 지금은 '책을 사랑하는 도시, 존경받는 도시'라는 구호가 시 전체에 흘러넘친다. 선전 시민들은 이 구호를 '가장 영향력 있는 10대 관념'으로 뽑기도 했다.

    선전서점 2층 옥상에 자리 잡은 24시간 북 카페는 2006년 11월

1일 문을 연 이래 지금까지 문을 닫은 적이 없다. 11년, 거의 4,000일의 밤 동안 북 카페의 등은 꺼지지 않았다. 마치 문화의 등대처럼 도시의 밤을 밝혀 준 이 카페는, 물질의 충격 속에서도 오염되지 않도록 이 땅을 지켜 준 셈이다. 이 등불은 중국의 희망이기도 하다. GDP 세계 2위의 경제 거인이 된 중국은 이제 그에 걸맞게 문화도 발걸음을 맞춰 가야만 한다. 한 사회의 문화 수준을 높이기 위한 첫 번째 조건은 바로 독서 능력이다.

5년 전 미국 최대의 온라인 커머스 회사인 아마존은 '2001년에 미국에서 가장 잘 팔린 책은 무엇일까?'라는 화두를 던졌다.

뒤이어 인터넷은 가장 정확한 판매 근거를 이용해 다음과 같은 사실을 전 세계에 보여 주었다. 2,500년 전 중국의 군사가가 쓴 병서『손자병법孫子兵法』이 21세기 초 각 분야에서 앞다투어 연구하고 있는 베스트셀러라는 것이다.

그들은 다분히 드라마틱한 방식으로 중국의 도래를 예언한 것이다. "한 민족이 부흥하고 발전하려면 착실하고 진지하게 일하는 사람들이 필요하다. 하지만 더욱 필요한 것은 바로 별이 총총한 하늘을 바라보며 자신들만의 정신적 고향을 지키는 것이다." 문명은 이미 부강富强의 자리를 대체하고 있다. 이제 중국도 이 과제에서 도망칠 수 없다. 중국은 문명 대국이 될 준비가 되었을까? 우리는 문명과 얼마나 가까워졌을까? 이는 개인의 운명뿐 아니라 세계의 운명에도 지대한 영향을 끼치는 문제이다. 굴기崛起하는 중국은 어떤 '문명의 힘'을 가지고 세계에 공헌할 것인가?

5천 년 동안 인류는 독서를 통해 진화했고, 덕분에 새로운 모습의 지구를 새길 수 있었다. 인류의 역사를 24시간으로 축소한다면,

죽간으로 된 『손자병법』

가장 '핵심적인 3분' 동안 일어난 변화는 너무 많아서 일일이 다 살펴보기도 힘들 것이다. 100년 전, 가장 대담했던 SF 작가는 현재 우리 생활의 작은 부분만을 상상해 볼 뿐이었다. 독서, 그 '보이지 않는 손'은 인류를 어디로 이끌어 갈 것인가?

고전의 산인가,
부서진 조각의 구름인가?

장샤오위안江曉原(상하이 교통대학 교수)
류위탕(후베이 성 사회과학원 부원장, 연구원)
타오훙카이陶宏開(화중 사범대학 초빙교수)

1. 인터넷 책 읽기가 시간 낭비라고 생각하는가?

장샤오위안: 가장 큰 문제는 신매체인 인터넷이다. 오직 비즈니스를 위해 존재하는 인터넷은 이용자에 따라 기능을 세분화 할 수 없다. 또 비즈니스의 기본 목적 때문에 오로지 사람들의 눈길을 끄는 데만 혈안이 되어 있다. 조회 수나 방문 기록이 많을수록 생존 가능하고 이익도 창출할 수 있기 때문이다.

인간은 길어 봐야 고작 백 년을 살 뿐이다. 하루는 24시간으로, 인간의 모든 정력과 시간도 딱 그 정도뿐이다. 그런데 조각나고 무의미한 정보가 끊임없이 눈앞에 펼쳐진다면, 의식적으로 강하게 저항하지 않는 한 우리의 한정된 시간과 정력은 곧 힘없이 점령당하고 만다. 때문에 책을 읽을 시간도 현저히 줄어들 수밖에 없다.

오늘날의 지하철을 보자. 승객 대부분은 스마트폰이나 태블릿 PC

를 쳐다보고 있다. 물론 이론적으로는 이런 기기를 이용한 독서도 가능하다. 스마트폰으로도 얼마든지 헤겔이나 소크라테스의 글을 읽을 수 있다. 하지만 문제는 아무도 그러지 않는다는 것이다. 정식으로 조사를 해 보진 않았지만, 스마트폰으로 고전을 읽는 사람은 거의 없을 것이라 단언할 수 있다. 디지털 독서는 대부분 누군가 가져다 놓은 정보를 읽는 수동적인 독서이다. 그런데 그 누군가가 헤겔이나 플라톤을 우리 앞에 갖다 놓을 확률이 얼마나 될까? 디지털 독서는 절대 우리에게 고전을 배달해 주지 않는다.

반면, 엽기적이고 자극적인 뉴스는 넘쳐난다. 범죄 사건이나 보통 사람의 상식을 뛰어넘는 언론 같은 것 말이다. 물론 이런 뉴스를 보는 것 자체가 나쁜 것은 아니다. 그것은 선택의 문제이다. 하지만 생각해 보았는가? 정말 그런 뉴스를 볼 필요가 있을까? 보지 않으면 후회하게 될까? 그것이 나의 일과 생활, 공부에 영향을 줄 것인가? 그렇다. 실제로 그것은 나와 아무 상관이 없다.

지금 이 시대는 정보가 부족한 시대가 아니다. 오히려 정보는 넘쳐난다. 이러한 정보의 무차별 폭격 때문에 우리는 망연자실해지고 피로감을 느낀다. 여기서 필요한 것이 바로 정보를 선별하는 법이다. 누군가는 지금 우리가 교실에서 배우는 것을 인터넷으로도 얼마든지 검색 가능하다고 반박할 수도 있다. 틀린 말은 아니다. 다만 문제는 진정한 교육이 인터넷 검색으로 대체 가능하냐는 점이다. 그게 가능하다면 애당초 학교는 필요 없다. 초등학교, 중학교, 고등학교도 모두 없애 버리면 그만이다. 인터넷에서 지식을 쉽게 검색할 수 있으니 말이다. 하지만 과연 그런 방법으로 교육을 완성할 수 있을까? 일단 교육이 인터넷 검색으로 대체될 수 없다는 것을 의식하기만 하면 진정한 독서의 가치를 깨달을 수 있다.

고전은 무엇인가? 고전이란 선대의 지혜가 고도로 농축된 것으로, 우리에게 꼭 필요한 양식과도 같다. 고전을 읽지 않는 사람은 문화가 없는 것과 같다. 문화가 없다는 것은 어떤 일에 대해 무지하거나 그것을 인터넷으로 검색할 수 없다는 뜻이 아니다. 어쩌면 근본적으로 무엇을 검색해야 하는지조차 모르는 것과 같은 것이다.

사람들은 대부분 고전을 읽을 시간이 없다고 말한다. 그런데 왜 의미 없는 정보 검색에는 시간을 빼앗기고 있는가? 결국 그것은 우리의 의지에 대한 시험이다. 무언가를 즐기는 것은 인간의 본성이다. 교육의 무수한 역할 중 하나는 인생을 갉아 먹는 나쁜 습관을 바로잡는 것이다. 그래서 열심히 책을 읽어야 한다. 물론 먹고 마시고 노는 것이 책 읽기보다 재미있다. 하지만 결국은 그런 자신을 극복하고 책을 읽고 공부를 해야만 하는 시간이 있다.

디지털 독서, 겉보기에는 그럴싸하다. 하지만 그것은 거품처럼 금세 사라지고 만다. 반면 오랜 세월의 지혜가 응집된 고전의 자양분을 흡수하면 진정으로 성장할 수 있다. 노력해서 책을 읽지 않으면 타인에게 끌려가는 삶을 살 수밖에 없다. 하루 종일 조각난 정보에 시간을 빼앗기면, 결국 우리 삶은 몇몇 엘리트들에게 조종당할 수밖에 없다 그들은 바로 쪼개진 정보를 우리 앞에 갖다 놓은 장본인이다. 그들은 매우 똑똑하다. 자신들이 가져다 놓은 정보로부터 자유롭기 때문이다.

얼마 전 미국에서 실시한 조사 결과를 보고 깜짝 놀란 적이 있다. 대학 학력 이상의 부모를 가진 자녀들의 하루 평균 인터넷 사용 시간이 그보다 낮은 수준의 학력을 가진 부모의 자녀보다 최소한 한 시간 이상 적었기 때문이다. 사회 하층에 있는 사람일수록 인터넷의 유혹에 빠지기 쉽다는 것을 잘 설명해 주고 있다. 이러한 가정의 아이들은 게임이나 오락 프로를 보면서 더 많은 시간을 인터넷에 허비한다. 하지만 비교적 높은 계층에 속한 아이들은 인터넷을 거의 사용하지 않는 대신, 더 많은 시간을 고전을 읽는 데 열중한다. 매일이 그렇다면 수십 년 후 그 차이는 더욱 벌어질 수밖에 없다.

2. 인터넷은 얕은 독서라고 생각하는가?

류위탕: 웹상에 이런 말이 떠돈다고 한다. "한 인터넷 중독자가 말했다. 내가 어디에서 왔는지 묻지 마시라. 나는 인터넷에서 왔다. 내가 어디로 가는지도 묻지 마시라. 나는 인터넷으로 간다." 다분히 풍자적이긴 하지만 지금 우리의 현실을 그대로 꼬집는 말이라 걱정이 되는 것도 사실이다. 컴퓨터 말고 스마트폰에 중독된 사람도 많다. 누군가는 인터넷이나 스마트폰으로도 책을 읽을 수 있다고 말한다. 물론 틀린 말은 아니지만, 그것은 얕은 독서에 지나지 않는다.

　첫째, 인터넷이나 스마트폰으로 얻는 정보는 여과된 것이 아니다. 실제로 사람들은 즉흥적으로 정보를 발송한다. 특히 웨이보나 웨이신이 그렇다. 여과되지 않았기 때문에 사실과 다른 것이 너무나 많다. 둘째, 중복이다. 똑같은 정보가 모든 인터넷 사이트에 널려 있다. 사람들은 대개 한 사이트에서 알게 된 정보에 충분히 안심하지 못하고 같은 내용을 또 찾아본다. 이런 과정이 반복되면 자연적으로 시간을 낭비할 수밖에 없다. 셋째, 이들은 모두 조각난 정보이기 때문에 전체로 연결되지 않아 치밀한 논리 관계가 부족하다. 이런 무의미한 시간이 계속되면 우리는 점점 스마트폰이나 인터넷 독서에 시간을 빼앗기고, 대뇌는 무감각해져 애서 생각조차 하지 않으려 한다. 자연적으로 생각은 더뎌지고 머릿속은 백짓장처럼 하얘질 수밖에 없다.

서양의 유명한 학자는 이런 말을 했다. "영양분을 잘 섭취하는 사람은 많이 먹는 사람보다 건강하다. 마찬가지로, 성공하는 사람은 책을 많이 읽는 사람이 아니라 좋은 책을 읽는 사람이다." 우수한 책을 읽는 것이 얼마나 중요한지 알려 주는 말이다. 영국의 소설가 헨리 필딩Henry Fielding은 이런 말을 했다. "질이 낮은 책은 무지한 사람을 더욱 무지하게 만든다."

좋은 책을 읽는 것도 중요하지만, 내가 얕은 독서를 무조건 반대하는 것은 아니라는 점을 분명히 해두고 싶다. 베이컨은 "맛만 보아야 할 책이 있고, 삼켜야 할 책이 있으며, 꼭꼭 씹어야 하는 책도 있다."라고 말했다. 이처럼 얕은 독서가 필요한 책도 있다. 그러니 얕은 독서를 무조건 꺼리지만 말고, 깊은 독서를 더욱 중요하게 생각하면 될 일이다.

3. 어디에서나 인터넷을 할 수 있는 이 시대에 '인터넷 중독'이라는 말이 아직도 유효하다고 생각하는가?

타오훙카이: 2004년 중국의 인터넷 중독 청소년의 수가 400만 명 정도라는 통계가 나왔다. 2009년 중국 청소년인터넷협회의 조사에 따르면, 이 수는 6배 증가한 2,409만 명으로 늘어났다.

내가 처음 인터넷 중독자들을 치료할 때 환자 중 90%가 초중고 학생이었는데, 그중에서도 초등학교 3학년과 고등학교 1, 2학년이 가장 많았다. 그러던 것이 2006년 이후에는 대학생 환자가 더욱 늘어났다. 힘들게 대학에 합격한 후 인터넷에 중독되어 계속 책을 읽지 않는 세태를 그대로 보여 주고 있는 결과이다. 일단 대학교에 가면 아이들에 대한 관리는 더욱 느슨해지게 마련이다. 막 대입 스트레스에서 벗어난 아이들은 시간과 돈이 여유롭다 보니 쉽게 인터넷에 빠질 수밖에 없다. 현재 중국의 게이머들 중 58%가 대학생이다.

얼마 전 둥베이東北 전자대학교에서 무려 360명의 학생이 한꺼번에 제적되는 일이 있었다. 조사차 학교를 방문해 교무처 담당자에게 들은 이야기는 한숨이 나오기에 충분했다. 학교 주변에 PC방만 해도 33개가 있는데, 그 때문에 학생들의 출석률이 거의 제로에 가깝다는 것이다. 아이들이 수업을 듣지 않으니 과목 개설 자체가 어렵고, 수업이 없어지니 학생들이 아예 대놓고 PC방을 출입하더라는 것이다. 고민 끝에 학교측은 이 학생들을 전원 퇴학 조치하기로 했다.

성인이나 부자父子, 모자母子 중독자도 있는데, 문제는 중독 연령이 더욱 어려지고 있다는 점이다. 내가 만난 한 인터넷 중독자는 고작 다섯 살 난 꼬마였다. 아이의 아빠는 작가였는데, 유치원에서 돌아온 아이랑 놀아 주는 것도 한두 번이지 갈수록 지쳤다고 한다. 게다가 아이를 돌보느라 글을 쓸 시간이 없었던 아이의 아빠는, 처음에는 아이와 함께 게임을 했다. 아이는 금세 게임에 빠져들었다. 결국 먹지도 자지도 않고 게임을 하겠다고 버티던 아이는, 다음날 유치원에 가는 것도 거부하며 바닥에 드러누워 떼를 썼다. 아이는 이미 인터넷 게임에 중독된 것이다.

그 후 얼마 지나지 않아 학술 발표를 위해 산둥山東 지난齊南을 방문했을 때, 더 어린 중독자를 만날 수 있었다. 겨우 2살짜리였는데, 아이의 부모는 항상 바빴다. 아이는 늘 심하게 떼를 쓰며 젊은 엄마와 컴퓨터 수리 기사였던 아빠에게 관심 받기를 원했다. 어쩔 수 없이 부모는 아이를 탁자 위에 앉히고 떨어지지 않게끔 물건들로 에워싼 다음 인터넷 게임을 하게 했다. 그러자 아이는 금세 조용해졌다. 덕분에 부모들은 마음 놓고 일을 할 수 있었다. 며칠 후, 부모는 아이가 먹고 자는 것도 잊은 채 잠시도 컴퓨터 앞을 떠나지 않으며, 극도의 흥분 상태에 놓여 있는 것을 발견했다.

인터넷 게임 시장의 규모는 어마어마하다. 그런데 우리는 그 시장이 과연 어떠한 시장인지 먼저 살펴봐야 한다. 마약, 섹스, 도박, 무기 시장이 존재하는가? 우리는 그런 시장을 개발하기 위해 노력하는가? 시장이 있다고 맹목적으로 개발해서는 안 될 물건도 있다. 우선은 개발 가치가 있는 시장인지, 상품이 사회의 진보에 도움이 되는지, 국민의 이익을 실현할 수 있는지, 그 이점과 폐단을 꼼꼼히 따져 봐야 한다.

최근 몇 년 동안 미국과 영국, 중국의 과학자들이 프로 게이머들의 대뇌를 분석하고 발표한 보고서를 보면, 폭력성 짙은 게임이 대뇌를 손상시킨다는 사실을 알 수 있다. 화면이 사실적일수록 그 위해성은 더욱 커진다. 과학자들은 실험을 통해 폭력적인 게임에 오랜 시간 노출되면 대뇌가 마치 마약에 중독된 것과 같은 상태가 된다고 밝혔다. 폭력적인 게임이 얼마나 위험한 것인지 알 수 있는 부분이다.

학부모들은 대부분 자신의 자녀가 예전에는 공부도 잘하고 말도 잘 들었는데 게임을 하고부터는 완전 다른 사람이 되었다고 한탄한다. 아이들은 늘 멍한 상태로 정상적인 생활이 불가능했으며, 걸핏하면 다른 사람과 싸우고, 심지어는 부모에게 욕을 하는 경우도 있었다. 심하면 부모를 때리거나 죽이는 경우도 있었는데, 너무나 가슴 아픈 일이 아닐 수 없다. 내가 알고 있는 청소년 인터넷 중독자들은 부모에게 정신적으로든 육체적으로든 심각한 해를 입혔다. 아이들은 아무렇지 않게 부모에게 욕설을 했고, 돈을 주지 않는다는 이유로 부모를 때리기도 했다.

그중 가장 충격적인 사건이 떠오른다. 부부가 모두 공무원으로, 아들 하나를 둔 평범한 가정이었다. 그런데 아들이 17살이 되자 갑자기 등교를 거부하더니 점점 이상하게 변하기 시작했다. 처음 PC 방에서 게임한 사실을 들킨 아이는 컴퓨터를 사 주면 열심히 공부하겠다고 다짐했다. 하지만 막상 집에 컴퓨터를 들여놓으니 상황은 더욱 악화되었다. 한 2주 동안은 약속을 지키는가 싶더니, 얼마 뒤 담임선생님으로부터 전화가 왔다. 아이가 좀처럼 숙제를 내지 않는다는 선생님의 말에 화가 난 아빠는 당장 컴퓨터를 부숴 버렸다. 그러자 갑자기 사납게 돌변한 아이는 아빠를 때리기 시작했고, 곧 부자간의 혈투가 벌어졌다. 한바탕 싸움이 끝나고, 아이는 엄마에게 아빠와 이혼하지 않으면 절대 학교에 가지 않겠다고 으름장을 놓았다. 고민에 빠진 부부는 곧 고3이 되는 아이를 어떻게든 대학에 보낼 요량으로 마지못해 합의 이혼을 했다. 하지만 얼마 지나지 않아 아이는 또다시 등교를 거부했다. 일단 인터넷에 중독된 아이의 말은 믿을 수 없었다. 상황을 모면하려고 갖은 약속을 했지만 번번이 지켜지지 않았다. 늘 뭔가를 요구했던 아이는 항상 원하는 것을 얻었지만, 부모는 계속 양보해야만 했다.

중국에 돌아온 후 10년을 보내면서 나는 우후죽순으로 생긴 PC방 때문에 많은 아이들이 공부를 팽개쳤고, 심지어 그곳이 범죄의 온상이 된 사실을 발견할 수 있었다. 인터넷 게임은 가장 잔혹하고 폭력적인 방법으로 승리를 쟁취한다. 가상의 세계에서는 얼마든지 사람을 죽일 수 있고, 살인 후 조각난 시체를 밟고 전진한다. 살인을 부추기는 게임에 간담이 서늘해질 정도이다.

그중 나의 마음을 가장 아프게 하는 것은 바로 아이들의 자살이다. 2004년 12월 29일 톈진天津에서 일어난 일이다. 그날 한 아이가 24층 건물에서 뛰어내려 목숨을 끊었다. 사실 아이는 학교에서 우등상을 받을 정도로 모범생이었다. 어쩌다 워크래프트Warcraft라는 게임에 빠지게 된 아이의 성적은 나날이 곤두박질쳤다. 한순간에 모범생에서 문제아가 된 아이는 충격을 이기지 못하고, 다음 세상에서는 착한 아이가 되겠다는 내용의 유서를 남기고 투신했다.

이 사건이 일어난 후 나는 한 매체와 함께 청소년 자살의 원인에 관한 조사를 벌였다. 조사 결과는 충격적이었다. 청소년 게이머들 중 80% 정도가 내세를 믿고 있었다. 이유는 놀랍게도 가상세계에서는 죽은 자가 부활이 가능하기 때문이었다. 한 게임 속의 악마들은 죽은 다음에라도 돈을 내면 부활 구역에서 부활을 기다릴 수 있다. 아직 덜 성숙한 아이들은 장시간 게임에 노출되면 게임의 내용을 현실과 구분할 수 없다. 그래서 아이들은 죽더라도 다시 살아날 수 있다고 믿은 것이다.

여기에서 다시 말하고 싶다. 21세기 인류는 이미 새로운 세계로 접어들었다. 인터넷 시대, 정보의 시대, 하이테크놀로지 시대. 하지만 게임의 시대는 절대 아니다.

영혼을 위한 책 읽기

　베네트 서프Benett Cerf는 이런 말을 했다. "독서의 즐거움은 작가가 당신에게 무언가를 알려 주는 데 있지 않다. 책을 통해 당신의 영혼이 편해지는 것이 바로 진정한 즐거움이다." 고독한 사람이 책 읽기를 좋아하는 것은 확실해 보인다. 독서가 빈 마음을 채워 주기 때문이다. 비록 몸은 고독하고 외로울지라도 마음만은 넉넉하게 채워진다. 가난한 사람은 독서를 좋아한다. 책 속에 지식과 정신적 자산이 풍부하게 녹아 있기 때문이다. 몸은 초라한 곳에 있어도 마음만은 세계를 품는다. 마음의 상처가 있는 사람도 독서를 좋아한다. 책은 마음을 따뜻하게 해 주며 상처를 치료해 주기 때문이다. 독서는 영양가가 풍부한 음식이다. 메마른 영혼을 살찌워 주며 상처 입은 마음을 건강하게 해 준다.

　러시아의 작가 막심 고리키Maxim Gorky는 이렇게 말했다. "책은 우리의 지혜와 영혼을 일깨워 주는 한편, 절망한 우리를 수렁에서 일어나게 해 준다. 책이 없었다면 우리는 이 수렁에서 헤어나지 못한 채 우둔한 상태로 질식했을지도 모른다." 독서가 고리키의 영혼에 얼마나 큰 영향을 주었는지 분명하게 보여 주는 말이다.

어렸을 때부터 극심한 가난에 시달렸던 고리키는 가족들을 먹여 살리기 위해 사방을 돌아다니며 일자리를 구했다. 자전적 소설인 『사람들 속에서』를 통해 그 시절의 모습을 그대로 묘사하기도 했다. 당시 그의 주변에는 저속하고 무지하며 타인의 등 뒤에서 험담이나 늘어놓는 부류들만이 가득했다. 이렇게 가다 보면 그 역시도 같은 사람이 될 게 뻔했다. 하지만 다행스럽게도 한 정직한 요리사의 도움을 받은 고리키는 책을 읽기 시작했다. 그 후의 삶이 순탄했던 것은 아니지만 고리키는 늘 손에서 책을 놓지 않았다. 다양한 책을 통해 풍부한 지식을 얻은 그는 자신이 처한 시대와 환경을 정확히 알 수 있었고, 환경에 굴하지 않는 강한 사람이 되기로 결심했다.

어른이 된 고리키는 글을 쓰기 시작했다. 노동자들과 혁명가들의 생활 그리고 그들의 내적 갈등을 그린 『밑바닥에서』, 『어머니』, 『유년 시대』, 『사람들 속에서』, 『나의 대학』 등을 써낸 그는 러시아 현실주의 문학의 창시자가 되었다. 책에서 얻은 영혼의 깨달음은 그를 자신이 처한 환경과는 다른 길로 가게 만들어 주었다. 소시민의 편협하고 이기적인 생각에서 벗어난 그는, 사회에 관심을 갖고 현실을 돌아보는 위대한 작가의 길로 들어선 것이다.

장애를 가진 작가 장하이디張海迪는 고리키와 달리 책 속에서 친구 같은 영혼의 위로를 찾을 수 있었다. 몸이 불편해 학교에 갈 수 없었던 장하이디는 늘 집에서만 시간을 보냈다. 겨우 5살의 꼬마숙녀였던 그는 놀이터에서 노는 대신 혼자서 쓸쓸히 침대를 지켜야 했다.

그러던 어느 날 엄마가 불쑥 〈샤오펑여우小朋友(어린이-역주)〉라는 잡지를 내밀었다. 책 속 가득한 이야기와 그림은 어린 장하이디의 관심을 끌기에 충분했다. 그때부터 책을 좋아하게 된 장하이디는 훗날 그때를 이렇게 기억했다. "그 책은 나에게 큰 도움이 되었어요. 스스로 책을 읽고 사전을 찾아보기 시작했으니까요." 장하이디는 더 이상 외로운 소녀가 아니었다. 현실은 고독했지만, 영혼은 더욱 풍성해지고 있었기 때문이다. 책은 그의 생활을 더욱 풍성하게 해 주는 충실한 벗이 되어 주었다. 병으로 메말랐던 그의 영혼에 생명력 넘치는 맑은 샘물이 차기 시작한 것이다.

한번은 엄마가 그동안 사 달라고 졸랐던 주스를 사 먹으라며 용돈을 준 적이 있었다. 하지만 장하이디는 주스 대신 기꺼이 평소 읽고 싶었던 책을 샀다. 그렇게 겨우 아홉 살에 이미 많은 책을 사 모은 그는 장편 소설을 쓰기 시작했다.

훗날 작가가 된 장하이디는 『휠체어 위의 꿈』, 『절정』과 같은 작품을 썼다. 그에게 새로운 영혼의 동반자, 글쓰기라는 친구가 생긴 것이다. 한 인터뷰에서 그는 이런 말을 했다. "나에게 글을 쓸 수 있는 펜 한 자루를 주신 것에 감사합니다. 덕분에 나는 하고 싶은 말을 다 할 수 있고, 불의에 저항할 수 있습니다. 글을 통해 살아 있을 뿐 아니라 작품 속에서 제 영혼을 날게 할 수도 있지요." 독서는 그에게 풍부한 지식과 글을 쓰는 능력, 그리고 다른 영혼의 체험을 할 수 있는 기회를 선사했다.

젊은 시절 톄닝鐵凝도 장하이디처럼 '갇혀' 있었다. 물론 물리적인 것이 아닌 그의 영혼이 사막 한가운데 갇혀 있었다고 해야 옳을 것이다. 톄닝이 초등학생일 때 마침 중국에는 '문화대혁명'이 한창 진행 중이었다. 어른들의 세계는 늘 불안했고, 아이들의 세계는 무미건조했다. 교실에서 책을 공개적으로 꺼내 놓을 수 없었기 때문에 아이들은 교과서만 달달 읽어 댔다. 학교 밖에서 누구보다 천진하고 자유로워야 할 아이들의 생활은 극도로 절제되고 단조로웠다. 그 시간들은 톄닝 스스로 마음의 문을 걸어 잠그게 만들었다.

그런데 얼마 후 톄닝은 집에서 엄청난 '보물'을 찾아냈다. '시대에 맞지 않는' 문학 명작을 찾아낸 것이다. 타는 갈증에 시달리던 사람이 물을 찾아낸 것처럼, 톄닝은 허겁지겁 책을 읽었다. 그 책은 로맹 롤랑Romain Rolland의 『장 크리스토프Jean Christophe』였다. 톄닝은 한 천재 음악가의 섬세한 예술 세계를 그려 낸 소설을 완전히 이해할 수 없었다. 자신과는 너무나 동떨어진 삶이었기 때문이다. 하지만 책 속표지의 머리말은 그의 작은 영혼을 흔들기에 충분했다. "진정한 빛은 암흑의 시대를 없애는 것이 아니라, 흑암에도 사라지지 않는 것이다. 진정한 영웅은 저급한 정신을 무너뜨리는 것이 아니라, 그러한 정신에 영원히 굴복하지 않는 자이다." 글을 통해 처음으로 아름답고 고귀한 영혼을 갈망하게 된 그는 세상을 위해 무언가를 할 수 있는 사람이 되고 싶었다.

당시를 떠올리며 톄닝은 이렇게 말했다. "나는 내가 이 세계를 위해 무엇을 할 수 있는지 결코 알 수 없었다. 하지만 분명 이런 생각을 했던 것 같다. 독서가 나의 영혼을 일깨워 주고 세계에 대한 나의 인식을 풍부하게 했으며 아름다움에 대한 호기심을 길러 준다는 생각 말이다."

유명 인사가 된 후 톄닝은 고전 명작의 영향력을 더욱 강조하며 이렇게 말했다. "한 사람의 영혼이 건강하게 자라려면 반드시 뛰어난 문학 작품과 친구가 되어야 한다." 독서 빈곤 시대에 단 한 번의 우연한 독서는 톄닝에게 인생의 길을 제시한 셈이었다.

『파리의 노트르담Notre-Dame de Paris』에는 추한 모습의 콰지모도가 등장한다. 하지만 그의 착하고 용감한 마음씨는 수많은 독자를 사로잡았다. 『위대한 개츠비The Great Gatsby』는 수많은 사람이 부러워 마지않는 부유한 개츠비의 생활을 묘사했다. 하지만 정작 사람들의 마음을 끈 것은 그의 고독이었다. 『오즈의 마법사Wizard of OZ』 속 양철 나무꾼은 전 세계 아이들의 친구가 되었지만, 그가 시종일관 원했던 것은 진짜 심장이었다. 독서를 통해 우리는 이들과 같은 진지한 영혼을 만날 수 있다. 이러한 영혼은 우리의 내면까지도 살찌워 준다. 그것이야말로 독서의 매력이다.

바쁘게만 돌아가는 일상에 갖가지 오락 활동까지 더해져, 독서는 우리에게서 더욱 먼 일이 되어 버렸다. 업무상 스트레스로 우리의 정신은 더욱 피폐해지고, 영혼은 더 쓸쓸해졌다. 하지만 바쁜 일상 속에서도 여가를 즐겨 보자. 자신을 위한 독서의 시간을 준비해 보는 것이다. 늦은 오후, 시원한 공원이나 발코니에서 가벼운 마음으로 책 한 권을 펼쳐 보는 것은 어떨까? 이마에 부딪히는 가벼운 바람을 느끼며, 따뜻하고 부드러운 차 한잔을 음미하듯 가벼운 마음으로 말이다.

새 시대의 권학편勸學篇을 찾아서

다큐멘터리 〈독서의 힘〉은 후베이 성 신문출판방송국 장량청張良成 국장의 도움으로 만들어졌다. 이전에 후베이 방송국 국장을 지냈던 장 국장은 강한 집념의 소유자로 누구보다 작품의 수준을 중요하게 생각했다. 그는 방송국 국장으로 재임하던 시절에 나에게 대작 다큐멘터리 〈지점支點(받침점, 지렛대-역주)〉의 제작을 제안했는데, 훗날 약속대로 작품을 무사히 찍을 수 있었다. 그리고 장 국장은 방송국을 떠나 신문출판방송국의 국장이 되었다. 2013년쯤부터 나는 그의 제안으로 함께 독서와 관련된 대작 다큐멘터리 촬영을 위한 준비 작업에 착수했다. 그는 '전 국민 독서'라는 시대적 주제를 끌고 나갈 만한 무게 있는 작품을 만들어야 한다고 생각했다. 제작회의 때 그는 '새 시대의 권학편'을 만들어 더 많은 중국인이 다시 책을 집어들고 문명의 길로 걸어가야 한다고 목소리를 높이기도 했다.

사실 〈독서의 힘〉이라는 제목은 CCTV에서 이미 방영했던 〈회사의 힘〉에서 따온 것이다. 모두 알다시피 현재 중국 사회의 최대 관심사는 '돈'이다. 물질에 대한 과한 애정이 이미 전국에 퍼져 있다.

물론 이해 못 할 일은 아니다. 오랫동안 가난했던 사회, 늘 모자라는 물질에 대한 답답함으로 가득했던 사회에서 재화에 대한 구속이 풀리자 에너지가 분수처럼 솟구치는 현 상황을 말이다. 하지만 여기에는 반드시 문제가 따르게 마련이다.

인류는 어떤 면에서는 일종의 정신의 저장 매체라고 할 수 있다. 그러므로 물질에 대한 욕망이 마구 솟구치고 있다면, 반드시 그와 동등한 강도의 정신문화로 이를 제어하고 감독할 수 있어야 한다. 물질과 정신은 하나의 목적을 위한 두 다리와도 같다. 한쪽 다리만 빠르게 자란다면 반대쪽 다리는 오히려 성장 속도가 심각하게 더뎌지거나 병이 날 수밖에 없다.

정의와 이익 중 하나를 선택하라고 한다면 사람은 편파적일 수밖에 없다. 그렇기에 일부 사람들은 죄의식 없이 이익을 추구하는 데 수단과 방법을 가리지 않게 되었다. 가짜 분유, 가짜 만두, 가짜 채소, 수질 오염, 공기 오염과 같은 추악한 사회 현상은 왕왕 이익에만 눈이 멀어 무엇도 신경 쓰지 않는 가치관에서 비롯되었다.

도덕의 추락, 그 배후에는 문명의 쇠퇴와 영혼의 황폐화가 있다. 황무지에서 탄생한 인류는 천지의 영혼과 오랜 대화를 거쳐 엄청난 양의 지식과 지혜를 축적했다. 그리고 책을 통해 자신이 경험한 지식과 지혜를 계승했다. 이것이야말로 '문명'의 핵심이다. 인류가 만물의 영장이라 불리는 것은 이렇게 위대한 책의 도움 덕이었을 것이다. 진정한 독서를 한 사람은 타인을 해하는 일이 자신을 해하는 것임을 잘 알고 있다. 반대로 타인이 무언가를 성취할 때 나 자신도 비로소 무언가를 얻을 수 있다는 사실 또한 어렵지 않게 알 수 있다. 이는 가장 기본적인 인간관계의 논리이다. 그렇기 때문에 독서가 일반화된 사회에서는 사람이 사람에게 해를 가하지 않는다. 물질이 인간의 상식을 뛰어넘는 속도로 발전하고 있는 현재, 우리의 정신세계도 반드시 그와 발맞추어 앞으로 나가야 한다. 문명 재건이 전 국민 독서와 뗄 수 없는 관계라는 사실은 조금도 의심할 여지가 없다.

〈독서의 힘〉을 제작하는 일은 결코 쉽지 않았다. 어떻게 찍을 것인가? 쉽게 가려면 독서를 통해 성공을 이룬 전형적인 사례들을 찍으면 된다. 그러면 단기간은 시청자의 관심을 끌 수 있고 제작도 훨씬 쉬웠을 것이다. 하지만 이러한 식의 보도는 주제 의식을 흐리고, 얼마 지나지 않아 그 의미도 빠르게 퇴색되리라 생각했다.

그래서 우리는 착실한 기획을 바탕으로 다소 힘들지만 좀 더 넓은 의미의 주제를 정하기로 했다. 바로 책과 독서를 인류 문명사의 장대한 맥락 속에 넣기로 한 것이다. 먼저, 오래전부터 존재했지만 세상에 직접 꺼내 놓지 못했던 주제를 분석했다. 인류 문명사는 책과 독서가 만든 것이나 다름없다. 책의 발명과 진화, 계승이 없었다면 지난 2천 년간의 인류 생활은 그토록 빠르게 진화하지 못했을 것이다. 이러한 주제를 작품 속에 녹여 내는 것이 쉽지만은 않았다. 〈문명의 뿌리〉, 〈정신세계의 바탕〉 그리고 〈역사의 바퀴〉에서는 세계 각국의 연기자들을 기용해 동, 서양 문명사 중 문화 거작들의 형성 과정을 재현했다. 또 세계사에 깊은 영향을 미쳤던 위대한 인물을 현실감 있게 묘사함과 동시에 대량의 동영상을 통해 책과 문명사의 깊은 관계를 생동감 있게 표현하고자 했다. 실사 촬영을 위해 중국 대륙의 절반을 돌아다니며 역사상 가장 위대했던 작가의 흔적도 찾으려 했다. 역사적 색채가 강한 〈독서의 힘〉은 현재 중국 다큐멘터리계에서 두터운 지식과 높은 기술력으로 탄생한 작품이라 감히 말할 수 있다.

1장 〈문명의 뿌리〉는 본 다큐멘터리의 주인공인 '책'을 주로 다룬다. 무에서 유로 이어진 책의 역사이다. 상당한 지식이 담겨 있는 본 편은 설령 다른 문화권의 시청자라도 단 30분 만에 '책'의 과거와 현재에 관해 이해할 수 있도록 만들어졌다. 그중 어떤 부분은 해석과 설명이 필요하기도 하다. 왜 금문金文이나 백서帛書(글이 쓰인 비단)가 죽간竹簡(글자를 기록하던 대나무 조각)처럼 주 매체로 자리 잡지 못했는지, 왜 활자 인쇄술이라는 위대한 발명이 중국에서는 조판彫版(글자를 새긴 판자) 인쇄를 대체하지 못하고 오히려 서양에서 큰 성공을 거둬 문명 진보의 중요한 도구가 되었는지, 왜 해진 어망과 천을 이용해 탄생한 제지술이 인류 문명사상 중대한 가치를 지닌 발명이 되었는지 말이다. 책의 형식에 따라 독서 방식이나 독자층도 달라지게 마련이다. 문화 저장 매체로서의 책은 먼저 하드웨어적으로 독서와 지식의 계승 가능성을 확보했다.

2장 〈정신세계의 바탕〉은 독서와 문명사라는 주제의 핵심이다. 전 인류의 문명사는 그리 많지 않은 고전에 묘사되어 있다. 이러한 고전은 모든 지식인이 반드시 읽고 연구해야 하는 것으로서, 문명사의 영혼이자 현재 문명의 정신적인 선조라 할 수 있다. 인간이 인간의 가장 기본적인 이념적 가치관을 만드는 것보다 중요한 일은 없다. 이 모두는 책과 독서의 힘이다.

3장 〈역사의 바퀴〉는 '독서의 힘'에 대한 가장 웅대하고 명시적인 인식을 보여 주는 장이다. 예전에도 우리는 이에 대해 어느 정도는 기본적으로 인식하고 있었다. 하지만 책의 시각에서 인류 역사의 변화를 직접 분석한 결과, 책과 그 책이 전해 주는 관념적 지혜를 발견할 수 있었다. 또한 독서를 통해 만들어지는 신기한 힘을 계승하는 것이 무척 대단하고 결코 막을 수 없는 일임도 알았다. 지리적인 대 발견을 이끌었던 『동방견문록』처럼 원자폭탄과 같은 거대한 에너지를 품은 책도 있다. 처음에는 독서하는 이가 많지 않았을지라도 책은 세계를 바꿀 힘을 이끌어 냈을 것이다.

이처럼 1, 2, 3장에서는 책의 기원과 인류 정신문명의 고전인 책의 의미, 그리고 문명의 진화를 이끌었던 책이라는 세 가지 측면에서 '독서의 힘'을 분석하고 보여 주었다.

4장 〈책 읽는 인생〉은 전류, 옹동화의 가문과 포송령의 인생을 통해 인생의 성공과 독서 간의 대체 불가능한 인과 관계를 증명한다. 본 편에서는 오랫동안 중국 사회에서 귀감이 되어 온 몇 가지 이야기와, 전 세계인에게도 적용 가능한 모범적인 가치관을 주로 언급한다. 이처럼 독서는 찬란한 중국 민족의 역사를 이루는 데 큰 역할을 했는데, 그것이 단지 몇 세대에만 그치지는 않았을 것이다. 중국의 문화 계승과 문명 창조에 '과거 제도'가 끼친 영향은 중국의 역사에서도 매우 핵심적인 부분이다. 그것은 여러 문명사 중 단 한 번도 중단되지 않고 이어진 중국 문명의 특수한 연결고리이기도 하다. 본 편은 앞선 3편의 웅대한 서사의 바탕 위에 쓴 몇몇 가문과 개인의 운명에 관한 이야기이다. 몇 세대를 거쳐 전해 내려온 이들의 이야기를 하나로 엮어 그 속에서 정수만을 뽑아 한 가문의 흥성의 오묘한 비결이 책 읽기를 중시하는 가훈에 있음을 알 수 있게 했다. 이 가훈은 가장 핵심을 찌르는 깨달음에 대한 가치이다.

5장 〈전 국민 책 읽기〉는 현재 중국에서 실시하고 있는 대국민 책 읽기 운동을 이야기한다. 본 다큐멘터리의 제작사가 정부 기관인 것도 하나의 이유이지만, 전 국민 독서가 중국의 문화 사업 영역에서 최근 10여 년간 이룬 성적에 결코 무시할 수 없는 의미가 있기 때문이다. 선전 시는 땅값이 가장 비싼 도시의 중심가에 서점을 지었다. 또 우한 시는 모든 지하철역마다 도서관을 만들었다. 40년간 평화롭게 진행된 사회의 진화가 이토록 아름다운 문명의 열매를 맺게 한 것이다. 이는 중국이 정신문화의 대국으로 가기 위한 출발점임에 틀림없다. 문화 대국으로서의 자질을 십분 보여 줄 때에만 비로소 한 나라와 민족의 겉과 속이 모두 위대해질 수 있다.

지난 3년간 〈독서의 힘〉은 여러 번의 수정과 재촬영을 거쳐 탄생되었다. 그 긴 시간 동안 촬영팀은 장량청張良成 국장, 마리馬莉 부국장, 양천칭楊陳淸 부국장, 후웨이胡偉 부국장, 왕루王潞 주임 등과 함께 끊임없이 작품에 대해 토론하고 의견을 나눴다. 그동안 작품을 위해 베이징과 우한을 여러 차례 오가면서 단 한 번도 싫은 내색을 하지 않았던 그들은 분명 상당한 자질을 갖춘 지식인이자 정치인이었다. 오로지 '독서'를 위해 고군분투한 시간들은 그들이 있었기에 따뜻한 기억과 잊지 못할 정으로만 남았다.

열 군데의 성省을 돌며 진행된 촬영에서 우리는 옛 친구들을 만난 것은 물론이고 새로운 친구들도 두루 사귈 수 있었다. 이 자리를 빌려 〈독서의 힘〉에 참여하고 도움을 주신 여러 분야의 친구들에게 감사의 말을 전하고 싶다. 창장長江 문화 출판사에서는 본 다큐멘터리를 책으로 엮었는데, 기존의 내용에 새로운 독서 관련 지식을 더해 더욱 풍부한 내용으로 독자에게 다가갈 것이라 믿는다. 책을 통해 '독서의 힘'이 더 폭넓고 깊게 대중에게 전해지기를 바라는 한편, 이 작품이 독자와 사회에 유익한 영향을 끼치기를 간절히 원한다.

독서의 힘은 앞으로도 영원히 우리의 가장 위대하고 고귀한 힘 가운데 하나가 될 것이다. 운 좋게 이 작품에 참여하게 된 것이 일생의 가장 큰 영광이었음을 믿어 의심치 않는다.

—다큐멘터리 〈독서의 힘〉 PD 샤쥔夏駿

세계의 독서 기록사
책 속의 명언

나이가 들었든 젊든, 가난하든 부유하든, 몸이 아프든 건강하든,

전 세계인 누구나 독서의 즐거움을 누릴 수 있기를,

인류 문명을 위해 위대한 공을 세운

문학가, 문화인, 사상가, 과학자들에게 존경과 감사를 표할 수 있기를,

모든 지적 재산권을 보호할 수 있기를 바라며.

세계의 독서 기록사
The World Read History Memorabila

제1단계 문자의 탄생
| 기원전 3500년 – 기원전 1700년 |

상형 문자
기원전 3500년

- 고대 이집트
- 무덤 속이나 비석, 신전의 벽이나 돌조각 위에 새긴 문자로 '성서체聖書體'라 불린다. 쓰는 데 많은 시간이 걸리고 알아보기 힘들지만, 가장 원시적인 문자 제조의 방법으로 전해진다.
- 인류의 가장 오래된 문자 중 하나로 훗날의 페니키아Phoenician 문자에 큰 영향을 미쳤다.

설형 문자
기원전 3200년

- 티그리스 강, 유프라테스 강 유역
- 수메르인이 발명했으며, 대부분 점토판에 새겼다. 드물게는 돌이나 금속, 밀랍에 글자를 쓰기도 했다.
- 세계에서 가장 오래된 문자 중 하나이다.

페니키아 문자
기원전 2000년

- 고대 지중해 동부 연안 지역
- 자음 문자로, 대표 모음이 없는 자음과 부호로 된 문자이다. 글자의 독음은 아래 위의 문자를 보고 추정할 수 있다.
- 자음 문자의 시초로, 고대 그리스, 라틴, 히브리, 중국 몽골의 자음 등 수많은 민족의 자음이 여기에서 기인했다.

갑골문
기원전 1700년

- 중국
- 거북의 등껍질이나 짐승의 뼈에 새긴 문자. 천문, 기상, 지리, 관직, 목축, 종교 등 다양한 내용을 기록하고 있다.
- 최초의 체계적인 문자 형식으로, 한자 발전에 중요한 역할을 했다.

제2단계 최초의 책

| 기원전 3000년 – 기원전 476년 |

파피루스

기원전 3000년

· 고대 이집트

· 나일 강변에서 자라는 식물 파피루스 위에 글을 쓴 책

　　· 이집트 최초의 책의 초기 형태. 지금까지 발견된
　　가장 오래된 책이다.

점토책

**기원전 1800년
–기원전 1600년**

· 중동지역

· 나무로 된 딱딱한 펜으로 점토판 위에 글자를 새긴 후, 불에
굽거나 그늘에 말려 단단하게 만든다. 계약서나 채무에 관한
내용이 대부분이었다.

· 고대의 책 중 중요한 형태로 꼽히며, 역사 문화를 연구하는
중요한 증거 자료로 쓰인다.

간책

기원전 800년

- 중국
- 대나무를 가늘고 길게 쪼개서 다듬은 후 그 표면에 글자를 쓴 것이다. 이렇게 글자를 쓴 대나무 조각을 '간簡'이라 하고, 이를 엮어 만든 것을 '책策 (혹은 册)'이라 한다.
- 중국에서 가장 오래된 정식 서적이다.

백서帛書

기원전 770년
－기원전 476년

- 중국
- 문자와 도안 및 기타 특정한 부호를 비단 위에 쓴 것
- 종이가 발명되기 전 가장 중요한 글쓰기 재료였다.

제3단계 축의 시대의 위대한 작품
| 기원전 1500년 – 기원전 515년 |

『성경』

기원전 약 1500년
−90년

- 세계 각지
- 유대인과 기독교의 종교 서적. 역사, 문화, 정치, 경제 등 다양한 방면의 내용을 아우르고 있다.
- 그리스 문명과 함께 오늘날 유럽과 미국 문화 형성에 큰 역할을 했으며, 수많은 문학가와 예술가, 사상가에게 무궁한 영감과 깨달음을 주었다.

『도덕경』

기원전 770년
−기원전 221년

- 중국
- 도가학파의 창시자인 노자가 지었다. '무위이치無爲而治'를 주장하며, 소박하고 직설적인 변증법으로 대표된다. 고대 중국인의 세계관과 인생관을 잘 보여 준다.
- 도교 최고의 경전. 중국 역사 최초의 완벽한 철학 서적이다. 중국 철학 발전에 큰 영향을 미쳤으며, 세계 역사 문화유산 중에서도 손꼽히는 보물이다.

『논어』

기원전 540년
−기원전 400년

- 중국
- 공자와 그의 제자, 그리고 그 제자의 제자들의 언행을 기록한 책이다. 정치, 교육, 문학, 철학 및 입신과 처세에 관한 이치가 모두 담겨 있다.
- 유가학파의 경전으로 꼽힌다. 중국 전통문화의 중요한 구성 부분으로, 중국 사회에 큰 영향을 끼쳤다.

『손자병법』
기원전 약 515년

- 중국
- 제齊나라 사람 손무孫武가 지었다. 모두 13편으로 군사학에서 주요하게 다루어지는 문제들을 기록했는데, 당시의 전쟁 경험에 대한 결론이라 할 수 있다. 유명한 혁명적 성격을 띤 군사 명제를 제안하거나 보편적 의미를 담은 군사 규율을 명시했다.
- 중국에서 현존하는 최고의 병서로, 세계적으로도 가장 오래된 군사 관련 서적이다. 덕분에 '병학성전兵學聖典'으로 불리기도 한다. 후대의 병서에 큰 영향을 미쳤으며, 세계 군사 역사에서도 중요한 위치를 차지하고 있다.

『기하학 원론』
기원전 약 300년

- 고대 그리스
- 고대 그리스의 수학자 유클리드가 쓴 것으로, 모두 13권으로 이루어져 있다.
- 유럽 기하학의 기초와 같은 책으로, 현대 수학의 기본이기도 하다. 코페르니쿠스Nicolaus Copernicus, 갈릴레이Galilei Galileo, 데카르트René Decartes, 뉴턴 등 위대한 과학자들도 이 책을 참고로 연구했다.

제4단계 서적의 대량 생산을 가능하게 한
인쇄술의 혁신
| 105년 – 1439년 |

제지술
약 105년

- 중국
- 동한의 환관 채륜이 나무껍질, 어망, 대나무를 압착해 종이를 만들었다. 덕분에 비용을 대대적으로 절감해 종이의 대량 보급이 가능해졌다.
- 정보 저장과 교류가 훨씬 쉬워졌으며, 세계 문명의 발전에 획기적인 의미를 지닌 발명으로 평가된다.

조판 인쇄술
약 700년

- 중국
- 당나라의 기술자가 목판에 글자를 조각해 책을 인쇄한 것으로, 서적의 대량 인쇄가 가능해졌다. 덕분에 더 많은 사람이 책을 구매하고 읽을 수 있게 되었다.
- 중국에서 가장 오래된 인쇄 형식이다. 훗날 활자 인쇄를 위한 기술적 기초가 되었으며, 현대화된 인쇄 기술의 시작점으로 평가된다. 문화 전파와 문명 교류에 큰 공헌을 했다.

활자 인쇄술
1040년 전후

- 중국
- 북송 시대 평민 필승이 점토를 이용해 활자를 만들어 책을 인쇄했다. 인력과 자원을 대대적으로 절감했을 뿐 아니라 인쇄의 속도와 질을 한층 높여 주었다.
- 인쇄 역사상 위대한 기술 혁명으로 꼽는다. 인류 근대 문명의 시작으로, 책의 생산은 물론 인류 문화의 교류와 발전을 촉진하는 계기가 되었다.

인쇄기

1439년

- 독일
- 독일의 구텐베르크가 발명했다. 판면에 잉크를 묻혀 종이나 천에 눌러 찍는 것으로, 인쇄물의 대량 복제가 가능하다.
- 인류 문명과 문화의 전파에 중요한 역할을 했다.

금속 활자 인쇄술

약 1500년

−독일
−독일의 구텐베르크가 발명했다. 납, 안티몬, 주석을 섞어 만든 합금으로 금속 활자를 만든 후, 인쇄할 책의 내용대로 활자를 배열한다. 금속의 냉각 속도가 빠르고 인쇄 시 가해지는 압력을 충분히 견딜 수 있기 때문에 널리 사용되었으며, 인쇄의 속도도 훨씬 빨라졌다.
−유럽의 르네상스, 종교 개혁, 계몽시대와 과학 혁명에서 중요한 역할을 했다. 현대의 지식 경제와 지식 전달을 위한 물질적인 기초가 되기도 했다.

제5단계　자산계급의 성장과 세계를 바꾼 한 권의 책

| 1298년 - 1962년 |

『동방견문록』
1298년

- 중국
- 이탈리아의 상인 마르코 폴로가 중국에서 보고 겪은 일을 기록한 책. 서양 세계에 처음으로 동방, 특히 중국의 번영상을 소개함으로써 큰 인기를 끌었다.
- 이 책으로 동양에 대한 서양인들의 시야가 넓어졌으며, 15, 16세기 유럽의 항해사업 발전에 직접적인 영향을 주었다.

『군주론』
1532년

- 이탈리아
- 이탈리아의 정치가이자 사상가인 마키아벨리Niccolò Machiavelli가 쓴 책이다. 정치, 종교, 학술 등 영역에서 광범위한 영향을 미쳤다.
- 유럽 역대 왕조 군주들의 필독서로 꼽힌다. 서양 세계에서는 이 책에 대해, "정치가에게는 최고의 나침반이다. 책을 통해 통치 계급은 나라를 다스리는 원칙을 더욱 공고히 할 수 있다. 역사 이래 인류의 정치 투쟁과 기교를 위한 가장 독보적이고 통찰력 있는 대작이다."라고 평가한다.

『**천구**天球의
회전에 관하여
De revolutionibus
orbium coelestium』
1543년

- 폴란드
- 폴란드의 천문학자 코페르니쿠스의 저작이다. 이 책에서 그 유명한 '지동설'이 탄생했다. 지구가 우주의 중심이 아닌, 행성 중 하나일 뿐이라는 그의 주장은 천문학계에 큰 파장을 몰고 왔다.
- 객관적인 진리를 따라야 하는 인류 역사에 중요한 이정표가 되었으며, 자연 과학계의 발전을 위한 지평을 열었다고 평가된다.

『**햄릿**Hamlet』
1598-1602년

- 영국
- 영국 작가 셰익스피어의 4대 비극 중 하나로 꼽힌다. 복잡한 인물의 성격과 풍부하고 완벽한 비극의 예술적 기교를 담고 있다.
- 르네상스 시기를 통틀어 가장 훌륭한 작품으로 평가된다. 괴테Johann Wolfgang Von Goethe, 제임스 조이스James Joyce, 아이리스 머독Iris Murdoch도 이 작품의 영향을 받았다.

『동물의 심장과
혈액의 운동에
관한
해부학적 연구
Exercitatio Anatomica
de Motu Cordis et
Sanguinis in Animalibus』

1628년

· 영국
· 영국의 생리학자이자 의학자인 윌리엄 하비William Harvey가
  발표한 책으로, 혈액이 순환운동을 하며 심장의 규칙적이고
  지속적인 박동이 체내의 혈액 순환 촉진의 근원임을 밝혀
  냈다.
· 수천 년간 이어져 온 심장 운동과 혈액 운동의 전통적인
  관점을 완전히 뒤엎어 놓음으로써 당시 생물학계와 의학계에
  큰 혼란을 가져왔다.

『요재지이』
1680년

· 중국
· 청나라 사람 포송령이 지은 단편소설집이다. 모두 491편으로
  되어 있으며, 여우, 산신령, 귀신, 요괴에 관한 이야기를 주로
  다루고 있는데, 당시 사회의 모습을 잘 보여 준다.
· 17세기 중국 사회의 모습을 반영하고 있다. 중국 고전 문언
  단편의 최고봉으로 평가된다.

『프린키피아』

1687년

- 영국
- 영국의 과학자 아이작 뉴턴이 쓴 책이다. 만유인력을 포함한
  역학의 체계를 확립한 책으로 역학계의 고전으로 꼽히며,
  인류가 만들어 낸 가장 완벽한 과학적 우주 이론과 과학 이론
  체계라 할 수 있다.
- 영국의 산업혁명에 지대한 영향을 끼쳤으며, 프랑스의
  계몽운동과 대혁명이 일어나는 계기가 되었다. 사회 생산력과
  제도 분야에서 직접적이고도 다양한 성과를 내는 데 도움이
  되었다.

『법의 정신

De l'esprit des lois』

1748년

- 프랑스
- 프랑스의 사상가 몽테스키외Montesquieu가 쓴 책이다.
  삼권분립을 분석한 책으로, 전제 정치를 세 가지 기본적인
  정부의 형태 중 하나로 꼽았다.
- 이 책으로 전제 정치가 18세기 정치사상 가장 핵심적인
  주제가 되었다.

『**파우스트**Paust』
1768-1775년

- 독일
- 괴테의 장편 서사시이다. 독일의 민간 전설을 소재로 삼고, 르네상스 이후의 독일과 유럽의 사회를 배경으로 쓴 작품이다. 신흥 자산계급인 선진 지식인이 현실에 불만을 품고 인생의 의미와 사회의 이상을 찾아 헤매는 이야기이다.
- 인류 역사상 가장 훌륭한 정신적 가치를 지닌 작품으로 꼽힌다.

『**국부론**』
1776년 3월 9일

- 스코틀랜드
- 스코틀랜드의 경제학자이자 철학가인 애덤 스미스가 쓴 경제학 저서로, 원제는 『국부의 본질과 원인에 관한 연구』이다. 시장 경제가 '보이지 않는 손'에 의해 자율적으로 조절된다는 이론을 처음으로 내놓았다.
- 자본주의 자유 경제의 이론적 기초를 다졌으며, 수많은 작가와 경제학자뿐 아니라 여러 나라의 정부와 조직에도 영향을 주었다.

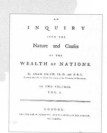

《미국 독립선언문》
1776년 7월 4일

−미국

−필라델피아Philadelphia에서 열린 제2차 대륙회의에서
채택되었다. 영국의 식민지였던 북아메리카 13개 주가
그레이트브리튼 왕국Kingdom of Great Britain(영국−역주)에서 벗어날
것을 선언했다.

• 미국의 독립선언문으로 '인간은 모두 평등하다'는 이념이 미국
건국의 기본적인 원칙이 되었다. 미국의 민주화 발전의 효시가
되었으며, 지금도 여전히 미국 사회에 큰 영향력을 끼치고
있다.
세계 역사 발전에도 적잖은 공헌을 했다.

『홍루몽紅樓夢』
1791년

• 중국

• 조설근曹雪芹과 고악高鶚이 함께 썼다. 중국 봉건사회의 문화와
제도를 체계적으로 나열하고 비판했으며, 희미하게나마
민주주의 성격을 띤 이상과 주장을 드러내고 있다. 이러한
이상과 주장은 자본주의 경제의 씨앗이 되기도 한다.

• 중국 고전 소설의 최고봉으로 꼽힌다. 높은 사상성과 예술성을
겸비한 대작이다. 작품 자체의 불완전성 때문에 수많은
미스터리를 남겼고, 이를 전문적으로 연구하는 '홍학紅學'이
생기기도 했다.

『인구론
An Essay on
the Principle of
Population』
1798년

- 영국
- 영국의 인구학자이자 정치경제학자인 맬서스Thomas Robert Malthus가 발표한 책이다. 학술사상 위대한 작품으로 꼽히며, 출판 이후 사회과학 분야에서 가장 활발하게 논의되고 있는 책이기도 하다.
- 세계 인구 이론 및 사회생활 각 분야에 폭넓은 영향력을 끼쳤다.

『카라마조프의 형제들
Bratya Karamazovy』
1880년

- 러시아
- 러시아의 작가 도스토옙스키Fyodor Mikhailovich Dostoevsky의 장편소설이다. 내용상으로는 아버지 살해를 둘러싼 미스터리한 이야기이지만, 그 속에 인간의 정신세계에 대한 희극성을 온전히 드러내고 있다. 신앙과 시기심, 이성과 지혜, 자유 의지 사이의 도덕적 투쟁을 이야기하는 작품이다.
- 작품에 녹아든 기이하고 다채로우며 심오한 예술 세계는 여러 나라의 문학 유파와 작가 그리고 독자들에게 다양한 영향을 끼쳤다.

304

『**톰 아저씨의
오두막**』
1852년

- 미국
- 미국의 작가 해리엇 비처 스토 부인이 쓴 것으로, 노예제를
  반대하는 소설이다. 미국 흑인들의 비참한 생활을 여과 없이
  보여 주고, 노예제도를 통렬하게 비판한 작품이다.
- 미국의 내전에 어느 정도 영향을 끼쳤다고 평가된다.

『**자유론**On Liberty』
1859년

- 영국
- 영국의 사상가 존 스튜어트 밀John Stuart Mill의 작품이다.
  자본주의 제도하의 공민 자유권을 논하고 있다.
- 자유 이론의 체계를 집대성한 대작으로, '개인의 자유에 대한
  가장 감동적이며 힘 있는 변호'라고 평가된다.

『**종의 기원**
On the origin of
species』
1859년 11월 24일

- 영국
- 영국의 생물학자 다윈의 저서이다. 이 책에서 처음으로
  진화론이 언급되었으며, 종의 진화는 자연의 선택과 인공적인
  선택의 방식에 의해서 실현됨을 증명하려고 했다.
- 진화론은 19세기 과학의 3대 발견 중 하나로 공인되고
  있으며, 인류 사상 발전에서 가장 위대하고 획기적인 이정표로
  평가된다.

『꿈의 해석

Die Traumdeutung』

1899년 11월

• 오스트리아
• 오스트리아의 정신분석학자 지크문트 프로이트Sigmund
  Freud는 이 책에서 처음으로 '꿈의 해석'의 이론을 펼쳤다.
  이 책은 다윈의 『종의 기원』, 코페르니쿠스의 『천구의 회전에
  관하여』와 함께 '인류 사상에 혁명을 가져온 3대 경전'으로
  꼽힌다.
• 인간의 잠재의식을 인정하는 학설에 든든한 기초가 되었으며,
  인간이 자신의 심리를 인식하는 데 훌륭한 이정표로 평가된다.
  20세기의 인류 문명을 이끈 작품으로 꼽힌다.

『전쟁론

Vom Kriege』

18세기 말
- 19세기 초

• 프로이센
• 프로이센의 군사가 카를 폰 클라우제비츠Carl von Clausewiz가
  쓴 책으로, '전쟁은 정치의 연속'이라든가 '공격은 최고의
  방어'라는 유명한 글귀가 등장한다. 서양 군사 이론의 가장
  기본으로 꼽힌다.
• 서양 군사 이론의 경전으로 평가된다.

『**상대성 이론**
Theory of relativity』
1905년 10월

- 독일
- 유대인 출신의 이론물리학자 알베르트 아인슈타인은 〈운동 물체의 전동 역학에 관하여〉라는 논문을 발표하며 시간과 공간, 인력의 이론을 언급했다. 좁은 의미로 보면 상대성 이론의 가설이다. 1915년 아인슈타인은 더 넓은 의미의 상대성 이론을 발표했다.
- 우주와 자연에 대한 인류의 상식을 완전히 바꾸어 놓았으며, 양자역학과 함께 물리학계에 획기적인 변화를 몰고 왔다. 현대 물리학의 기초를 다지는 데 큰 역할을 했다.

『**침묵의 봄**
Silent spring』
1962년

- 미국
- 미국의 해양생물학자 레이첼 카슨Rachel Carson이 쓴 책이다. 농약이 인류와 환경에 끼치는 위해성을 경고함으로써 대중에게 큰 충격을 안겨 주었다.
- 인류가 처음으로 환경 문제에 관심을 갖게 만든 작품으로, 환경보호 의식을 일으키는 계기가 되었다. 이 책 덕분에 국제연합 인간환경회의UNCHE가 열렸으며, 각 나라는 '인간 환경 선언'에 조인하고 환경보호 사업을 시작했다.

제6단계 전 세계 사회변혁 운동 관련 서적

| 1848년 − 1921년 |

『공산당 선언』
1848년

- 영국
- 마르크스와 엥겔스Engels가 공동 집필했다. 처음으로 과학 사회주의 이론을 체계적이고 전면적으로 서술했으며, 무산계급자들에게 함께 힘을 모아 혁명을 일으킬 것을 독려하고 있다. 자본주의를 뒤엎음으로써 무산계급 사회를 수립할 것을 주장한다.
- 무산계급 정당을 가장 기본으로 하는 중요한 정치 강령 중 하나이다. 마르크스주의의 탄생을 상징한다. 전 세계적으로 무산계급 혁명 운동이 일어나는 데 중요한 역할을 했으며, 중국의 역대 지도자들의 정치 방침은 물론 중국의 발전에도 직접적인 영향을 주었다.

『자본론
Das Kapital』
1867년

- 독일
- 마르크스가 썼다. 유물사관唯物史觀을 기본으로 하여 자본주의 생산 방식을 철저하게 분석했다. 자본주의 사회 발전의 규율을 정확히 안 후, 유물사관을 과학적으로 증명하여 발전시키려는 목적으로 쓴 책이다.
- 향후 사회과학과 인문과학의 수많은 영역에서 큰 영향력을 발휘했다.

『천연론』
1897년 12월

- 중국
- 영국의 생물학자 헉슬리가 쓴 『진화와 윤리』의 번역본이다. 중국의 학자 엄복이 번역했다. 책에서 나오는 '물경천택, 적자생존'은 중국인들에게 경쟁과 종족 보존의 필요성을 호소했고, 중국인들의 세계관을 바꾸어 놓았다.
- 이 책의 영향으로 중국 문화 정책은 더 개방적으로 서양 문화를 유입했다. 그뿐만 아니라 서양 문화에 대한 인식이 더욱 다양해졌으며, 새로운 시대의 혁명을 위한 싹이 움트게 되었다.

『아Q정전』
1921년 12월

- 중국
- 루쉰이 쓴 중편소설이다. 신해혁명 전후의 사회를 배경으로 하여 소작농 아Q가 겪은 핍박과 저항을 그렸다. 결국 반동세력에 의해 살해당하는 비극적인 결말까지, 당시 농촌의 계급 갈등을 자세하게 묘사했으며, 대중과는 동떨어진 자본주의 지도자들의 신해혁명과 그 불완전성을 통렬하게 비판했다.
- 중국 현대 문학사에서 가장 손꼽히는 작품 중 하나이며, 세계적으로도 작품성을 인정받고 있다.

제7단계 결코 막을 수 없는 디지털 독서
| 1969년 − 2000년 |

『인터넷의 탄생』
1969년 10월

- 미국
- 미국의 컴퓨터 공학자 레오나르도 박사Leonardo K가 구식 컴퓨터를 이용해 세계 최초의 전자 메일을 보냈다. 그 후 10년 동안 이 기술은 계속 발전하고 진화하여, 1987년에는 정식으로 인터넷이라는 이름을 갖게 되었다. 이로써 세계는 전혀 새로운 시대로 접어들었다.
- 새로운 독서, 디지털 독서의 시대가 열렸다.

『오후, 이야기
Afternoon, a story』
1987년 10월

- 미국
- 작가 마이클 조이스Michael Joyce가 스토리스페이스storyspace라는 소프트웨어로 쓴 하이퍼 픽션hyper fiction이다. 이 책은 미국컴퓨터학회Association for Computing Machinery에서 대중에게 공개되었으며, 디스켓으로 출판되었다.
- 세계 최초의 하이퍼 픽션

BiblioBytes
1993년

- 뉴저지 주
- e−book 전문 출판사
- 세계 최초의 디지털 도서 출판사

『로켓 이북
Rocket e-book』
1998년 10월

- 미국
- 미국의 누보미디어NuvoMedia에서 출시한 최초의 전자책. 컴퓨터를 통해 다운받은 책을 휴대용 단말기를 이용해 읽는 시스템이다.
- 디지털 북 시장의 구조를 바꾸어 놓았다.

제1회 국제
e-book
콘퍼런스
International E-Book
Conference
1998년

- 메릴랜드 주 게이더스버그
- 미국 표준기술연구소National Institute of Standards and Technology 주최로 열렸다. e-book 제작의 표준 및 출판물 규격에 관한 규정을 토론하고 제정했다.
- 1년 후 e-book 출판물 구조와 관련해 HTML과 XML이 규격으로 정해졌다.

『총알차 타기
Riding the Bullet』
2000년 3월

- 미국
- 미국의 추리소설가 스티븐 킹Stephen Edwin King의 단편소설이다. 인터넷으로 공개된 이 소설은 이틀 만에 다운로드 기록이 50만 회가 넘었는데, 스티븐 킹은 한 달 후 무려 45만 달러의 수입을 거둬들였다.
- 전통 출판업계에서 볼 수 없었던 기록을 경신했다. 덕분에 미국에서 e-book 열풍이 불기 시작했고, 휴대용 단말기 시장 역시 크게 발전했다. 이를 기점으로 전자책 시대의 도래가 더욱 분명해졌다.

책 속의 명언
Famous saying

중국편

나이가 들었든 젊든, 가난하든 부유하든, 몸이 아프든 건강하든, 전 세계인 누구나 독서의 즐거움을 누릴 수 있기를, 인류 문명을 위해 위대한 공을 세운 문학가, 문화인, 사상가, 과학자들에게 존경과 감사를 표할 수 있기를, 모든 지적 재산권을 보호할 수 있기를 바라며.

– 세계 책과 저작권의 날World Book and Copyright Day 홍보 문구

家貧志不移, 貪讀如饑渴.
집안이 가난하여도 뜻은 변하지 않으니, 열심히 책 읽기를 마치 배고프고 목마른 자처럼 하라.

– 범중엄

讀書謂已多. 撫事知不足.
책은 많이 읽었으나 아직도 일을 처리하는 데 부족함이 많구나.

– 왕안석

粗繒大布裹生涯, 腹有詩書氣自華.

남루한 무명옷을 입고 거친 끈으로 머리를 묶었으나, 가슴속에 시와
서가 가득하니 절로 그 기개가 높고 빛이 나는구나.

– 소식

讀書有三到, 謂心到, 眼到, 口到.

독서에는 세 가지 도달할 것이 있다. 먼저 마음을 집중하고, 눈을 집
중하며, 마지막으로 입을 집중해야 한다.

– 주희朱熹

風聲, 雨聲, 讀書聲, 聲聲入耳. 家事國事, 天下事, 事事關心.

바람소리, 빗소리, 책 읽는 소리, 가리지 않고 귀에 들어오듯
집안일, 나랏일, 천하의 일, 어느 것 하나 소홀히 하지 않고 관심을
가져야 하느니.

– 고헌성

우리는 세심하게 글을 읽는 습관을 들이는 한편, 눈으로 빠르게 읽는
습관도 함께 만들어야 한다. 세심하지 못하면 얻는 것이 없고, 눈이
빠르지 못하면 쓸모가 없어 자료를 폭넓게 찾기 힘들기 때문이다.

– 양계초

책 읽기를 좋아하는 청년은 본분 이외의 책, 즉 학과 공부 이외의 책
을 읽어도 좋다. 공부와 관련된 책만을 끌어안고 있어서는 안 된다.

하지만 반드시 학과 공부를 끝낸 후 짬이 날 때 책을 읽어야 한다. 그때에는 전공과 관련 없는 책도 두루 읽어 볼 수 있다. 이공 계통을 전공하더라도 문학서를 보거나 문학을 공부할 수도 있고, 과학을 비롯해 다른 연구 서적을 볼 수도 있다. 그러면 다른 사람, 다른 일도 더 깊게 이해할 수 있기 때문이다.

— 루쉰

내 평생 관심을 둔 것은 혁명이 아니면 독서이다. 하루라도 책을 읽지 않으면 살아갈 수가 없다.

— 손중산

무슨 일을 하든지 착실해야 하며, 공상에 빠지거나 허세를 부려서는 안 된다. 오직 진리를 탐구하는 태도로 공부해야 한다. 이런 태도로 학문을 연구하면 진리는 더욱 명확해지고, 이런 태도로 일을 하면 대단한 성공을 이룰 수 있다.

— 리다자오李大釗

책을 읽을 때에는 네 가지 도달할 것이 있다. 첫째, 눈을 집중해야 하며, 둘째, 입을 집중해야 하고, 셋째, 마음을 집중해야 하며, 마지막으로, 손을 집중해야 한다.

— 후스

당대 영웅의 독서는 첫째, 뜻이 있어야 하고, 둘째, 앎이 있어야 하며, 셋째, 끈기가 있어야 한다. 뜻이 있는 자는 저열함을 용납하지 않아야 한다. 앎이 있는 자는 끝없이 학문을 닦아야 하며, 하나를 얻고 만족해서는 안 된다. 바다를 본 하백河伯이나 우물 안 개구리는 앎이 없는 자들이다. 끈기가 있으면 이루지 못할 일이 없다. 세 가지 중 어느 하나도 모자라서는 안 된다.

– 첸무

강압적으로 책을 읽어서는 안 된다. 그러면 아무런 효과가 없을 뿐 아니라 오히려 해가 된다. 이것이야말로 독서의 첫 번째 진리이다.

– 린위탕

죽기 살기로 책을 읽는 것은 아무 의미가 없다. 어떻게 눈으로 관찰하고 머리로 생각하는지 아는 것으로도 족하다.

– 마오둔茅盾

세계적인 사상가나 발명가 모두 책 더미로 들어갔고, 다시 책 더미 속에서 나왔다.

– 위다푸郁達夫

높이 날고자 하는 새는 먼저 날개를 펼쳐야 하며, 위로 오르고자 하는 사람은 먼저 책을 읽어야 한다.

– 리쿠찬李苦禪

독서할 때 나는 항상 이 아홉 글자를 철저히 따른다. '讀書好, 好讀書, 讀好書'
책 읽기는 그 자체로 매우 즐거운 일이며, 책을 읽을 때는 성실한 태도로 임해야 하고, 마지막으로 좋은 책을 선택해서 읽어야 한다는 뜻이다.

― 빙신冰心

독서에 늦었다는 말은 없다. 아무리 늦어도 읽지 않는 것보다는 낫기 때문이다.

― 량스추梁實秋

독서는 타인의 사상의 도움을 받아 자신만의 사상을 만드는 작업이다.

― 바진巴金

독서는 산을 오르는 것과 같다. 산이 높을수록 멀리 내다볼 수 있다. 독서는 또 밭을 가는 것과 같다. 많은 땀을 흘릴수록 더 풍성한 수확을 기대할 수 있기 때문이다.

― 짱커자臧克家

나는 책을 좋아한다. 책꽂이 앞에 서 있을 때면 마치 내 앞에 광활한 세계와 드넓은 바다, 아득한 우주가 펼쳐진 것 같다.

― 류바이위柳白羽

우리는 스스로 만든 아름다움을 감상할 줄 알아야 하며, 타인이 만든 아름다움도 포용할 줄 알아야 한다. 이렇게 나와 타인이 만든 아름다움이 함께할 때 가장 이상적이고 평등하며 자유로운 아름다움을 실현할 수 있다.

— 페이샤오퉁

사람이 책의 노예가 되면 살아 있는 사람도 죽은 목숨이나 다름없다. 반면 책을 사람의 도구로 만들면 책 속의 지식은 더욱 살아 움직이며 생명력을 갖게 된다.

— 화뤄겅華羅庚

독서는 명사의 집을 방문하는 것과 같다. 그것도 투명인간이 되어서 말이다. 존경하는 스승이나 유명한 학자들을 만나러 갈 때도 먼저 인사를 하거나 약속을 정할 필요가 없고, 주인을 방해할까 봐 걱정하지 않아도 된다. 책을 폄과 동시에 대문으로 들어가 몇 페이지를 넘기면 금세 거실이다. 아무 때나 자주 가볼 수도 있고, 요점을 찾지 못했을 때에는 작별인사 없이 나와도 괜찮다. 혹은 더 훌륭한 이를 찾아 삼자대면을 할 수도 있다. 내가 만나고픈 이가 국내에 있는지 해외에 있는지 물어볼 필요도 없고, 옛 사람인지 현대인인지 알 필요도 없다. 전공이 무엇인지 묻지 않아도 괜찮고, 그와의 대담이 위대한 진리인지 소소한 이야깃거리인지 신경 쓰지 않아도 된다. 그저 가까이 다가가서 듣기만 하는 걸로 족하다.

— 양장楊絳

좋아하는 책을 볼 때에는 더욱 조심스러워진다. 그래서 겉을 따로 싸 표지가 상하지 않게 하는데, 좋아하지 않는 책은 따로 포장하지 않는다.

– 장아이링張愛玲

수천 년 동안 인류가 지혜를 저장하는 방법은 두 가지였다. 첫째는, 만리장성과 같이 실물로 남겨 두는 것이고, 둘째는, 바로 책을 쓰는 것이다. 물론 후자가 주였다. 문자가 발명되기 전 지혜는 주로 기억에 의존해 저장했다. 하지만 문자가 발명된 후 인류는 책을 이용하기 시작했다. 책은 인류가 대대로 전해 온 지혜의 보고이다. 후대인들은 책을 읽어야만 선인들의 지혜를 계승하고 발전시킬 수 있다. 인류가 영원히 쉬지 않고 전진할 수 있었던 까닭은 책을 읽고 쓸 수 있는 능력이 있었기 때문이다. 나는 인류의 발전이 마치 이어달리기와 같다고 생각한다. 첫 번째 세대가 스타트를 끊고, 그 다음 세대가 바통을 이어받아 달리며, 그 다음 자연스럽게 3세대와 4세대가 영원히 멈추지 않고 달리는 것이다. 이렇게 지혜는 끝없이 계승된다. 이 모두는 책이 있어 가능하다. 책은 인류의 지혜 계승이라는 대업과 밀접하게 관련되어 있다. 그러니 독서가 '천하제일의 가장 좋은 일'이 아니고 무엇이겠는가?

– 지센린季羨林

책을 쓰는 사람과 읽는 사람은 대부분 만나지 못한다. 하지만 그들의 영혼은 시공을 초월해 교류하고 있다. 책을 읽을 때 마음은 고인물처럼 차분해야 한다. 마치 두 사람이 한적한 방 안에 무릎을 맞대고 앉아 이야기를 나누듯, 서로의 숨소리조차 분명하게 들을 수 있듯이 말이다. 독서는 서로 다른 시공의 다양한 타인의 세계로 우리를 데려다 준다. 이렇게 책을 읽는 사람은 자신도 모르게 유한한 생명을 초월해 무한한 가능성을 얻을 수 있다.

－위광중余光中

독서를 통해 우리는 만족감을 느낀다. 또 독서를 통해 아름다운 문명의 세계로 들어갈 수 있다. 나는 독서가 나의 지식과 식견 그리고 능력을 자라게 한다고 분명하게 느낄 수 있다. 독서는 마음이 맞는 친구와 끊임없이 이야기를 나누는 것과 같다. 독서는 또한 자신의 영혼에 대한 질문이기도 하다.

－왕멍王蒙

책을 많이 읽으면 얼굴이 바뀐다. 대부분의 사람은 읽었던 수많은 책이 눈앞에서 흩날리는 구름처럼 덧없거나 기억조차 희미하다고 생각하지만, 사실 그 책은 저 깊은 곳에 잠재되어 있다. 그래서 나의 품격이나 말투, 생각은 물론 생활이나 글쓰기에서도 어김없이 드러난다.

－싼마오三毛

사람의 취미는 각양각색인데, 독서도 그중 하나이다. 평범한 사람은 한 가지 취미가 있다. 세계를 보는 특별한 안목, 자신에게 속한 특별한 세계가 있다. 이런 취미와 비교해 볼 때 독서는 세계를 보는 안목을 더 넓힐 수 있고 세계를 더 풍부하고 다양하게 만들어 준다.

- 저우궈핑周國平

이 세상에 책은 헤아릴 수 없을 정도로 많다. 사람의 정력은 한계가 있기에 모든 책을 다 읽을 필요는 없다. 하지만 우리는 책을 선택하는 방법조차 모를 때가 있다.

- 장광허우張廣厚

공자를 읽어 인을 얻고, 맹자를 읽어 의를 구하며, 노자를 읽어 지혜를 습득하고, 묵자를 읽어 실천의 필요성을 느끼며, 한비자를 읽어 냉철한 눈을 가지고, 순자를 읽어 '자강불식(스스로 힘쓰고 쉬지 않는다—역주)'을 깨달을 수 있다. 이처럼 제자백가 사상을 모두 읽어 볼 필요가 있다. 한 가지만 편애하면 문제가 생긴다. 책을 읽는 사람은 책을 읽지 않아서는 안 되고, 또 책만 읽어서도 안 된다. 내가 더 좋아하는 구절은 바로 이것이다. "용기와 포부를 가진 자와 큰 일을 도모하고, 책을 읽을 때에는 선인의 구속에서 벗어나 자신만의 길을 개척해야 한다."

- 이중톈易中天

修合無人見, 存心有天知.(내가 하는 일은 아무도 보지 않지만 하늘은 다 알고 있다.—역주)
의료인이 갖추어야 할 덕목에 관한 이야기이지만, 책 읽는 사람의 좌우명으로 써도 좋을 듯하다. 책 읽는 것도 마찬가지이다. 다른 사람에게 보여 주기 위해서도 아니고, 다른 사람을 위해 읽는 것도 아니며, 돈과 명예를 위해서는 더더욱 아니다. 책을 읽는 사람의 덕행은 내 마음이 알고 책이 알며, 하늘이 알고 땅이 안다.

- 샤오푸싱肖復興

학문은 얼마나 재미있는 일인가! 마치 도장처럼 인생의 수표에 찍을 수 있으며, 목적지에 도착하면 찾을 수 있다. 인생의 수표가 많을수록 더 순조롭게 일을 처리할 수 있고, 중대한 고비에서 깨달음도 얻을 수 있다. 인생에 역경이 찾아와도 배움으로 영혼을 꽉 채운 상태이기 때문에 평안함을 느낄 수 있다. 심지어는 고통을 글로 표현함으로써 또 다른 힘을 창조할 수 있다.

- 류융柳墉

독서는 학교 공부와는 무관한 전혀 다른 일이다. '읽는 것'은 학교 밖에서, 그리고 '책'은 교과서 이외의 것으로. 독서는 생명의 신비한 동력에서 기인했으므로 현실의 이익과는 무관하다. 독서의 경험은 등불처럼 인생의 어두움을 밝혀 준다. 흑암의 끝은 등불이다. 바로 독서의 시작점인 것이다.

- 베이다오北島

어떤 책을 좋아하게 되었다면 여러 번 읽어도 무방하다. 첫 번째는 통째로 삼키듯 읽는다. 온전히 즐기는 것이다. 두 번째는 마음을 가다듬고 얌전히 앉아서 읽는다. 음미하는 것이다. 세 번째는 한 구절

한 구절 생각하며 읽는다. 깊이 연구하며 읽는 것이다. 이렇게 세 번을 다 읽으면 며칠 두었다가 다시 읽어 본다. 그러면 또 새롭게 깨닫는 부분이 있게 마련이다.

– 자핑아오賈平凹

책과의 인연은 마치 연애와 같다. 잔혹하고 고된 시련을 만날수록 더 뜨겁고 열렬하게 사랑하니 말이다.

– 수팅舒婷

책 속에서 끝없는 시간의 흐름을 본다면 감히 낭비를 하거나 큰 소리를 치지는 못할 것이다. 스스로 깨닫는다는 것은 모든 아름다움의 기본이다. 타인의 지혜에 자신만의 이해를 더하여 적절하고 가볍게 내뱉을 수 있을 때, 나의 입술은 어떤 아름다운 색을 칠한 것보다 빛나고 사람들의 눈길을 끌 것이다. 아름다워지고 싶은가? 그럼 책을 읽어야 한다. 많은 돈을 쓸 필요도 없다. 하지만 시간을 들여야 한다. 그리고 꾸준히 계속 읽어야 한다. 그러면 5월의 화환처럼 우아한 아름다움이 나풀거리며 날아와 당신의 목을 감쌀 것이다.

– 비수민畢淑敏

책의 바다는 한없이 넓고 아득하다. 물은 배를 띄울 수도 있고 뒤집을 수도 있다. 많은 책 앞에서 우리는 충분한 주체 의식과 통제 의식이 있어야 한다. 지식은 세상 그 어떤 악인보다도 더 철저하게 우리를 속일 수 있기 때문이다. 자주 의식이 결여된 사람은 지식의 노예가 될 수밖에 없다. 또 통제 의식이 없는 사람에게 지식은 쓸모없는 돌덩이와 같다. 그런 지식은 우리가 발전하는 데 아무런 도움이 되지 않을뿐더러 오히려 방해가 된다. 지식은 주체와 통제 의식이 있는 이에게만 친절하고 사랑스럽게 큰 힘을 보태 준다. 오직 그런 자만이 망망한 지식의 바다에서 헤엄을 치며 무한한 쾌감을 느낄 수 있다.

- 차오원쉬안書文軒

책을 읽지 않는 국가나 민족을 감히 우둔하다고 말할 수는 없겠지만, 수많은 한을 남기게 될 민족임에는 틀림없다.

- 모옌莫言

어떤 사람이 제대로 된 소양을 갖추었는지 판단하려면, 첫째, 해야 할 일을 잘 처리하는지, 둘째, 해야 할 일을 한 번에 잘 처리하는지를 살펴보면 된다.

- 류전윈劉震雲

책은 일종의 대화이며, 책과 나 사이의 상호 이해이다. 만약 책과 나 사이에 공감이 형성되지 않는다면 청춘을 낭비한 것이나 다름없다. 아무리 좋은 책이라도 읽고 난 후 자신만의 느낌이 없다면 읽지 않은 것과 같다.

- 위화余華

현대인들의 낮은 얼마나 빛나고 얼마나 바쁘며 시끌벅적한가. 그래서인지 대부분의 사람은 밤이 되면 고독한 자아와 마주하게 된다. 고독은 바쁜 인생에 그림자처럼 따라다닌다. 비단 한두 사람만의 문제는 아닐 것이다. 나는 책이 인생의 고독을 해결해 준다고 믿는다. 책 속에서 수많은 사람과 만나고 새로운 세계를 경험하며 많은 것을 발견할 수 있다. 그런 의미에서 미국의 학자 해럴드 블룸Harold Bloom의 말을 참 좋아한다. 그는 책이 우리에게 자신의 고독을 이용하고 즐길 수 있는 방법을 제시해 준다고 한다. 독서가 현대인의 생활에 매우 중요한 의미를 갖는다는 뜻이기도 하다. 독서는 분명 치유 효과가 있다.

― 쑤퉁蘇童

외국편

나에게 배움을 구하려거든 먼저 앎에 대한 강한 욕망이 있어야 한다. 마치 살기 위한 강한 욕망처럼 말이다.

– 고대 그리스 / 소크라테스

나는 아직 숨이 붙어 있고 미약하게나마 힘이 있으니, 지혜에 대한 사랑을 포기할 수가 없다.

– 고대 그리스 / 플라톤

웅변이나 반박을 위해 책을 읽는 것이 아니요, 쉽게 믿거나 맹목적으로 따르기 위해 읽는 것은 더더욱 아니다. 책은 생각하고 비교하기 위해 읽는 것이다.

– 영국 / 베이컨

책은 생명이 없는 존재가 아니다. 책은 생명의 잠재력을 품고 있으며, 작가와 함께 활동한다. 그뿐만 아니라 책은 작가의 살아 숨 쉬는 지혜의 정수만을 담고 있는 물병과도 같다.

– 영국 / 밀턴John Milton

나는 나의 스승을 사랑하지만, 진리를 더욱 사랑한다.

– 고대 그리스 / 아리스토텔레스

담대한 상상이 없다면 위대한 발견도 없다.

– 영국 / 뉴턴

책을 많이 읽을수록 생각하지 않고 함부로 말하는 이가 있다. 아는 것이 많다고 생각하기 때문이다. 하지만 책을 읽고 생각하는 것이 많아질수록 내가 아는 것이 너무 적음을 분명히 알 수 있을 것이다.

– 프랑스 / 볼테르

매일 다섯 시간씩 책을 읽으면 금세 박학다식해질 수 있다.

– 영국 / 새뮤얼 존슨Samuel Johnson

역사가 우리에게 준 교훈은, 인간은 한 번도 역사의 교훈을 받아들이지 못했다는 점이다.

– 독일 / 헤겔

책을 읽고 사색하지 않으면 깊이 깨달을 수 없다. 겨우 얻은 얕은 지식은 쉽게 사라져 버리고 만다.

– 독일 / 쇼펜하우어Athur Schopenhauer

책을 읽고 그것을 이용하지 않으면 그 책은 폐지와 다름없다.

– 미국 / 워싱턴George Washington

책은 친구이다. 열렬한 사랑은 없지만 매우 충직하다.

– 프랑스 / 위고

내가 배운 모든 가치 있는 지식은 전부 자유롭게 공부하며 얻은 것들이다.

– 영국 / 다윈

책은 한 세대가 다음 세대에게 남겨 주는 정신적인 유훈遺訓이다. 그것은 죽을 날이 가까워 온 노인이 막 사회에 뛰어든 젊은이에게 보내는 충고이며, 은퇴를 앞둔 이가 이제 자신의 일을 대신하게 될 아랫사람에게 하는 명령과도 같다.

– 러시아 / 게르첸Alexander Herzen

책은 인류의 가장 조용하고 영원한 친구이자, 쉽게 접할 수 있고 가장 많은 지혜를 갖춘 자문이며, 최고의 인내심을 가진 좋은 스승과 유익한 친구이다.

– 영국 / 조지 엘리엇George Eliot

책은 좀처럼 책을 읽지 못하는 이들에게 입을 다문다. 그뿐만 아니라 기계적으로 읽고 그 속에서 사상을 흡수하지 못하는 이들에게도 벙어리처럼 입을 열지 않는다.

— 러시아 / 우신스키Constantine Dmitrievich Ushinskii

배움을 즐기는 사람은 반드시 큰 인물이 된다.

— 미국 / 링컨

책은 소년들의 음식이다. 노인들을 기쁘게 해 주기도 하고, 번영의 장식이자 위험 속의 피난처이며, 우리 영혼의 위로자이다.

— 러시아 / 톨스토이

책은 우리의 가장 좋은 친구이다. 일상에서 어려움을 만나 도움을 구하면 언제나 배신하지 않고 우리를 도와준다.

— 프랑스 / 알퐁스 도데Alphonse Daudet

책 읽기는 영혼의 그랜드투어와 같다. 언제 어디서나 유명한 산과 강, 깊은 계곡과 울창한 숲, 명승지 그리고 아름다운 꽃들을 볼 수 있기 때문이다.

— 프랑스 / 아나톨 프랑스Anatole France

좋은 책을 읽으면 읽을수록 자신이 무지하다는 것을 알 수 있다.

— 아일랜드 / 조지 버나드 쇼George Burnard Shaw

책은 통째로 삼키듯 읽어서는 안 된다. 반드시 그 속에서 필요한 것을 섭취해야 한다.

— 노르웨이 / 입센Henrik Johan Ibsen

책을 좋아하는 것은 일상 속의 고독한 시간을 엄청난 향유의 시간으로 바꾸는 것과 같다.

— 프랑스 / 모파상Guy de Maupassant

독서는 탐험이다. 신대륙을 탐험하고 새로운 땅을 정복하는 것과 같다.

— 미국 / 듀이John Dewey

지금껏 누구도 독서를 위한 독서를 하지 않았다. 오로지 책 속에서 자신을 읽고, 발견하며 자신을 되돌아볼 뿐이었다.

— 프랑스 / 로맹 롤랑

지식은 귀한 보석의 결정이며, 문화는 그 보석에서 뿜어져 나오는 광택이다.

— 인도 / 타고르Rabindranath Tagore

열렬히 책을 사랑하라! 책은 지식의 샘이다. 오직 책만이 인류를 구할 수 있고, 지식만이 우리를 강한 정신과 이성을 가진 사람으로 만들어 줄 수 있다. 이러한 자만이 진정으로 타인을 사랑하고 인간의

330

노동을 존중하며, 영원히 멈추지 않는 인류의 위대한 노동이 창조한 가장 아름다운 성과를 높게 평가할 수 있다.

— 러시아 / 고리키

한 권의 책을 읽는 데 두 가지 동기가 있다. 첫째, 그 책을 좋아해서, 둘째, 그 책을 과시할 수 있어서이다.

— 영국 / 러셀 Bertrand Russell

배움은 빛이요 몽매함은 흑암이다. 책을 읽자!

— 러시아 / 체호프Anton Pavlovich Chekhov

독서 습관을 들이는 것은 자신을 위한 피난처를 마련하는 것과 같다. 우리는 그곳에서 거의 모든 재난을 피할 수 있다.

— 영국 / 서머싯 몸William Somerset Maugham

지금 읽고 있는 책 속에서 자신을 깊은 곳으로 인도해 줄 수 있는 무언가를 찾아낼 수 있어야 한다. 그리고 다른 것은 모두 과감히 내버려야 한다. 우리의 머리를 무겁게 하는 것, 요점에서 멀어지게 만드는 모든 것을 말이다.

— 미국 / 아인슈타인

누군가는 지식이 힘이라고 하지만, 나에게 지식은 행복이다. 지식이 있으면 진리와 잘못을 구별할 수 있으며, 고귀한 것과 보잘것없는 것을 변별할 수 있다. 다른 시대 사람들의 사상과 행위를 진정으로 이해하면, 인류에 대한 동정과 친밀감을 느낄 수 있다.

― 미국 / 헬렌 켈러Helen Keller

책은 모든 지식의 기초이며, 모든 학문의 기초의 기초이다.

― 오스트리아 / 츠바이크Stefan Zweig

젊은이들은 책을 읽을 때 항상 조심해야 한다. 노인이 음식을 조심하듯 한꺼번에 삼키지 않고 천천히 씹어야 한다.

― 영국 / 처칠

지금 읽고 있는 책에서 깨달음을 얻지 못하는 것은 마치 주먹으로 두개골을 내리치는 것과 같다. 왜 책을 읽는가? 단지 즐거움을 얻기 위해서인가? 맙소사! 책이 없어도 충분히 즐거울 수 있다. 우리를 즐겁게 해 줄 책이 필요하다면 직접 써도 된다. 우리에게 반드시 필요한 책은 재난처럼 다가와 우리를 고통스럽게 해야 한다. 가장 사랑하는 사람이 죽거나 스스로 목숨을 끊은 것 같은 고통. 책은 얼음도끼처럼 우리 마음속에 있는 얼어붙은 바다를 산산조각 내야 한다.

― 체코 / 카프카Franz Karka

독서 예술은 대부분 책에서 일상을 재발견하고 일상의 예술을 정확하게 이해하는 데 있다.

― 프랑스 / 앙드레 모루아André Maurois

진정한 독서는 잠자는 자를 깨우고, 목표를 정하지 못한 자에게 적당한 목표를 선택하게 한다. 올바른 책은 우리가 샛길로 빠지지 않고 바른 길을 가도록 해 준다.

– 미국 / 데일 카네기Dale Carnegie

책은 우리를 우주의 주인으로 만들어 준다.

– 러시아 / 파블렌코Pyotr Andreevich Pavlenko

한 권의 책을 읽는 것은 일상을 위해 한쪽 창문을 여는 것과 같다.

– 러시아 / 오스트로프스키Aleksandr Nikolaevich Ostrovsky

나는 책 더미 속에서 일상을 시작한다. 그리고 마찬가지로 책 속에서 생활을 마무리한다.

– 프랑스 / 사르트르

책은 시간의 망망대해 속에 우뚝 솟은 등대와 같다.

– 미국 / 프레드 휘플Fred Lawrence Whipple

젊은이들이 반드시 해야 할 두 가지는 바로 독서와 여행이다. 독서는 지식을 자라게 해 주고 여행은 시야를 넓혀 주기 때문이다.

– 미국 / 케네디John· F· Kennedy

우리는 늘 독서에서 여러 가지 장점을 발견한다. 하지만 성인이 된 후 작가가 의도적으로 배치한 방법을 따르지 않고 자각적으로 읽어야만 비로소 많은 것을 얻을 수 있다.

— 미국 / 오든Wystan Hugh Auden

정확한 범독泛讀이란 적은 시간을 들여 대량의 문헌을 접하는 것으로, 특별히 의미 있는 부분을 정확히 끄집어낼 수 있어야 한다.

— 오스트레일리아 / 베버리지William Ian Beardmore Beveridge

오늘날의 작가들은 역사를 만드는 이가 아니라 역사를 계승하는 자들을 위해 책을 써야 한다. 그렇지 않으면 외톨이가 되어 진정한 예술과도 멀어지게 된다.

— 프랑스 / 카뮈Albert Camus

학과목 이외의 책을 읽는 것은 마치 생각이라는 배가 돛의 힘으로 바람을 맞아 앞으로 나가는 것과 같다. 책을 읽지 않는 것은 돛도 바람도 없는 배나 다름없다.

— 러시아 / 수호믈린스키B·A· Suhohnlinsky

한 철학자가 이런 말을 했다. "책이 없는 집은 주인이 없는 것과 같다." 한 권의 책을 정독하는 것은 적은 노력으로 큰 이익을 얻는 것과 같아 우리를 불패의 땅에 서도록 해 준다.

— 일본 / 이케다 다이사쿠

인간의 정신세계는 광활한 강토보다 중요하며, 심지어 경제 번영의 정도보다도 더 중요하다. 민족의 위대함은 보이는 발전이 아니라 내부적 발전에 있다.

— 러시아 / 솔제니친Alexandre Solzhenitsyn

책과 책을 읽는 사람은 영원히 변치 않는 명제이다. 책을 좋아하지 않는 사람에게는 뭐라 말하지 않겠다. 적어도 나에게는 그 시간이 스스로에게 미안한 시간이었다. 시간은 책을 읽을 때에만 충실해진다. 나는 책에 대해 어떤 장난도 하지 않는다. 나는 미약하게나마 완벽주의자이기 때문이다.

— 프랑스 / 안느 프랑수아Anne Francois

작가가 되고 싶다면 많은 책을 읽고 글을 쓰는 두 가지 원칙을 지켜야 한다. 다독을 통해 평범하고 수준 낮은 작품도 경험해 봐야 한다. 이러한 경험은 자신의 작품에서 비슷한 실수를 하지 않도록 해 주기 때문이다. 독서를 통해 나의 작품과 위대한 작품의 거리를 가늠해 볼 수 있다. 독서는 나의 작품이 이들과 최대한 비슷한 경지에 이를 수 있도록 도와주고 채찍질해 준다. 또 독서를 통해 여러 스타일의 작품을 경험할 수 있다.

— 미국 / 스티븐 킹